판타지

매혹적 상상의 세계

영미아동문학 들여다보기

영미아동문학 들여다보기

판타지

매혹적 상상의 세계

이수진 저

전남대학교출판부

| 저자의 말

마음을 사로잡는 그림책들이 있다.

누구에게나 마음속에 간직한 그림책들이 있을 것이다. 화려한 원색의 그림책일 수도 있고 차분한 파스텔톤의 그림책일 수도 있고 그저 무채색의 그림책일 수도 있다. 어떤 그림책들은 때로는 숨은그림찾기처럼 수많은 그림들을 여기저기 숨겨놓기도 하고 너무나 뻔히 모든 것을 다 드러내놓기도 한다. 어떤 그림책들은 가만히 바라보고 있으면 마음에 위안을 주기도 한다.

마음을 사로잡는 책들이 있다.

단 한 권의, 혹은 여러 권의 책들이 여러분의 마음속을 스쳐지나갈 것이다. 세상과 떨어져 지독한 고독을 느낄 때, 혹은 자신이 정체되어 있다고 느낄 때, 삶의 바닥에 떨어졌다고 느낄 때, 그리고 평화로움을 느낄 때 혹은 지극한 행복을 느낄 때 우리 모두의 곁에는 책이 있었다.... 있었을 것이다.... 앞으로도 있을 것이다.

무엇이든, 어떤 이유에서든, 어떤 상황에서든, 그림책, 그리고 책은 나에게는 언제나 숨 쉬는 공기와 같다. 토끼굴과 요정의 가루, 텅 빈 방의 옷장, 다이애건 앨리와 9와4분의3 승강장... 이 모든 것들의 설렘과 즐거움을 가슴 벅차게 생각해본다.

이 아름다운, 손에서 내려놓기 어려운 책들에 대한 단상이 여기에 있다.

아동문학을 사랑하는 어른독자들, 어린이독자들, 학부와 대학원에서 아동문학을 공부하는 학생들이 나의 졸저를 '판타지로 떠나는 즐거운 여행'의 길잡이로 삼아주기를 진심으로 바란다.

공부하는 엄마를 둔 탓에 스스로 모든 일을 하는 데 익숙해져버린 사랑하는 두 딸, 채림과 해유에게 이 책을 바친다. 가족들, 그리고 부족한 딸을 늘 최고로 여기시는 부모님께도 마음 깊숙한 존경과 사랑을 드린다.

아동문학을 연구하겠다는 미숙한 제자를 변함없는 애정과 관심으로 지도해주신 성길호 교수님, 한결같은 따뜻함으로 격려해주신 이경순 교수님, 노승희 교수님, 나희경 교수님께도 존경과 감사의 마음을 바친다.

지루한 저자의 말을 끝까지 읽어준 여러분에게 마법의 주문을 걸어드리겠다. 전래동화의 전형적인 마지막 문장이 여러분의 삶에 이루어지기를 바라면서.

AND THEY LIVED HAPPILY EVER AFTER!!!!!!!!

일러두기

1. 이 책에는 그 동안 『현대영미소설』, 『근대영미소설』, 『영미문학교육』, 『영어영문학21』 등 다수의 학회지에 발표한 기고문들을 수정, 보완하여 재수록했다.
2. 수록 글들의 출처와 최초 발표 시기는 각 글의 맨 마지막에 밝혀두었다. 최초 발표본의 제목과 내용을 다소 손질하였음도 아울러 밝힌다.

차례

넌센스와 언어게임

캐럴의 『앨리스』 이야기

1. 앨리스, 넌센스의 세계로 들어가다

20세기 후반부의 서점가와 영화관을 뜨겁게 달구었던 『해리 포터』(*Harry Potter*)와 『반지의 제왕』(*The Lord of the Rings*)은 영국 판타지 문학의 전통 속에서 태어났다. 그리고 그 전통의 주춧돌에는 『이상한 나라의 앨리스』(*Alice's Adventures in Wonderland*)의 작가 루이스 캐럴(Lewis Carroll, 1832-98)이 있다. 딱딱하고 지루한 수학을 가르치는 교수이면서 동시에 재미있고 유쾌한 동화작가, 판타지와 넌센스 세계를 넘나드는 자유로운 영혼의 소유자였던 캐럴은 19세기 문학이 보여주던 교훈문학의 한계를 뛰어넘어 어린아이들에 대한 끝없는 관심과 애정을 바탕으로 앨리스의 모험이야기를 탄생시킨다.

그가 쓴 동화 『이상한 나라의 앨리스』와 『거울 속으로 그리고 앨리스가 그 곳에서 발견한 것』(*Through the Looking-Glass and What Alice Found There*)은 어린이 판타지의 문을 연 고전으로 꼽힌다.[1] 어린이에게

1) 『이상한 나라의 앨리스』는 1865년, 『거울 속으로』는 1871년 크리스마스에 맞추어 출판되었다. 이 글에서는 각각 『이상한 나라』, 『거울나라』로 약칭하며, 이 두 권을 함께 논의할 때는 『앨리스』로 칭한다.

걸맞은 즐거운 세계를 창조하고자 했던 캐럴은 상상력을 최우선으로 삼는 뒤집어진 세상, 언어의 약속이 현실 세계와는 다른 세상을 『이상한 나라』와 『거울나라』에서 그려냈다. 판타지는 현실, 즉 우리 시대의 시간과 공간과 연계되어 있으며, 판타지의 세계에서 벌어지는 마술적인 모험들은 그 자체의 동떨어진 모험으로 끝나는 것이 아니라 현실세계와의 비교를 통해 새로운 즐거움을 배가시키고 현실을 풍자한다. 넌센스와 판타지를 즐거운 놀이터로 여겼던 캐럴은 "신화와 판타지의 (놀라운) 세계로 행복하게 우리들을 이끌어" 준다(Pitcher 250).

넌센스로 가득 찬 뒤죽박죽한 판타지 세계를 통해서 캐럴은 급격하게 변하고 있는 빅토리아 시대를 보여준다. 판타지 속에 드러나는 기괴함, 여러 종류의 괴상한 발명품들, 넌센스한 인물들과 의미가 통하지 않는 언어들은 혼란을 겪고 있는 19세기 영국 사회의 불안정한 구조를 반영한다. 이상한 나라(Wonderland)에서 앨리스가 마주치는 괴상한 인물들의 의미 없는 말장난들은 그 자체로 재미있는 놀이이기도 하지만, 동시에 사람들의 불안정한 심리상태를 투사한다. 또 거울나라(Looking-Glass Land)에서 같은 장소에 머무르기 위해 점점 더 빨리 달리는 붉은 여왕은 새롭게 발전하고 있는 영국 산업사회에서 성공에의 야망에 사로잡혀 정신없이 질주하는 자본주의자들의 모습을 은유한다. 순식간에 시냇물을 건너뛰어 공중으로 점프하는 괴물 같은 기차는 엄청난 속도로 "달리면서 시골을 잡아먹어 버리는"(Wullschläger 45) 새로운 증기기관차를 보여주는 것으로, 빅토리아인들이 급속한 산업화에 대해 느끼던 두려움을 반영한다.

『이상한 나라』는 주인공인 앨리스의 성장의 문제를, 『거울나라』는 그녀가 직면하게 되는 정체성의 문제를 그리고 있다. 넌센스한 언어 놀이에 초점을 맞추는 『앨리스』에는 수시로 말장난(pun)이 등장하는데, 전승 동요와 시를 패러디하며 더블릿(doublet), 어크로스틱(acrostic) 등 다양한 언어놀이를 활용한다.[2)] 물론 이 언어게임의 법칙은 현실세계의 법칙이 아니라 이상한 나라와 거울나라에서만 통용되는 법칙이다. 이 뒤바뀐 법칙에 앨리스가 적응하지 못할 때, 그녀는 힘을 잃고 자신의 몸의 변화를 통제할 수 없게 되며, 이름을 잊어버린 채 이상한 나라와 거울나라의 미로 속을 헤매게 된다. 앨리스가 대변하는 지상의 규칙은 두 나라의 구성원들이 보여주는 불합리성과 모순에 충돌하면서 권위를 잃게 된다.

이상한 나라로 들어가는 통로인 토끼굴과 거울나라로 들어가면서 앨리스가 통과하는 거울은 모두 판타지의 세계로 진입하기 위한 장치들이다. 토끼굴은 "시작하는 법을 알았다면"(13)이라고 한탄하는 앨리스의 말처럼 존재의 시작, 즉 근원으로 들어가기 위한 장치이다.[3)] 반면, 거울나라의 거울은 라캉(Jacques Lacan)의 "거울단계"(mirror stage)를 연상시킨다. 거울 밖의 자아와 거울 속에서 대면하는 또 다른 자아를 인식하고 이를 통합하는 과정 속에서, 앨리스는 육체적 성장에 대해 갖는 두려움을 극복하고 정체성을 찾게 된다. 그녀는 여러 단계의 모험과 다양한 등장인물들의 만남을 통해 언어의 새로운 의미를 깨닫게 되고 이를 사용하는 방법의 힘을 얻어 자신의 삶의 여왕이 되는 것이다.

---

2) "더블릿"(doublet)은 한 단어를 각 단계에서 철자 하나씩 바꾸어 다른 단어로 바꾸는 것이다. 처음과 마지막에 생긴 두 단어는 같은 길이의 단어여야 하고, 어떤 명백한 방법으로 서로 연관되어 있어야 하며, 같은 위치에 같은 글자가 있어서도 안 된다. 각 단계에서 모든 단어들은 보통 명사여야 하고 특정 이름은 제외된다. "어크로스틱"(acrostic)은 각 행의 머리자를 모으면 말이 되는 글자 수수께끼의 일종인 언어놀이이다. 『거울나라』 마지막 부분에 앨리스의 이름인 "앨리스 플레전스 리델"(Alice Pleasance Liddell)이 어크로스틱 시로 씌여져 있다.

3) Lewis Carroll, *Alice's Adventures in Wonderland and Through the Looking-Glass and What Alice Found There*, ed. Roger Lancelyn Green (Oxford: Oxford UP, 1971). 이하 원문인용은 이 책을 사용한다.

앨리스 책이 주는 가장 큰 즐거움은 반항과 혼돈을 억압하지 않고 오히려 해방시키며, 도덕에 초점을 맞추는 대신 자유분방한 사고를 지향한다는 데 있다. 래킨(Donald Rackin)은 『이상한 나라』의 초고가 『지하세계의 앨리스』(*Alice's Adventures under Ground*)라는 제목으로 쓰였다는 점을 상기시키면서 지하세계에서 벌어지는 주인공의 모험에 대해 "지상세계에서 받아들여지는 다소간 '공식적인' 의미와 질서의 기반에 대한 우스꽝스럽게 위장된 전복이다"(35)고 지적한다.

지상세계를 구성하는 사회적, 언어적 약속의 기본가치들을 전복하려는 시도와 단정적인 명제의 틀을 조롱하려는 태도는 『앨리스』에서 쉽게 발견된다. 『이상한 나라』나 『거울나라』는 어린이를 위한 문학, 즉 동화로 분류되지만 어린이들의 단순한 말놀이를 넘어선 언어유희, '넌센스'에 대한 접근, 논리에 대한 해석, 정체성의 추구 등을 다루어, 독자의 층을 확대하면서 성인 문학 못지 않은 깊이를 지니게 된다.

이 글에서는 『이상한 나라』와 『거울나라』를 중심으로 현실 세계에서 일상적으로 사용하는 언어들이 넌센스 세계에서 어떻게 다른 방식으로 사용되거나 혹은 해체되는가를 살핀다. 이상한 나라와 거울나라에서 넌센스한 언어들이 갖는 전복성을 논의하고, 앨리스가 넌센스 세계의 언어게임 속에서 언어의 새로운 의미를 인식하는 과정을 탐구한다.

2. 넌센스 세계의 언어게임

우리가 사용하는 언어가 '의미'(sense)를 갖는 것은 이 언어들이 우리가 살고 있는 세계의 규칙에 어울리기 때문이다. 캐럴의 넌센스 세계를 여행하는 앨리스는 이런 언어의 '의미'를 '무의미'(nonsense)로 전복시킨다.

전복된 가치관 속에서 그녀는 무수히 길을 잃지만 역설적으로 그 전복된 가치관을 통해서만이 자신의 정체성을 확인할 수 있게 된다.

『이상한 나라』에서는 각 구성원들이 모두 자신 나름의 합당한 논리를 지니고 있다. 이 자의적인 논리가 "[지상 세계의] 언어가 갖는 저속한 논리를 파괴한다"(Rackin 44). 일상의 언어는 이상한 나라에서 지상세계에서의 쓰임과 같은 일관성을 갖지 못한다. 넌센스 세계의 구성원들이 자신들의 자의적이고 일관성 없는 논리에 따라 반응하기 때문이다. 그들의 무례하고도 급작스러운 태도는 통속적인 현실 세계의 부조리성과 비논리성을 통렬하게 풍자한다. 재미있는 말장난(pun)의 한가운데서 관습적인 것들의 명령 혹은 질서는 무기력해 질 수밖에 없게 되는 것이다.

이상한 나라와 거울나라를 여행하는 앨리스의 지속적인 언어게임은 지하세계의 질서가 지상세계의 질서와는 다르다는 것을 보여준다. "'고양이가 박쥐를 먹는가?' 그리고 때로는 '박쥐가 고양이를 먹는가?'"("Do cats eat bats?" and sometimes "Do bats eat cats?" [11])에서 시작된 언어에 대한 유희적인 질문들은 앨리스의 논리체계를 뒤집고 자아의식을 성장시키는 데 영향을 미치게 된다. 고양이가 쥐를 잡아먹긴 하지만 박쥐를 잡아먹는지는 알 수 없으며, 심지어 박쥐가 고양이를 먹을 수는 없다. 고양이(cat)와 박쥐(bat)의 발음의 유사성과 꼬리를 물고 이어지는 반복적인 질문은 매우 합리적인 판단마저도 흐리게 만들어 앨리스를 혼란에 빠뜨린다.

장미정원으로 들어갈 방법을 찾지 못해 눈물을 흘리던 앨리스는 자신이 만든 눈물웅덩이(Pool of Tears)에 빠지게 되고 여기에서도 지상 세계의 언어질서와는 다른, 지하 세계의 뒤죽박죽인 언어를 만난다. 지상 세계의 언어적 질서가 해체되기 시작한 것이다. 눈물웅덩이에 빠진 동물들의 몸을 말리기 위해(dry) 생쥐가 하는 이야기는 정말 무미건조한(dry) 내용이다. “길고 슬픈 이야기”(long and sad tale)를 하겠다는 말에 앨리스는 긴 꼬리(long tail)는 맞는데 왜 슬프냐고 묻는다. 생쥐가 “아니야”(not)이라고 하는 대답을 앨리스는 “리본”(knot)으로 받아들인다. 코커스경기(Caucus-Race)가 무엇이냐는 질문에 대해 도도새는 코커스경기에 대해 설명하는 대신 “그것을 가장 잘 설명하는 방법은 직접 해 보는 것”(26)이라며 모든 동물들을 뛰게 만든다. 말의 의미는 서로가 속한 맥락을 벗어나 어긋나고 미끄러져 마침내 상호소통은 점점 불가능해진다.

미친 모자장수(Mad Hatter)와 삼월토끼(March Hare)를 만나게 된 앨리스는 그들의 정신 나간 다과회(Mad Tea Party)에서 지상세계의 관습화된 언어체계로는 이해할 수 없는 뒤죽박죽인 언어를 듣고 혼란에 빠진다. 모자장수와 삼월토끼는 말하기(saying)와 의미하기(meaning)가 같다고 하는 앨리스에게 이것들이 다르다는 것을 이상한 나라의 언어논리로 반박하면서 “내가 먹는 것을 본다”(I see what I eat)와 “내가 보는 것을 먹는다”(I eat what I see)는 표현이 같은 것인가, “내가 잠잘 때 숨쉰다”(I breath when I sleep)와 “내가 숨쉴 때 잠잔다”(I sleep when I breath)가 같은 뜻인가를 묻는다(61). ‘말하기’와 ‘의미하기’에 대한 질문의 무게가 이어지는 ‘본다’나 ‘먹는다,’ 혹은 ‘잠잔다’ 등과 같을 수는 없다.

체셔 고양이(Cheshire Cat)의 말을 빌리자면 “둘 다 미쳤어”(57)라고 단언하겠지만, 이 뒤죽박죽한 논리의 망을 잘 따라가면 미친 듯 보이는 그들이 오히려 지상세계의 소녀인 앨리스보다 언어의 법칙을 훨씬 더 잘 파악하고 있다는 것을 알게 된다. 어떤 사람이 자신의 생각을 말로 표현할 때 그 말과 그것이 의미하는 바가 당연히 같을 것이라고 생각하는 앨리스에게는 언어에 내포된 사회적인 약속에 대한 인식이 부족하다. 반면 넌센스 세계의 구성원들은 의미하기란 말하기와 달리 어떤 약속에 바탕을 두어야 한다는 것, 즉 일정한 언어게임의 규칙 안에서 존재한다는 것을 알고 있다. 비트겐슈타인(Ludwig Wittgenstein)은 말하기가 의미하기와 같은 것이 되기 위해서는 시스템에 기반해야 한다고 설명한다.

> 나는 "날씨가 좋다"라는 문장을 말한다. 그러나 단어들은 결국 자의적인 기호들이다. 그러면 그 단어들의 자리에 "a b c d"를 대신 놓아보자. 하지만 이것을 읽을 때, 나는 먼저 말한 문장의 의미와 이것들을 곧바로 연결할 수가 없다. (139)

"날씨가 좋다"라는 말을 "a b c d"로 대체하기 위해서, 즉 말하기에 의미를 부여하기 위해서는 사회 구성원들 사이에 이미 그 단어들의 쓰임에 대한 약속이 지켜지고 있어야 한다. 의미하기는 단순한 말하기 혹은 의미 없는 발화가 아니라 말하는 사람의 의도를 포함하고 있기 때문이다. 그러나 미친 모자장수와 삼월토끼의 말에 포함된 의미를 생각하기보다는 이를 말장난이고 시간낭비라고 생각하는 앨리스는 지상의 경직된 언어논리, 상투성에 기반한 언어의 의미에만 익숙할 뿐이다.

언어의 놀이는 모험의 전반에 걸쳐 계속 이어진다. 이상한 나라에서는 당밀우물에서 사는 세 소녀가 그리기(draw)를 배우면서 당밀을 길어 올린다(draw). 가짜 거북(Mock Turtle)은 바다학교에서 학생들을 가르치던 늙은 거북(the old Turtle)을 바다거북(Tortoise)이라 불렀는데, 그 이유는 거북이 학생들을 "가르쳤기"(taught us) 때문이라고 설명한다(84). 모자장수가 왕에게 선처를 호소하며 스스로를 "정말 불쌍한 사람"(I'm a poor man)이라고 사정하자 왕은 "정말 말을 못한다"(You're a very poor *speaker*)고 대꾸한다(100). 거울나라의 정원에 피어난 오만한 꽃들을 지켜주는 것은 정원 한가운데 있는 나무이다. 나무에는 나무껍질(bark)이 있고 나뭇가지(bough)가 있어서 혹시 꽃들에게 무슨 일이 생긴다면 개처럼 "바우와우"(Bough-wough)하며 짖을(bark) 수 있기 때문이다(139). 이처럼 발음이 유사하지만 서로 전혀 다른 의미를 가지는 단어들의 말장난을 통해서 캐럴은 언어에 대한 독자의 계속적인 관심과 집중력을 요구한다. 언어게임은 언어에 대한 관심을 증대시키면서 그 언어를 현실로부터 격리시킨다. 일상적이거나 상투적인 언어사용에서 벗어난 단어 그대로의 의미해석은 현실 세계의 진부한 언어논리에 익숙한 앨리스와 독자들에게 당혹감을 안겨준다. 이렇게 격리된 언어들은 단어 그 자체의 뜻 이외의 다른 가능성이 없는 닫힌 세계에 놓이게 된다.

거울나라는 이상한 나라보다 더 심하게 전복된 세계이다. 이 세계에서는 모든 것이 거꾸로 간다. 책을 볼 때도 좌우가 뒤바뀐 형태이며, 어떤 장소에 닿으려고 하면 반대방향으로 걷거나 뒤로 걸어야만 그 곳에 도달할 수 있고, 지금 있는 자리에 계속 있기 위해서는 전속력으로 달려야만 한다. 거울나라의 케익을 자르는 방법은 먼저 자르고 나누어주는 것이 아니라 먼저 나누어주고 자르는 것이다. 달리기한 후에 목마른 그녀에게 붉은 여왕은 퍽퍽한 비스킷을 쥐어준다. 트위들덤(Tweedledum)과 트위들디(Tweedledee)는 거울에 비친 모습의 쌍둥이들이며, 하얀 기사는 왼쪽 신발에 오른쪽 발을 집어넣고 말을 탈 때도 거꾸로 올라탄다. 기차역에서 앨리스를 관찰하던 승무원은 그녀에게 "길을 잘못 들었다"(150)고 말하고, 하얀 왕은 "한 명은 오고, 한 명은 가는"(200) 목적을 위해 두 명의 심부름꾼이 필요하다고 말한다. 하얀 여왕은 앨리스에게 거꾸로 사는 것의 큰 장점은 바로 기억이 두 가지 방향으로 작용한다는 것이라고 말해준다(175).

이러한 모습들은 모두 거울의 이미지이다. 이미 『이상한 나라』에서 앨리스가 마치 자신이 두 사람인체 자신에게 질문과 대답을 반복하는 장면(15)에서 거울의 이미지를 발견할 수 있었다. 거울나라의 거울이미지는 이 나라로 들어가는 입구가 벽난로 위의 거울이라는 것에서도 알 수 있듯이 많은 것들이 서로 바라보는 양상을 보여준다. 우리가 거울 속에서 보게 되는 것은 대개 우리 자신의 모습을 제외한다면 우리 뒤에 놓여있는 것들이다. 거울 앞에서 우리는 앞을 바라보고 있지만 이와 동시에 우리 뒤에 놓여있는 것들을 보게 된다. 거울 속에 펼쳐지는 이미지와 거울 밖에 남겨진 대상을 동시에 인식하고 행동하게 되는 거울 속으로의 여행은 앨리스에게는 "항상 동시에 양쪽 방향으로 움직이는" 여행이다(Deleuze 78). 성장하면서도 잃어버리고 싶지 않은 유년시절에 대한 미련을 품고 있는 사람의 기억이란 이렇게 앞으로 갈 뿐만 아니라 뒤로도 움직이는 것, 즉 양쪽 방향으로 작동하는 것이다.

넌센스 세계에서 앨리스는 "어딘가"(somewhere)에 닿을 수 없다는 것을 알지 못한다. 그녀가 도착하는 순간 "어딘가"는 "여기"(here)가 되어버리기 때문이다. 이를 알고 있는 체셔 고양이는 앨리스가 아주 멀리 포기하지 않고 계속 걸어가야만 "어딘가"에 닿을 수 있다고 말한다(57). 거울나라에서 붉은 여왕을 만난 앨리스가 그녀의 손에 이끌려 숨이 막히도록 달리고 난 후 "오랫동안 빨리 달리면 보통 어딘가에 닿게 되지요"(145)라고 말하자, 이 말을 들은 붉은 여왕은 "같은 장소에 머물러 있기 위해서 네가 할 수 있는 일은 계속 달리는 거란다"(145)라고 대답한다. "어딘가"로 계속 달려가도 결국 우리가 닿는 곳은 "여기"이며 결코 "어딘가"에 도착할 수는 없다. 거울나라에서는 언덕을 골짜기라 부르고 골짜기를 언덕이라고 부른다. 이런 정의는 앨리스가 지닌 지상의 언어개념에서는 의미가 완전히 뒤바뀐 넌센스인데, 붉은 여왕은 이것이 다른 넌센스에 비하면 사전만큼이나 정확한 것이라고 말한다(143). 언덕은 골짜기의 심연과 다르지만 동시에 함께 이어져 있다. 높은 산은 눈에 보이고 골짜기는 눈에 보이지 않는 허공이지만, 산이 있으려면 거기에 반드시 상반되는 골짜기가 있어야 한다. 산과 골짜기는 하나가 아니지만 둘로 분리되어 있는 것도 아니다. 언덕과 골짜기의 연관성을 이해하지 못하는 앨리스는 붉은 여왕의 강력한 넌센스에 대적하지 못한다.

성장을 어쩔 수 없는 과정으로 받아들이는 앨리스와 달리 넌센스 세계는 이를 거부하거나 인정하지 않는다. 성장을 거부하는 넌센스 세계는 현실세계에서 불가능한 것들에 대한 가능성을 열어놓는다. "나이를 먹는 것은 누구도 어쩔 수 없는 일"([O]ne ca'n't help growing older [188])이라고 말하는 앨리스에게 험티 덤티(Humpty Dumpty)는 "한 사람은 할 수 없지만, 두 사람은 할 수 있지"(*One* ca'n't, perhaps, ... but *two* can [188]) 라고 반박한다. 그는 거울 밖 현실 세계에 서서 그 세계만이 진실이라고 생각하는 "한 사람"과, 현실 세계의 자신을 인식하면서 거울 속 판타지 세계에 비친 모습을 바라볼 수 있는 "두 사람"에 대해 언급하고 있다. 험티 덤티는 한 방향으로만 자라고 성장하는 일방적이고 관습적인 현실세계에서는 일어날 수 없는 일이 넌센스 세계에서 얼마든지 일어날 수 있다는 것을 말한다. 거울 밖과 거울 속에서 동시에 사건이 일어나는 세계, 갈림길에서 각각 다른 방향으로 가더라도 결국에는 한 곳에 이르게 되는 세계, 즉 양쪽 방향으로 가는 것이 가능한 넌센스 세계에서는 지상세계라면 피할 수 없는 성장의 과정과 시간의 흐름을 거스를 수 있게 된다.

넌센스 세계는 진부한 말의 사용을 거부한다. 앨리스가 애벌레에게 "아시다시피"(You see)라는 관용구를 사용했을 때 애벌레가 이를 단어의 뜻 그대로 받아들여 "나는 모른다"(I don't see)라고 대답하는 것 역시 앨리스가 속한 지상세계의 언어관과 애벌레가 갖고 있는 지하세계의 언어관의 차이를 보여준다. "문을 두드리면 대답해야 한다"(to answer the door [231])는 말에 개구리 문지기는 "문이 무엇을 묻고 있느냐"(What's it been asking of? [232])고 반문한다. 앨리스가 이해를 못하자 자신은 영어(이들에게는 모국어)로 말하고 있는데 모르겠냐면서 오히려 그녀가 귀머

거리인지 묻는다. 양의 가게에 들어간 앨리스가 "사방을 둘러보고"(look all around me) 무엇을 살 것인지 결정하겠다고 하자, 양은 수없이 많은 바늘을 한꺼번에 이용해 동시에 뜨개질을 하면서, 앞을 볼 수도 있고 양쪽을 볼 수도 있지만 머리 뒤에 눈이 달려있지 않는 한 사방을 두루 볼 수 없다고 말한다(but you ca'n't look *all* round you—unless you've got eyes at the back of your head [178]). 이런 대응이 가능한 이유는 일상적으로 쓰이는 상투적인 말들이 거울나라에서는 단어 그대로의 의미로만 받아들여지기 때문이다.

언어란 단어 자체의 기능, 즉 의사소통을 하기 위한 기능만 있는 것이 아니라 그 안에 문화를 포함하고 있다. 앨리스가 개구리 문지기의 말을 알아듣지 못하는 이유는 그들이 서로 다른 언어의 규칙을 가지고 있기 때문이며 서로 다른 문화 속에 살고 있기 때문이다. 앨리스와 넌센스 세계를 규정하는 언어의 범주, 언어의 약속이 서로 다른 것이다. 프라이(Northrop Frye)는 『앨리스』에 나타난 관습적인 언어 표현들은 "단일한 지적 패턴의 형식으로 세계에 대한 비전을 우리에게 제시해 준다"고 설명한다(310). 넌센스 세계의 언어는 지상세계에서처럼 관습적이고 상투적으로 사용되지 않는다. 이상한 나라의 인물들은 단어가 가진 다양한 뜻의 가능성을 배제한 채 단어를 단 한 가지의 뜻으로만 고정적으로 사용하거나 그들의 논리에 맞도록 제한적으로 사용한다. 그들이 보여주는 넌센스의 불합리성, 제한된 단일한 관점을 통해서 독자는 현실 세계의 불합리성을 되새겨 볼 수 있게 된다.

언어에 대해 특별한 관심을 보이는 캐럴의 목소리는 "언어란 한 단어에 천 파운드만큼 값진 것이야"(149)라고 앨리스를 나무라는 구성원들에게서 변주되어 나타난다. 거울에 비추어야만 읽을 수 있는 「재버워키」("Jabberwocky")라는 시에 쓰인 단어들은 모두 두 말을 합쳐 하나로 만든

합성어이다(192). "slithy"는 "유연한"(lithe)과 "미끈미끈한"(slimy)을 합쳐서 만든 단어이며 "mimsy"는 "비참한"(miserable)과 "연약한"(flimsy)를 합쳐 놓은 것이다. 이렇게 합성어로 이루어진 「재버워키」는 문법적으로는 맞지만 의미를 이해하기 어려운 넌센스 문장들이다. 앨리스는 험티 덤티의 설명을 들으면서도 이 시를 이해하지 못하며 오히려 더욱 혼란스러움을 느낀다. 거울나라에서 이루어지는 앨리스의 모험은 "한 단어가 천 파운드만큼이나 값진 언어"의 게임인 합성어로 이루어진 시 「재버워키」를 이해하기 위한 과정이며 넌센스 언어들로 이루어진 "재버워키" 같은 세상을 이해하기 위한 과정이다.

이 뒤죽박죽한 넌센스 세계에서 자신을 규정할 수 있는 이름이야말로 가장 중요한 것이 된다. 하트의 여왕은 앨리스를 만나자마자 "이름이 무엇이냐"고 물어보고(71), 이상한 나라의 재판정에서 12명의 배심원들은 재판이 끝날 때까지 자신들의 이름을 잊어버리기 않기 위해 노력한다(97). 그러나 캐럴이 지하세계의 구성원들이나 사물에 붙이는 이름은 자주 "논리를 확실히 해 주는 대신에 오히려 방해한다"(Culleton 30-31). 그는 사람이나 사물을 칭하기 위해 일상적으로 사용하는 "이름"을 자의적으로 만들어 내거나 혹은 잊어버릴 수 있다는 사실을 상기시킨다. 이런 논리의 뒤집음을 통해 캐럴은 이름이 지니고 있는 의미를 독자로 하여금 되새기게 만들면서 이름과 이름 부여, 그리고 정체성의 문제를 지속적으로 연관시킨다.

캐럴은 앨리스와 하얀 기사의 대화를 통해 사물(things)과 사물의 이름(the names of things), 그리고 사물의 이름의 이름(the names of names of things) 간의 구분을 시도한다.

> "노래의 이름은 '대구의 눈'이라고 불린단다."

"아, 그게 노래의 이름이군요?" 앨리스가 관심이 있는 체 하면서 말했다.

"아니, 이해를 못하는구나." 하얀 기사는 약간 짜증을 내면서 말했다. "그것은 이름이 그렇게 불린다는 것이지. 진짜 이름은 '늙고 늙은 할아버지'야."

"그럼 제가 '노래가 그렇게 불리는군요'라고 말했어야 하나요?" 앨리스가 고쳐 말했다.

"아니지, 그러면 안 돼. 그것은 전혀 다른 문제거든! 그 노래는 '수단과 방법'이라고 불리지. 그저 그렇게 불릴 뿐이야!"

"그렇다면, 노래는 대체 뭐예요?" 앨리스는 완전히 혼란에 빠져 물었다.

"지금 말하려던 참이다." 하얀 기사가 말했다. "노래는 진짜로는 '문 위에 앉아서'란다. 곡조는 내가 만든 거야." (218)

먼저 "노래"라는 대상이 있고 그 노래는 "문 위에 앉아서"이며 "방법과 수단"이라고 불린다. "대구의 눈"이란 이름의 이름(the name of a name)이다. 이름은 사물을 가리키는 말일 뿐이고 불려지는 것과 다르며 이름과 본질은 무관한 것이라는 하얀 기사의 말에 앨리스는 노래의 이름이 무엇이고 무엇을 의미하는가, 실제로 노래는 무엇이고 무엇을 의미하는가에 혼란을 느낀다. 우리가 누군가의 이름을 말할 때 그 이름은 자의적인 가리킴과 같다. 우리가 이름을 기억하지 못한다면 사물들을 직접 가리키거나 장황하게 묘사하지 않고는 타인과의 소통 자체가 불가능해진다. 즉 한 사람 혹은 사물에게 부여된 이름은 부르는 사람의 편리에 의해서 붙여진 것이다. "이 애는 앨리스야"라고 말한다면 그것은 어떤 소녀를 칭하는 것일 뿐이다. 그러면서 "이 아이는 대단한 모험가야"라고 말한다면 그것은 앨리스에게 덧붙여진 정보가 된다. "앨리스"라는 이름을 가진 소녀는 "대단한 모험가"로 불리는 것이다. 이름이란 대상을 가리키는 지칭이며, 이름이 불려진다는 것은 이름이 지닌 의미와 "정보를 전달"하는 것을 의미한다(Holmes 165). 다시 말하면 어떤 사람의 이름을 부를 때 우리는 이름을 부르면서 동시에 그 이름에 부여된 상징 혹은 그 안에 내포된 정보를 사용하려는 의도를 갖는다.

이름 없는 사물의 숲(Wood Where Things have No Name)으로 들어간 앨리스는 자신의 이름도 잊어버리며 주위의 사물에 이름을 붙여줄 수 없게 된다. 하지만 오히려 이 숲에서 사슴과 앨리스는 서로의 존재에 어떤 거부감도 갖지 않고 "정체성과 종분류법(classification)으로 분리되지 않은 채 행복하게 얼마동안 공존하며" 친구가 된다(Levin 182). 이름이 없는 사람이나 동물은 더 이상 그들을 분류하고 규정하는 질서의 통제 아래 놓여 있지 않기 때문에 자유를 누릴 수 있게 된다. 그러나 "질서와 힘의 형식으로 이름이 그들에게 돌아오자 그의 비전은 부서지고," 그들은 서로 헤어져야만 한다(Kincaid 297). 사슴과 어린이를 헤어지게 만든 것은 바로 말이다. 이름이 지어짐으로써 존재의 의미를 갖는 것들이 동시에 그 이름으로 인해서 자신의 범주 안에 갇히게 되는 것이다. 어떤 사물을 특정한 범주 안에 가두어 규정하게 되면 그것은 규정된 틀에서 벗어나 인식되기는 힘들어진다. 사물은 어떤 언어로 규정하느냐에 따라 다르게 인식될 수 있다. 또한 단어의 의미는 고정적이고 불변하는 것이 아니라 어떻게 사용되는가에 따라 달라진다. 비트겐슈타인은 "단어의 의미는 언어 속에서 그것의 사용이다"고 말한다(20). 단지 사물이나 그것의 이름이 존재하는 것만으로 끝나는 것이 아니라 그 이름이 사용되는 방법이 중요한 문제가 된다. 앨리스는 이름을 불러보면서, 단어의 의미란 사용 과정에서 새롭게 얻어지는 것이라는 점을 깨닫는다.

이름과 그 의미, 이름의 존재가치에 대한 의문은 거울나라 곤충들(Looking-Glass Insects)에 대한 각다귀(Gnat)와의 토론에서도 등장한다. 앨리스는 "이름은 부르는 사람에게 유용한 것"이라고 말한다(152). 부르는 사람을 위해서 이름이 존재한다고 생각하는 그녀는 모든 사물의 이름은 본래부터 정해져 있는 것이 아니라 달라질 수 있고 인간의 필요와 편리에 따라 붙여진 것일 뿐이며 사물의 본질이나 속성과는 무관하다고 여긴다. 지상세계에서 곤충의 이름이 생긴 모양이나 속성을 반영하지 않는 것과 달리 거울나라에서 이름은 사물 자체의 속성에서 벗어나지 않는다. 지상세계의 말파리(horsefly)는 거울나라에서 목마파리(rocking-horse-fly)와 비교되고, 나비(butterfly)는 버터바른빵나비(bread-and-butter-fly)가 된다. 말파리는 말의 생김새와 전혀 관계가 없고 나비 역시 버터와는 어떤 연관성도 없지만, 거울나라 곤충들은 다르다. 목마파리는 목마에 날개가 달린 모습이고, 버터바른빵나비는 버터를 바른 빵날개를 펄럭이며 날아다닌다. 거울나라 곤충들의 이름은 그들의 생긴 모습을 그대로 반영하고 있으며, 이름과 사물의 밀접한 관계를 주장하는 험티 덤티의 논리와 통한다.

험티 덤티는 앨리스에게 이름을 묻지만 무례한 태도로 그녀의 말을 무시하는데, 그에게는 앨리스라는 이름이 흥미를 불러일으키지 않기 때문이다. 그는 이름과 사물 사이의 밀접한 관계에 대한 믿음을 갖고 있다. 험티 덤티에게 있어 "이름은 곧 의미"이다(186). 험티 덤티는 그의 이름이 자신의 모습을 그대로 나타낸다고 말한다. 앨리스가 보기에는 그저 둥그런 달걀에 지나지 않지만 그는 자신의 모습이 매우 잘 생기고 위엄 있으며, 그의 이름이 이러한 자신의 모습을 반영하고 있다고 생각한다. 험티 덤티는 앨리스의 모습과 이름을 연결시킨다. 그가 생각하기에 "앨리스"라는 이름은 "앨리스"라는 소녀와는 아무런 상관관계가 없기 때문에 형편없는 이름이다. 그는 이름이 의미를 가지기 위해서 모든 이름은 그것이 지칭하는 대상의 본질이나 속성을 직접 반영해야 한다고 믿는다. 험티 덤티나 각다귀 같은 넌센스 세계의 구성원들은 언어와 사물이 일치해야 한다고 믿기 때문에 사회적 맥락 속에서 이루어지는 언어사용의 문제보다는 문자 그대로의 의미를 더 중요하게 여긴다. 이와 달리 앨리스는 이름이란 대상의 속성과는 상관없이 부르는 사람에게 의미 있는 것이라고 이야기하면서, 넌센스 세계의 언어관이 갖는 불합리하고 자의적인 속성을 밝혀낸다.

험티 덤티는 개인이 언어를 정의할 수 있다고 믿고 있으며, 거울나라의 구성원들은 언어의 사회적 관습에 무관심하다. 앨리스와 험티 덤티는 "영광"(glory)이라는 단어를 두고도 서로 다른 견해를 보인다. 험티 덤티는 지상세계의 언어가 사회적 소통의 수단으로 만들어지며 이는 말하는 사람들의 상호간의 이해를 전제로 하고 있다는 것을 무시하고 새로운 해석을 내놓는다. 그는 자신이 "단어들을 지배하기" 때문에 그 자신이 "주인"이라고 믿는다.

> "하지만 '영광'이 '정말 때려눕히는 말싸움'을 뜻하지는 않아요!" 앨리스가 반박했다.
>
> "내가 어떤 단어를 사용할 때는 말이지." 험티 덤티는 약간 깔보는 듯한 말투로 말을 이었다. "그건 바로 내가 선택한 의미만을 가지는 거야. 그 이상도 그 이하도 아니지."
>
> "문제는 당신이 단어가 그렇게 많은 서로 다른 것들을 뜻하게 만들 수 있느냐에 있군요." 앨리스가 말했다.
>
> "문제는 누가 주인이냐는 거지. 그게 다야." 험티 덤티가 대답했다. (190)

스스로 언어를 만들어 사용할 수 있다는 험티 덤티는 "이미 정해져서 변하지 않는 언어 텍스트의 고정된 거울이미지에 불과하다"(Rackin 83). 그는 언어의 합성어를 설명하면서 모든 것을 알고 있는 것처럼 행동하지만, 정작 앨리스나 이 동화를 읽는 어린이들 모두가 알고 있는 자신의 결말을 알지 못한다. 스스로를 언어의 주인이라고 뻐기며 앨리스를 가르치려드는 험티 덤티는 실은 말(전승 동요)에서 자유롭지 못한 채 자신의 전승 동요에 갇혀있다.

언어는 넌센스 세계에서 이 세계를 지탱하면서 동시에 전복시킨다. 현실세계의 질서와 무질서는 센스와 넌센스처럼 관점의 차이일 뿐인데 험티 덤티의 "영광"(glory)에 대한 정의처럼 넌센스 세계의 언어는 우리의 언어체계에 무질서를 초래한다. 험티 덤티의 간섭을 통해서 우리는 언어 규칙이란 "해체할 수 있는" 것이기 때문에 "언어 규칙이 복잡하고 자의적이기는 하지만, 사람들이 그 규칙에 영향을 미칠 수 있다는 것을 알게 된다"(르세르클, 「어린아이」 54).

거울나라에서는 특히 표면적으로 이루어지는 체스게임과 더불어 구성원들간의 언어게임은 중요한 의미를 띤다. 게임과 언어의 공통점은 게임도 언어처럼 상호간에 동의한 관습 혹은 규칙에 기초하고 있다는 것이다. 그러나 영원불변한 관습과 규칙이란 있을 수 없기 때문에 사람들이 동일한 규칙으로 동일한 게임을 하게 되는 경우는 그 약속이 유효한 기간 중에 이루어지는 특정한 언어게임 내에서일 뿐이다. 넌센스 세계의 언어는 지상세계인 현실의 언어를 혼란시킨다. 지상의 가치는 넌센스 세계에서 통하지 않으며, 관습적인 범위 안에서 통용되던 언어의 의미 역시 이 세계에서 힘을 잃는다. 이상한 나라와 거울나라의 구성원들은 그들 나름대로의 논리와 가치 체계 속에서 그것이 옳다고 믿으며 살고 있기 때문이다. 비트겐슈타인에 의하면, 언어가 의미있느냐 아니냐는 어떤 언어게임 안에서 사용되는가에 달려있다.

> "이 단어들의 조합이 의미가 없다"고 말하는 것은 언어의 범위로부터 그것을 배제시키며, 그럼으로써 언어의 영역을 한계 짓는다. 그러나 우리가 경계선을 그을 때, 그것은 다양한 이유들을 가질 수 있다.

> 어떤 문장이 의미 없다고 말해질 때, 말하자면 무의미하다는 의미가 아니다. 오히려 단어들의 조합이 [언어의] 순환으로부터 비껴져 나와 그 언어에서 배제되고 있다는 것이다. (138-39)

언어가 무의미하다는 것은 단지 언어가 사회 속에서 통용되는가 그렇지 않은가의 문제, 즉 어떤 언어게임 안에서 사용되느냐 하는 문제이며, 이는 객관적이고 고정적인 것이 아니라 상대적인 것이다. 어떤 단어가 무의미하다는 것은 그것이 속한 언어게임의 규칙 안에서 무의미하다는 것이고 현재 언어의 순환에서 벗어나 있을 뿐이기 때문에, 무의미는 언제나 무의미로 남는 것이 아니라 다른 체계 속에서는 의미를 가진다.

말장난의 세계 속에서 혼란을 겪는 앨리스의 모험을 통해서 우리는 한 단어가 많은 뜻을 갖고 다르게 쓰일 수 있음을 인식하고, 하나의 주류의 뜻만이 통용되는 지상세계의 질서에 비주류이면서 부차적인 뜻을 부여할 수 있게 된다. 우리가 사용하는 언어는 일종의 관습(convention) 속에서 특정한 힘을 얻는다. 앨리스와 넌센스 세계의 구성원들은 독자로 하여금 그 힘이 원래부터 언어가 갖고 있는 힘인가 하는 의문을 제기하게 만들며, 이런 의문들을 통해 우리는 "언어의 일상적 사용이 자의적이고 설명할 수 없는 것"이라는 것을 알게 된다(Spacks 269). 르세르클(Jean-Jacques Lecercle)은 『앨리스』에서 현실세계의 언어 규칙이 해체되어감을 지적한다.

> 사회적 삶의 구조와 언어의 구조는 찢어지고, 전복이 승리한다. 이 사회적인 그리고 언어적인 혼돈 속에서 남아있는 규칙은 없다.... 우리가 할 수 있는 일은 모든 언어와 행동의 법칙과 규칙성이 해체되어감에 따라 앨리스가 목적 없이 떠도는 것을 보는 일이며 우리 자신이 떠도는 것이다. (*Philosophy* 112)

언어가 의사소통의 수단이 되기 위해서는 사회의 구성원들이 언어의 사용에 대한 약속을 지켜야 한다. 또한 사용되는 언어는 특정한 언어체계 안에 있어야 한다. 언어가 이 체계에서 벗어날 경우 사람들은 이 언어를 비논리적이거나 넌센스라고 인식한다. 이상한 나라와 거울나라에서는 말하는 사람과 대답하는 사람이 각자 서로 다른 언어의 영역을 지닌다. 그들의 언어는 그들이 살고 있는 세계, 즉 그들에게 설정된 의미체계 안에서만 의미를 갖는다.

현실세계에서 통용되는 언어만이 의미있다고 믿던 앨리스는 이상한 나라와 거울나라에서 현실의 언어가 전복되는 것을 경험한다. 현실세계에서 센스를 지닌 언어들이 넌센스로 전복되는 과정을 통해서 앨리스는 넌센스가 지닌 센스(의미)를 깨닫게 된다. 이런 깨달음을 얻어 현실세계로 돌아온 앨리스의 언어관은 모험 이전에 지닌 언어관보다 진일보한 것일 수 밖에 없다. 들뢰즈는 캐럴의 작품에서 드러나는 센스와 넌센스의 관계에 주목하며 "센스는 존재하지 않는 실체이며, 사실상 넌센스와 매우 특별한 관계를 유지한다"고 말한다(xiii). 캐럴이 말하고 있는 넌센스는, 의미가 통하지 않는 우스꽝스러운 것만을 지칭하는 데 그치지 않고 의미를 지닌 넌센스가 되며 나아가 센스와 동의어가 된다. 넌센스는 언어의 의미를 전복시키는 역할을 하지만, 이런 의미의 전복은 우리로 하여금 언어의 새로운 의미, 거울 뒤에 숨겨진 또 다른 뜻을 찾도록 만든다. 이 새로운 의미는 앨리스의 정체성이 되고 "거울단계"를 통과한 앨리스를 센스의 세계로 이끌어준다.

3. 앨리스, 넌센스의 센스를 깨닫다

이상한 나라에서 키에 집착하던 일곱 살의 앨리스는, 거울나라에서 자신의 꿈의 주인, 삶의 여왕이 되는 것을 중요하게 생각하는 일곱 살 반의 앨리스로 성장한다. 거울에 비친 자신의 모습만을 바라보던 자아는 이 여행을 통해서 거울 뒤에 남겨진 소외되고 미성숙한 타자를 인식하고 포용하게 된다. 미친 모자장수와 삼월토끼는 각각 다른 방향에 살고 있지만 같은 다과회에 있다는 것, 트위들덤과 트위들디의 집으로 가는 길은 다르지만 두 사람이 한 집에 산다는 것, 왕의 심부름꾼 중에서 한 명은 가고 한 명은 온다는 것 등 앨리스는 모험을 통해 분열된 타자를 자아와 겹쳐볼 수 있게 된다.

꿈에서 깨어난 앨리스가 바라보는 현실세계는 모험 이전에 바라보던 세계와는 다르다. 그녀는 넌센스 세계를 여행하면서 넌센스에 새로운 의미를 부여하고 이를 통해 세계를 바라보는 시선을 변화시키게 된다. 앨리스가 붉은 왕의 꿈인가, 혹은 붉은 왕이 앨리스의 꿈인가를 물어보는 대목(244)은 장자의 "나비의 꿈"을 연상시킨다. 장자는 자신이 꿈에 나비가 되었는데 갑자기 깨어나 보니 바로 자기 자신이었다고 말하며 그가 꿈에 나비가 된 것인가, 나비가 꿈에 그가 된 것인가를 묻는다. 장자에게 꿈과 현실은 같은 것이다. 나비와 인간의 경계가 무너지듯이 꿈과 현실의 경계가 무너진다. 그는 사물을 일방적으로 규정하고 거기에 한정시키는 것을 "이중긍정"을 통해 비판한다(김형효 317). 언덕과 골짜기는 표면적으로 분리되어 있는 듯 보이지만 실제로는 연관되어 있는 것처럼 나비와 인간, 꿈과 현실은 각기 따로 존재하는 것이 아니며 그 경계는 모호하다. 꿈에서 깨어난 앨리스는 자신의 모험과 꿈에 대한 질문을 통해 사물의 양면과 꿈과 현실의 경계선에 대해 인식하고, 꿈과 현실이 별개의 것이 아니라 서로 영향을 주고받는다는 것을 깨닫는다. 거울 속과 거울 밖의 경계선, 즉 현실과 판타지의 경계선에 선 채로 앨리스는 그녀 자신과 독자들에게 질문을 던진다. 거울 밖에서 거울 속을 규정할 수 없고, 거울 속에서 거울 밖을 규정할 수 없다. 앨리스는 현실과 꿈의 모호성, 존재와 비존재의 모호성, 센스와 넌센스의 경계에 대해 묻고 있는 것이다. 『거울나라』의 마지막에 붙여놓은 어크로스틱 시에서 "인생은 한갓 꿈인가" (245)고 묻는 캐럴에게는 "삶이란 모든 것을 포함하는 일반적인 꿈"이 된다(Reichertz 63).

오든(W. H. Auden)은 이상한 나라와 거울나라에서 "가장 중요하고 강력한 캐릭터 중 하나는 사람이 아니라 언어"라고 말한다(9). 앨리스는 두 나라의 모험을 통해서 "수동적인 대상"이라 여겼던 단어들이 "그들 자신의 생명과 의지"를 지니고 있다는 것을 깨닫는다(Auden 10). 실제로 "언어"가 보여주는 "생명과 의지"는 앨리스가 겪는 모험 단계마다 나타난다. 이름 없는 숲에서 이름을 잊어버리고 자신의 정체성마저 잃어버린 앨리스에게서, "네가 누구인가를 기억하라"(147)고 명령하는 붉은 여왕에게서 힘을 지닌 언어의 모습을 볼 수 있다.

전승 동요의 사용 역시 언어가 갖는 힘을 보여주는 예이다. 전승 동요에서는 그 동요의 주인공들에게 관련된 사건과 행동의 결과가 결정되어 있다. 행동은 이미 말(전승 동요)에 의해서 고정되어 있기 때문에 그들에게 다른 결말의 가능성은 없으며, 그들의 존재 유무와 운명은 말(동요)에 의해 정해져 버린다. 트위들덤과 트위들디는 그들의 의지와는 상관없이 낡은 방울 때문에 싸워야만 한다.[4] 그들에게는 특정한 운명이 정해져 있

---

4) 트위들덤과 트위들디는 전승동요의 인물들로, 그들의 행동 과정과 결과는 이 동요의 결말에서 벗어나지 못한다. 이해를 돕기 위해 여기 원문을 소개한다.

Tweedledum and Tweedledee
　　Agreed to have a battle;
For Tweedledum said Tweedledee
　　Had spoiled his nice new rattle.
Just then flew down a monstrous crow,
　　As black as a tar-barrel;

으며 규정된 언어에 의해서 전적으로 지배되는데, 사건과 행동에 대한 말이 이미 존재하고 있기 때문에 아무 것도 바뀔 수 없다. 거울나라에서 변화의 가능성을 감소시키는 것은 말, 즉 언어의 힘이며 동시에 사건을 창조하고 변화의 가능성을 열어 가는 것도 언어의 힘이다.

넌센스 세계를 여행하면서 성장을 받아들이고 정체성을 찾게 된 앨리스는 여왕이 되어 센스의 세계로 돌아온다. 앨리스의 모험은 고정적이고 변하지 않는 센스란 없으며 사회적 약속이 이루어지는 범주 안에서만, 특정한 언어게임 내에서만 언어의 의미가 통용되는 것일 뿐, 다른 사회적 약속의 범주 내에서는 의미 있는 언어가 넌센스가 될 수 있다는 것을 말해준다. 현실에서 판단하는 센스와 넌센스는 판타지 세계에서 완전히 전복된다. 언어의 넌센스와 센스의 판단 기준은 그것이 사회 속에서 통용되고 있는가, 어떤 언어게임 안에서 사용되는가에 달려있다. 이 기준은 확정적이고 절대적인 것이 아니라 상대적이며 가변적인 것이다. 따라서 어떤 단어가 넌센스하다는 것은 현재 언어게임의 규칙 내에서 의미를 갖지 못한다는 뜻이며, 언어의 순환에서 벗어나 있다는 사실일 뿐이다. 언어게임을 통해서 앨리스는 언어의 힘뿐만 아니라, 논리와 무한한 넌센스의 힘을 인식한다.

캐럴은 그의 책 『실비와 브루노』(*Sylvie and Bruno*)가 출판된 후 어린이 독자들에게 쓴 글에서 말과 책의 의미에 대해 그의 생각을 밝힌다.

> 말이란 우리가 그것을 사용할 때 표현하려는 것보다 더 많은 것을 의미한다. 그러므로 책 한 권은 작가가 의미했던 것보다 훨씬 더 많은 것을 의미해야만 한다. 그래서 그 책 속에 어떤 좋은 의미가 있든지 간에, 나는 그것을 책의 의미로서 기꺼이 받아들인다. (*Letters* 1: 548)

Which frightened both the heroes so,
They quite forgot their quarrel.

텍스트에 대한 열린 해석의 가능성을 믿고 있는 캐럴은 하나의 시각에 고정된 단일한 의미를 거부하며 『앨리스』가 국적과 종교를 초월하여 어린이들에게 즐거움을 줄 수 있다고 생각했다. 앨리스는 독자들의 경험을 대신하고 언어의 의미를 확장하며 사고의 영역을 넓혀주는 독자의 "대리인"(surrogate) 역할을 한다(Rackin 37). 그녀는 꿈과 현실의 경계선에 서서 무의미하다고 여겨지는 넌센스 언어들의 의미를 인식한다. 앨리스가 모험하는 시간과 공간, 그녀가 말하고 듣는 언어들은 독자의 시공간에 들어와 살아 숨쉬며 새로운 의미를 창조한다.

인용문헌

김형효. 『노장 사상의 해체적 독법』. 서울: 청계, 1999.

장-자크 르세르클. 「어린아이에 대한 사랑」. 『앨리스』. 장-자크 르세르클 편집. 김계영 옮김. 서울: 이룸, 2003. 9-68.

Auden, W. H. "Today's 'Wonder-World' Needs Alice." Phillips 3-12.

Carroll, Lewis. *Alice's Adventures in Wonderland* and *Through the Looking-Glass and What Alice Found There*. Ed. Roger Lancelyn Green. New York: Oxford UP, 1971.

____________. *The Letters of Lewis Carroll*. 2 vols. Ed. Martin N. Cohen. New York: Oxford UP, 1979.

Culleton, Claire A. *Names and Naming in Joyce*. Madison: U of Wisconsin P, 1994.

Deleuze, Gilles. *The Logic of Sense*. Trans. Mark Lester and Charles Stivale. Ed. Constantin V. Boundas. New York: Columbia UP, 1990.

Frye, Northrop. *Anatomy of Criticism: Four Essays*. Princeton: Princeton UP, 1957.

Gray, Donald J., ed. *Alice in Wonderland: Authoritative Texts of Alice's Adventures in Wonderland, Through the Looking-Glass, The Hunting of the Snark, Backgrounds, Essays in Criticism.* By Lewis Carroll. 2nd ed. New York: Norton, 1992.

Holmes, Roger W. "The Philosopher's *Alice in Wonderland.*" Phillips 159-74.

Kincaid, James R. *Child-Loving: The Erotic Child and Victorian Culture.* New York: Routledge, 1992.

Lacan, Jacques. *Écrits: A Selection.* Trans. Alan Sheridan. New York: Norton, 1977.

Lecercle, Jean-Jacques. *Philosophy of Nonsense: The Intuitions of Victorian Nonsense Literature.* London: Routledge, 1994.

Levin, Harry. "*Wonderland* Revisited." Phillips 175-97.

Philips, Robert, ed. *Aspects of Alice: Lewis Carroll's Dreamchild as Seen through the Critics' Looking-Glasses 1865-1971.* New York: Vintage-Random, 1977.

Pitcher, George. "Wittgenstein, Nonsense, and Lewis Carroll." *English Literature and British Philosophy: A Collection of Essays.* Ed. S. P. Rosenbaum. Chicago: U of Chicago P, 1971. 229-50.

Rackin, Donald. *Alice's Adventures in Wonderland and Through the Looking-Glass: Nonsense, Sense, and Meaning.* New York: Twayne, 1991.

Reichertz, Ronald. *The Making of the Alice Books: Lewis Carroll's Uses of Earlier Children's Literature.* Montreal: McGill-Queen's UP, 1997.

Spacks, Patricia Meyer. "Logic and Language in *Through the Looking-Glass.*" Phillips 267-75.

Wittgenstein, Ludwig. *Philosophical Investigations.* Trans. G. E. M. Anscombe. 3rd ed. Oxford: Blackwell, 1968.

Wullschläger, Jackie. *Inventing Wonderland: The Lives and Fantasies of Lewis Carroll, Edward Lear, J. M. Barrie, Kenneth Grahame and A. A. Milne.* New York: Free, 1995.

※ 이 글은 『근대영미소설』 12집 1호(2005)에 「루이스 캐럴의 언어게임 – 앨리스 이야기를 중심으로」라는 제목으로 실린 논문이며, 오류 및 문장을 대폭 수정하였다.

소설세계에서 현실로
나보코프의 『롤리타』와 캐럴의 『앨리스』

1. 소녀들, 21세기, 신화

독자들에게 사랑받는 소설의 주인공은 소설을 떠나서도 독자적으로 의미를 갖는다. 그들은 자신의 존재를 극명하게 각인시키면서 독립성을 얻어 소설적 배경을 무대로 하지 않고 살아 숨쉰다. 이렇게 어떤 인물이나 상황이 독립적으로 의미를 획득하면서 대중적으로 인식되어지면 이것은 신화가 된다. 바르트(Roland Barthe)는 신화를 다음과 같이 설명한다.

> 신화가 하나의 의사소통 체계, 곧 하나의 메시지라는 것이다. 그러므로 신화는 하나의 대상, 하나의 개념, 혹은 하나의 관념이 될 수 없을 것이라는 것을 알 수 있다. 신화는 의미작용의 한 양식이고 하나의 형식이다. 나중에 이 형식에다 역사적인 한계, 사용 조건들을 설정하고, 그 형식 속에 사회를 재투여해야 할 것이다. (264)

독자들에게 하나의 대상이던 작중인물이 의사소통 체계, 즉 현실의 세계에서 새로운 옷을 입는다. 캐럴(Lewis Carroll)이 『앨리스』(*Alice*)를 쓴 것은 자신의 꼬마친구들을 즐겁게 해 주기 위해서였다.[1] 그가 창조한 빅토리아 시대의 여주인공 앨리스(Alice)는 토끼굴로 떨어져 카드여왕을 만나고 거울나라에서 체스판 위를 모험하는, 매력적이고 사랑스러운 소녀이다. 그녀의 당돌한 말과 거침없는 언어는 독자들에게 한없는 즐거움을 선사한다. 그러나 앨리스는 캐럴과 꼬마숙녀들의 시대, 점잖은 풍토의 빅토리아 시대를 살아가는 순종적인 일곱 살 소녀가 아니라, 그 시대의 도덕과 교훈에서 자유로운 현대의 소녀로 살아남는다. 앨리스는 개울을 건너듯이 빅토리아시대를 가벼운 발걸음으로 건너뛰어 현대의 시공간으로 들어온다. 그녀는 『앨리스』라는 텍스트를 넘어 하나의 이미지로 21세기의 거리를 종횡무진 횡단한다.

『롤리타』(*Lolita* [1955])의 여주인공 롤리타(Lolita) 역시 나보코프(Vladimir Nabokov)의 소설 주인공 이상의 의미를 지니면서 일반사람들에게 하나의 신화로 자리 잡는다. 롤리타가 실제로 누구를 혹은 무엇을 의미하는가에 대한 논란이나 판단과는 상관없이 롤리타라는 이름은 그 자체로 특별한 유형을 가리키는 말이 되었다. 험버트(Humbert)의 일방적 사랑의 대상이었던 어린 님펫(nymphet)은 현실 세계 성인남성들의 환상과 맞물려 어린 소녀에 대한 사랑, 어린이에 대한 이상성욕의 의미를 갖게 된다. 작가가 특별한 의도를 품고 창조한 롤리타는 그녀를 둘러싼 사회에 의해서 그 의미가 확산되고 고착된다. 작가에 의해서 작품 속에서 창조된 인물은 독자에게 다가가는 순간부터 사회의 구성원들에 의해 새로운 생명을 얻고 나름의 가치를 획득한 것이다.

---

1) 루이스 캐럴은 1865년과 1871년, 『이상한 나라의 앨리스』(*Alice's Adventure in Wonderland*)와 『거울 속으로, 그리고 앨리스가 발견한 것』(*Through the Looking Glass And What Alice Found There*)을 펴냈다. 각각 『이상한 나라』, 『거울나라』로 칭하며, 두 권을 함께 논의할 때는 『앨리스』로 칭한다.

이 글에서는 미국 산업사회의 한복판에 던져진 거친 현실 속의 열두 살 어린 소녀 롤리타와 영국 빅토리아 시대의 판타지 속에서 태어난 일곱 살 소녀 앨리스를 비교하여, 이들이 모험과 성장과정에서 겪는 두려움과 욕구를 관찰한다. 이 두 소녀들이 자신들을 둘러싼 관습의 틀을 어떻게 조롱하며 주변사회를 인식하는가, 그들이 사용하는 언어의 주체는 누구인가가 주요한 탐구 주제가 될 것이다.

2. 성장, 그리고 여행

나보코프는 미국으로 망명하기 이전 『이상한 나라의 앨리스』를 러시아어로 번역하고 이 번역본을 5달러에 팔았다. 리(L. L. Lee)는 "물론 앨리스는 그에게 5달러 이상의 것을 주었다. 루이스 캐럴의 미치광이 같으면서도 논리적인 목소리는 그의 작품 속에 스며든다"(124)고 언급한다. 실제로 나보코프는 『롤리타』에 앨리스를 의도적으로 끌어들인다. 험버트는 "멀리 반쯤 벗은 님펫이 이상한 나라의 앨리스 같은 머리카락을 빗질하는 모습으로 꼼짝 않고 있는 것을 멀리서도 알아채곤 했다"(*L* 264)라며 롤리타를 회상한다. 이렇게 직접적으로 앨리스를 언급할 뿐만 아니라 캐럴이 즐겨 사용한 언어놀이를 차용한 나보코프는 독자들에게 롤리타와 앨리스를 중첩해 볼 것을 제안한다. 한 단어의 첫 부분과 다른 단어의 첫 부분을 조합하여 롤리타의 학교와 학급이름을 만든 것이나, 발음이 비슷한 단어들을 겹쳐 놓아 말장난을 하는 것은 나보코프가 캐럴의 말놀이를 통해 소설 전반에 앨리스적 분위기, 그녀가 갖고 있는 동화적인 소녀의 분위기를 끌어들이려는 의도를 지녔음을 보여준다. 물론 앨리스가 규범과 예절을 강조하는 영국 빅토리아 시대의 소녀라면, 롤리타는 타락한 미국산업사회의 소녀이다. 이들이 존재하는 세계는 각각 판타지와 현실세계로, 외형상 공통점이 없어 보인다. 그러나 일곱 살과 열두 살이라는 나이, 신체적 성장의 과정을 겪고 있다는 점, 자신의 정체성에 대한 끊임없는 의문을 통해 성인사회로 진입해 들어가기를 소망한다는 점에서 이 두 소녀는 닮아있다.

1860년대 영국 빅토리아 시대의 어린 시절에 대한 찬미와 어린이 숭배의 풍조 속에서 앨리스는 순수함을 지닌 당돌한 소녀의 상징으로 자리잡는다. 예법을 중시하는 당시의 점잖은 체 하는 사회상을 적절한 재미와 조롱을 지닌 채 그녀만큼 잘 표현하는 인물은 없어 보인다. 앨리스는 판타지 세계인 이상한 나라와 거울나라를 여행하면서 신체적 성장과 정체성의 문제에 직면하는데, 기묘하고 엉뚱한 인물들과의 만남은 그녀가 직면한 성장의 문제를 긍정적으로 풀어가도록 도움을 준다. 그녀는 성장의 문제 못지않게 자신의 이름과 존재에 대한 의문을 끝까지 놓지 않으며 모험을 성공적으로 완수한다. 래킨(Donald Rackin)은 앨리스가 비록 어린이다운 유치함과 뻔뻔함 등 바람직하지 않은 여러 가지 모습을 갖고 있는 것은 사실이지만 "많은 독자들은 앨리스를 자기통제와 인내, 용기 그리고 성숙한 분별력의 신화적 구현으로 바라본다"(14)고 언급한다.

한편, 나보코프가 『롤리타』를 발표한 이래로 이 소설은 여전히 뜨거운 논쟁의 대상이다. 음란소설로 치부되어 출판이 거절되거나 그 가치를 제대로 인정받지 못하던 시절부터 대중적 인기를 얻고 두 번이나 영화화된 현재까지 『롤리타』는 독자와 비평가로부터 극단적으로 대비되는 평가를 받았다. 이 소설의 무게를 도덕적 가치에 두는 사람들에게 롤리타는 1950년대 속물적인 미국 산업사회 속에서 주류백인남성문화의 희생양이 된 소녀로 보인다. 그러나 소설에 들이댄 도덕적 잣대와 상관없이 어느새 독자는 이 소설이 품고 있는 아름다움, 즉 풍부한 시적 언어가 그려내는 눈부신 감성, 그물에 걸려들어 꼼짝 못하게 만드는 아름다운 수사의 매력에 빠져들게 된다. 여기에서 그치지 않고 미국 산업사회에 대한 조롱 섞인 나보코프의 목소리 역시 감지할 수 있다.

이렇게 판타지와 현실세계라는 전혀 다른 세계를 배경으로 매우 상반된 평가를 얻고 있는 두 소녀에게 공통점이 있다면, 성장의 문제에 민감하게 반응한다는 것이다. 어린이에게 신체적 성장이란 양가적인 감정을 불러일으킨다. 누구나 빨리 어른이 되고 싶으면서도 동시에 영원히 어린이로 남고 싶은 욕망을 갖기 때문이다.

판타지 세계의 앨리스는 모험을 통해 성장의 문제에 접근하고 이를 받아들이고자 한다. 이것은 몸의 크기변화를 통해서 이루어진다. 현실세계에서는 어느 한쪽으로 계속 커지는 몸이, 그녀가 여행하는 판타지 세계에서는 커졌다 작아졌다를 반복한다. 이것은 몸 자체의 성장도 중요하지만 그것을 받아들이는 심리적 성장 역시 중요하다는 것을 시사한다. 이런 몸의 유희는 몸에 대한 관심을 불러일으키는데, 이런 관심은 오히려 몸 자체를 관찰의 대상으로 만들어 타자화시키면서 몸에 대한 무관심을 유도한다. 앨리스의 작아진 몸은 판타지 세계로 그녀를 이끌어 "아름다운 장미정원"에 이르게 만들지만, 작은 몸 때문에 판타지 세계의 구성원들에게 무시를 당하기도 한다. 그녀에게 닥친 위기를 벗어나기 위해 앨리스는 몸이 커지기만을 바라는데, 상대적으로 커진 몸은 그녀 자신에게도 낯선 대상이 된다. 앨리스가 늘어난 목 밑으로 조그맣게 보이는 발에게 편지를 보내는 장면(*A* 14)이나, 흰토끼의 집에서 지나치게 비대해진 몸이 집을 빠져나오지 못하고 끼어있는 장면(*A* 28)에서 몸에 대한 이런 낯설음을 찾아볼 수 있다.[2)]

---

2) Lewis Carroll, *Alice in Wonderland: Authoritative Texts of* Alice's Adventures in Wonderland, Through the Looking-Glass, The Hunting of the Snark*, Backgrounds,*

『롤리타』 역시 그녀의 성장 문제가 소설 전반에 걸쳐 예민하게 다루어진다. 두려움과 호기심을 반복하며 신체적 성장의 문제에 접근하는 앨리스와는 달리 롤리타는 자신의 신체적 성장을 빨리 성취하고자 한다. 파이퍼(Pifer)는 "나보코프의 어린이들은 어른의 에너지와 섹슈얼리티, 의지와 지식의 씨앗이 견고하게 뿌리를 내린 활력적인 창조물이다"라고 말한다(93-94). 자신의 매력을 발산하고 이용하는 이 깜찍한 열두 살의 소녀는 화산처럼 지하로부터 분출되는 열정적인 성적 에너지를 품고 있는 듯 보인다. 그렇지만 그녀의 성적 에너지에 대한 언급이 험버트라는 어른남성의 서술로 전달된다는 사실을 인식하고 나면, 롤리타가 어린이의 상태를 벗어나려고 조바심을 냄으로써 오히려 성장을 버거워하고 있다는 것을 알게 된다. 롤리타가 아워글래스 호수(Hourglass Lake)에서 드러내는 성에 대한 관심, 금기에 대한 반발과 순전한 호기심으로 이루어진 찰스와의 관계 등은 그녀의 미숙함을 반증한다. 프로이트(Sigmund Freud)는 어린이의 놀이에서 그들의 소망이 무엇인지를 알 수 있다고 언급하며 그 소망은 "커지고 성장하는 소원이다. 그는 언제나 '성장'하는 놀이를 한다. 그리고 그의 게임 속에서 그는 성인들의 삶에 대해 알고 있는 것을 모방한다"고 말한다(Kincaid 277에서 재인용). 어른의 세계로 빨리 진입하고 싶은 롤리타의 행동은 경박한 대중문화의 반영이며 신체와 정신의 부조화가 빚어낸 결과이다. 이런 조화롭지 못한 발달은 정신과 물질의 불균형에 대한 조롱이며, 정신에 비해 물질이 지나치게 비대해져버린 미국 산업사회를 상징한다.

이 두 소녀들의 성장 과정에 나타난 차이점 중 하나는 그녀들이 먹는 음식에서 드러난다. 앨리스에게 음식이란 신체적 성장을 위해 '필수적인

Essays in Criticis, ed. Donald J. Gray. 2nd ed. (New York: Norton, 1992). 이하 원문인용은 이 책에서 한 것임을 밝힌다.

것'이다. 몸이 작아질 때 먹었던 음료수, 몸이 커지는 버섯과 쿠키 등 음식은 성장의 도구이자 은유가 된다. 앨리스는 단지 커지거나 작아지기 위해, 즉 모험에 적절한 몸 크기를 만들기 위해 음식을 먹는다. 그렇지만 그녀는 결코 음식에 탐닉하지는 않는다. 음식은 신체의 변화에 필수적이지만 동시에 하나의 도구에 불과하기 때문이다. 앨리스는 처음 판타지 세계로 발을 들여놓았을 때 탁자에 병이 놓여있는 것을 보게 된다.

> "나를 마셔요"라고 쓰인 것은 확실했다. 하지만 현명한 앨리스는 서두르려고 하지 않았다. "아니야, 먼저 '독'이라고 표시되어 있는지 아닌지 살펴봐야 해."하고 앨리스는 말했다. (*A* 12)

그녀는 병을 보고서 "'독'이라고 표시되어 있는지 아닌지"를 살피면서 먹어도 되는지 의심한다(*A* 12). 신체의 크기 조절을 위해서, 즉 존재의 유지를 위해서 음식이 필요하지만, 존재의 소멸을 가져와서는 안 되기 때문이다. 물론 "독"에 대한 언급은 아무거나 먹어서는 안 된다는 등의 그녀가 받았을 다양한 교육을 상기시킨다.

그러나 롤리타에게 음식은 금지에 대한 갈망이다. 그녀가 좋아하는 음식은 "끈적끈적하고 달콤한 퍼지 아이스크림" 같은 것들이다. 이런 음식에의 갈망은 탐욕이며 나아가 일종의 낭비이다. 부모들은 이가 썩는다거나 건강에 해롭다는 이유로 아이들이 단 것을 많이 먹지 못하도록 금지한다. 롤리타가 단 음식에 탐닉하는 이유는 바로 그것이 금지된 식품이기 때문이다. 단 음식은 신체적 성장에 필수적인 것이라고 보기 어렵고, 지나치게 많이 섭취하면 오히려 건강을 해칠 수 있다. 따라서 롤리타가 먹는 단 음식은 결핍에 대한 위안의 역할을 할 뿐이다. 그러므로 롤리타는 앨리스와 달리 먹을 것을 볼 때마다 "먹어도 되는 것인지" 반문하지 않는다.

> 마음속으로 나는 롤리타가 넌더리 날만큼 틀에 박힌 어린 소녀라는 것을 알게 되었다. 감미로운 핫재즈, 스퀘어 댄싱, 끈적끈적하고 달콤한 퍼지 아이스크림, 뮤지컬, 영화 잡지 등등, 이런 것들이 그녀가 좋아하는 것들의 뻔한 목록이었다. (*L* 148)[3]

결핍을 채우려는, 혹은 금지된 것을 탐하는 롤리타의 미숙한 욕망은 험버트의 입을 통해서 싸구려 취향을 가진 어쩔 수 없는 여자아이의 "넌더리 날만큼 틀에 박힌" 모습으로 치부된다. 게다가 이런 롤리타의 모습은 합리적이며 지성적인 매력을 갖춘 험버트와 대비를 이룬다. 험버트는 롤리타가 단 것을 좋아하고 영화나 잡지 등 대중문화에 지나치게 탐닉하는 것을 여성적 취향으로 본다. 험버트의 시각에서 롤리타는 대중문화의 잡동사니에 관심을 기울이며 하릴없이 시간을 보내는 전통적인 여성 소비자가 되는 것이다.

> 롤리타의 소비습관은 여성화되어 있으며 동시에 미국화되어 있다. 어느 쪽 관점에서든 그것[그녀의 소비습관]은 험버트에 의해서 평가절하된다. (Mizruchi 644)

그는 자신의 건전한 소비생활과 롤리타의 소모적인 소비생활을 비교하며 독자로부터 정당성을 획득한다. 그렇지만 "소비는 상실에 대한 반응이면서 또한 그것을 반복하며 되찾는 방법이다. 소비한다는 것은 결코 극복될 수 없는 공허함과 인식의 감정을 보다 고양된 형식으로 행하는 것

3) Vladimir Nabokov. *Lolita*. (New York: Vintage Books, 1997). 이하 원문인용은 페이지수만 밝힌다.

이다"(Mizruchi 648). 롤리타가 탐닉하는 것은 진정한 사랑에 대한 요구이다. 그러므로 그녀의 결핍감은 험버트의 강제적 사랑으로 채울 수 없다.

음식을 강조하는 것은 한편으로 신체적 성장에 대한 조롱이기도 하다. 음식을 먹고 영양분을 섭취하여 신체가 자라난다고 해서 정신적 성장이 동등하게 이루어지는 것은 아니다. 버섯이나 케익을 먹고 몸의 크기가 수시로 변하는 앨리스는 어린이다운 유치함과 성숙함의 경계를 넘나들지만, 몸이 커졌다고 해서 보다 더 성숙한 사고를 하거나, 몸이 작아졌을 때 훨씬 무분별해진다거나 하지는 않는다. 몸의 크기와 정신의 성장이 비례하는 것은 아니기 때문이다. 다만 이런 몸의 크기 변화는 그녀의 모험을 더욱 생동감 있게 만들고 신체적 성장과 정체성의 문제를 연계시키는 고리역할을 충실히 해낸다. 이와 달리 롤리타가 먹는 음식은 성장을 위한 필수적 선택이 아니라 잉여적 기호품으로 여겨지기 때문에 육체적, 정신적 성장에 큰 역할을 담당한다고 볼 수 없다. 그녀의 음식은 충족이 아니라 갈망을 불러일으키며, 필수적인 것이라기보다는 금지된 것일 뿐이다. 그녀의 육체적 경험은 분명 성장단계에서 대단히 커다란 사건이며 변화이지만, 이런 변화가 롤리타의 정신적 성숙을 가져왔다고 보기는 어렵다. 오히려 지루한 여행의 과정에서 롤리타는 제대로 된 도움을 받지 못하고 성장으로 이끄는 자양분을 제공받지 못한 채 결핍을 안고 다음 단계로 이행해야만 한다.

캐럴은 앨리스를 활발하면서도 천진무구한 소녀로 그려내고자 했다. 따라서 캐럴에게 쏟아지는 여러 가지 의혹들에도 불구하고 앨리스에게서 어떤 성적인 매력을 찾아낸다는 것은 어려운 일이며, 앨리스를 창조한 캐럴에게서 성도착자적 특성을 찾는 것 역시 쉽지 않은 일이다. 가드너(Martin Gardner)는 "어린 소녀의 아름다움과 더럽혀지지 않은 순수함을 이상화하는 것"이 빅토리아시대의 풍조였다고 설명한다(xxvii). 이런

"이상화된" 풍조는 캐럴로 하여금 그의 특별한 어린이 사랑, 좀 더 정확히 말하자면 어린 소녀에 대한 사랑을 "고차원적인 정신적 측면"에 두도록 도왔던 것이다. 물론 『앨리스』에도 남성의 시선이 등장한다. 사각턱을 지닌 공작부인이나, 이상한 나라의 역에서 기차를 탄 앨리스를 망원경으로 들여다보는 승무원, 종이옷을 입고 신문을 펼쳐든 신사, 그리고 그 옆에 앉은 염소 모두 남성들의 변형으로 볼 수 있다. 그들은 앨리스를 빤히 바라보거나 몰래 훔쳐본다.

> 내내 승무원은 그녀를 바라보고 있었다, 처음에는 망원경으로, 다음에는 현미경으로, 그리고는 오페라용 안경으로. 마침내 그는 이렇게 말했다. "너는 길을 잘못 들었구나." 그러면서 창문을 닫고는 가버렸다.
>
> 앨리스의 맞은 편에 앉은 신사(그는 하얀 종이옷을 입고 있었다)가 말했다. "아무리 어린아이라도 어디로 가고 있는지는 알아야지. 자기 이름을 모른다고 해도 말이다." (*A* 130)

앨리스를 바라보는 시선들은 곧 캐럴의 것이다. 캐럴의 시선을 대신하는 이 인물들은 앨리스를 열심히 들여다보고 훔쳐보고 연구하지만 그녀에게 어떤 요구를 하지는 않는다. 앨리스에게 '무엇'이 되라고, 혹은 '무엇'으로 보이라고 요구하지 않는 것이다. 대신 그들은 무한한 애정을 지닌 채 앨리스를 바라보고, 앨리스는 무심한 듯 이 욕망의 시선을 무시한다.

캐럴이 앨리스를 순진한 어린아이로만 남겨두고자 했다면 나보코프는 "그들[어린이들]을 성이 없는 천사들로 그리고자 하지 않는다"(Pifer 93). 소녀에게 성적 특성을 부여하려는 나보코프의 이런 사고는 험버트가 롤리타와의 첫 만남을 묘사하는 장면에서 명백히 드러난다. 험버트의 시적 언어는 "어떤 예고도 없이... 눈 앞에 푸른 빛이 넘실대"(*L* 39)도록 만드는 롤리타의 매력으로 독자를 끌어들인다. 험버트와 독자의 눈에 비치는 롤리타 역시 응시의 대상인데, "여성이 된다는 것은 바라봄의 대상이 된다는 것이다"(Shute 112). 그녀는 어떤 장면에서도 응시의 주체가 되지 못한다. "거미 험버트"(Humbert the Spider)가 쳐 놓은 거미줄 안에서 응시의 대상이 되고 거미의 먹잇감이 되는 것이다.

> 나는 오래된 정원에서 흔히 볼 수 있는 음울하고 창백한 거미와 같다. 반짝이는 거미줄 한 가운데에 앉아서 이 가닥 혹은 저 가닥을 조금씩 잡아당기기. 교활한 마법사처럼 앉아있는 의자에서도 들을 수 있도록 내 거미줄은 집 안 곳곳으로 펴져있다. 로는 자기 방에 있나? 조심스럽게 비단줄을 잡아당긴다. 아니야. (*L* 49)

험버트의 거미줄에 걸려있는 어린 나비인 님펫이 거미줄을 찢고 살아날 수 있을 것이라고 바라기에는 험버트의 힘이 너무 집요하며 강력하다. 더구나 롤리타는 자신을 향한 이 무자비한 응시의 시선에 대해 무지하며, 때때로 뻔뻔한 듯하다. 험버트의 서술에 의하면 이 열두 살 소녀의 도발적인 성적 매력은 냉정함을 유지하려는 자신을 끊임없이 흔들리게 유혹한다. 대담하고 경박한 롤리타, 어리면서도 성적인 매력을 풍기는 롤리타, 그래서 험버트로 하여금 자신의 행위에 어떤 정당성을 부여하게 만드는 롤리타, 이것이 서술자 험버트의 영리한 계략이다.

앨리스를 들여다 본 것이 저자인 캐럴이라면, 그리고 롤리타를 들여다 본 것이 험버트라면 표면적으로 그들의 응시는 동일하다. 둘 다 자신이 사랑하는 어린 소녀를 들여다보기 때문이다. 그러나 자신의 몸의 변화를 관찰하고 이에 대해 사유함으로써 욕망의 시선에서 무심한 듯 비껴갈 수 있었던 판타지 세계의 앨리스와는 달리, 현실 세계의 롤리타는 몸의 크기를 갖고 앨리스처럼 놀이할 수 없다. 현실 세계에서 몸은 일정한 방향으로 자라나기만 할 뿐, 줄어들거나 작아지지 않기 때문이다. 어린 소녀에서 성적인 매력을 뿜어내는 여성으로 자라나는 단계를 거치고 있는 롤리타는 성인남성의 집요한 욕망의 시선에서 벗어날 수 없으며, 다만 욕망의 대상으로, 응시의 대상으로서의 수동적 자리에 머물러야 한다.

이 두 소설에서 여행은 중요한 은유로 사용된다. 킨케이드는 "여행"이란 "중심(centering)을 거부하는" 것이라고 말한다(7). 중심에 머물러 있기를 거부하고 주변부로 이동해가는 것, 그래서 주변부의 탐색을 통해 중심을 이해하거나 해체하고 새로운 중심을 세우는 것이 여행인 것이다. 앨리스는 일곱 살 소녀가 수동적으로 남을 수밖에 없는 현실세계의 중심부를 떠나 판타지라는 주변부로 모험한다. 앨리스가 꿈에서 깨어나 언니에게 자신의 모험을 들려주고 집으로 달려갔을 때 언니는 풀밭에 앉아서 판타지세계의 구성원들이 내는 소리를 현실에서 듣는다(*A* 98-99). 이들은 앨리스가 살고 있는 현실 세계의 주변부에 속해 있었던 것이다. 앨리스는 물론 판타지 세계를 벗어나 다시 '안전한' 현실의 세계로 돌아온다.

앨리스가 시계를 들여다보는 토끼에 대한 호기심에 이끌려 자발적으로 토끼굴로 달려간 것과는 달리, 롤리타는 험버트에게 이끌려 집이 아닌 다른 공간, 결코 집이 될 수 없는 공간을 헤맨다. 그녀는 일시적으로 거주하고 떠나는 유목민처럼 험버트와 함께 모텔과 모텔을 전전한다. 삶의 중심터전인 집으로 돌아가지 못하는 그들의 여행은 탐색의 여정이라기보다 결실 없는 소모에 가깝다.

롤리타와 자신의 관계를 유지하고 타인과의 관계들로부터 그녀를 고립시키기 위하여 끊임없이 미국 전역을 돌아다니던 험버트는 불현듯 "미국의 풍경에 대한 그의 묘사가 자신의 강박관념의 프리즘에 의해 왜곡되어 왔음을 인식하게 된다"(Parker 83).

> 우리는 모든 곳을 여행했다. 실제로는 아무 것도 본 것이 없었다. 그리고 이제 생각해보니 우리의 긴 여행은 사랑스럽고 믿을만하고 꿈같은 거대한 나라를 구불구불한 더러움의 흔적들로 더럽히기만 했다는 것을 알겠다. 되돌아보니 그 때까지는 펼쳐지는 지도책, 닳고 닳은 여행안내서, 낡은 타이어들, 내가 잠자는 체 하던 순간마다 밤에—매일 밤, 매일 밤마다—조용히 흐느끼던 그녀의 울음소리 외에는 아무 것도 아니었다. (*L* 175-76)

험버트는 자신과 롤리타가 '함께' 여행했다고 생각했지만 실제로 '두 사람이 함께' 머물렀던 곳은 없었다. 그들은 같은 시간과 공간 속에서 다른 것을 욕망하고 다른 곳을 바라보고 생각했기 때문이다. 리는 "이 여행은... 사랑의 죽음이다. 그녀[롤리타]가 기꺼이, 행복하게 그[험버트]의 것이 되었던 밤은 오로지 첫날 뿐이었기 때문이다. 그 이후, 그녀는 그의 죄수가 된다"(119)고 설명한다. 여러 곳에 갔었지만 결국은 어느 곳에도 이르지 못했다는 험버트의 서술은 이 피상적인 여행을 통해 그가 롤리타의 사랑을 얻는 데 실패했으며, 미국이라는 나라가 갖는 얄팍함, 산업사회를 사는 인간들의 저속한 취향을 깨달았다는 것을 의미한다.

어린이로 남아 있고자 하는 욕망의 이면에 빨리 어른이 되고 싶은 지극한 열망을 숨긴 이 두 소녀는 각각 다른 방식으로 신체적 성장의 문제에 대처한다. 판타지의 소녀는 몸 크기를 갖고 유희하면서, 현실세계의 소녀는 결핍을 채우려는 식욕과 저속한 욕망의 고리 속에 스스로를 내던지면서 당혹스런 성장의 단계를 넘어서려 한다. 그리고 자신들이 소유한 "언어"의 힘을 발휘하고자 노력한다.

3. 언어의 주체, 그리고 자유

『앨리스』에서 카드나라를 지배하는 하트의 여왕(The Queen of Hearts)은 폭군의 전형이다. 그녀는 자신의 뜻에 조금이라도 거슬리는 인물이 있으면 당장 "목을 쳐라"(*A* 72)는 명령을 내린다. 하트의 여왕은 넌센스 세계에서 가장 강력하게 앨리스를 포함한 모든 구성원들의 존재를 위협하는 인물이다. 이 판타지 세계에서 여왕의 위협을 무시할 수 있는 인물이 있다면 그것은 체셔고양이(the Cheshire-Cat)다. 그는 나뭇가지에 앉아서 심지어 공중에 떠다니면서 판타지 세계의 인물들을 내려다보고 자신의 필요에 따라 몸과 얼굴을 감춘다. 체셔고양이는 "비존재를 제어"할 수 있는 유일한 인물이다(Carpenter 61). 그는 존재와 비존재, 즉 무(無)의 경계선에서 존재를 조롱하고 비존재를 명령한다. 이런 존재의 사라짐은 타인의 명령에 의한 것이 아니라 그 자신의 의지에 따른 것으로, 앨리스는 체셔고양이의 사라짐을 통해 존재와 비존재의 경계가 무엇인가를 묻게 된다.

체셔고양이와 앨리스는 이상한 나라의 넌센스에서 비껴나 존재한다. 체셔고양이는 "여기에 있는 우리 모두는 미쳤다"(*A* 58)라고 말하며 앨리스가 정신없는 넌센스의 모험에 대비하도록 돕는다. 체셔고양이의 몸이 분절되어 하나씩 사라지거나 나타나는 모습은 폭력에 대한 은유이면서, 몸에 대한 은유이다. 하트의 여왕이 "목을 쳐라"고 명령할 때 체셔고양이는 미소 짓는 얼굴만을 남긴 채 몸을 숨기고, "몸이 없는 고양이에게서 목을 찾아 벨 수는 없다"는 논쟁을 불러일으켜 이상한 나라를 혼란에 빠트린다(*A* 77). 커지고 작아지기를 반복하던 앨리스는 마침내 "기껏해야 너희들은 카드일 뿐이야"(*A* 97)라고 말하면서 존재의 소멸에 대한 위협에 언어와 몸의 크기로 맞선다. 그녀는 "이상한 나라의 전복성에 대해 자신의 전복성으로 맞서 싸우기 시작한다"(Rackin 58). 앨리스와 체셔고양이는 스스로의 존재를 통제할 수 있거나 자신의 생각을 표현할 언어를 소유했다는 점에서 동일하게 자유로운 존재들이다.

그러나 『롤리타』에서 자유로운 존재를 찾기는 힘들다. 롤리타가 험버트의 거미줄에 걸린 어린 나비인 것처럼 험버트 역시 롤리타를 향한 욕망의 거미줄에 사로잡혀 있다. 롤리타는 험버트에게서 벗어나기 위해 큐(Q)의 도움을 받지만 그 역시 다른 욕망의 거미줄을 치고 롤리타를 붙든다. 덫에 걸려 수동적인 역할을 강요당하는 롤리타는 이 욕망을 침묵으로 조롱한다. 롤리타는 얄팍한 대중문화 속에 그녀 자신을 밀어넣고 그곳에서 벗어나려 하지 않는다. 그녀의 냉소적 무관심은 다분히 의도적인 것이다. 거미줄에서 벗어날 수 없는 그녀가 할 수 있는 일이라고는 이렇게 견디며 기다리는 일일 뿐이다. 더구나 롤리타에게는 자신을 서술하거나 방어할 언어가 없다.

롤리타의 언어가 독자에게 들리지 않는 것은 험버트의 서술이 독자의 객관적인 판단력을 흐리게 만들기 때문이다. 그는 "자신을 짐승 같은 악당이 아니라 오히려 낭만적인 몽상가이며 매혹당한 시인으로 그려" 낸다(Frosch 45). 험버트의 서술에 설득력을 부여하고 험버트에 대한 독자의 거부감을 누그러뜨리기 위하여 나보코프는 시점을 교묘히 이용한다. 험버트의 시각에서 사건을 서술함으로써 독자들이 그의 감정에 연민을 느끼도록 만드는 것이다. 나보코프가 매력적이고 풍부한 감성적 언어를 구사하는 험버트의 목소리를 거르지 않고 들려주면서 그의 지적인 모습을 강조하는 것 역시 독자의 균형감각을 흐트러뜨리는 일이다. 나보코프가 험버트에게 소설의 모든 서술을 통제할 권한을 부여하기 때문에 독자는 롤리타에게 감정이입을 할 시간적 여유를 갖지 못하게 된다.

"조용히 흐느끼던 울음소리"(*L* 176) 이외에는 아무것도 전달하지 않는 롤리타와 달리, 험버트는 수시로 독자를 불러 자신을 인식해 달라고 말한다.

> 제발, 독자여... 이 중요한 페이지를 그냥 지나치지 마시라! 나를 상상해 주시오. 당신이 나를 상상하지 않는다면 나는 존재하지 않을 것이오. 내 죄의 숲 속에서 떨고 있는, 내 안의 암사슴을 분별하려고 해 보시오. 조금이라도 미소 지어 봅시다. (*L* 129)

그는 의도적으로 자신을 독자와 동등한 위치에 놓는다. 독자의 공감을 얻어내면서 험버트는 자신이 지닌 죄의식에서 벗어나게 되고 오히려 독자는 감정적으로 그와 다를 바 없다는 공범자적 역할을 떠맡게 된다. 험버트는 자신이야말로 매우 순수하고 열정적인 사랑을 지닌 자라고 강조한다. 어펠(Appel) 역시 "롤리타에서 가장 특이한 점은... 나보코프가 우리의 의지와는 다르게 험버트의 입장에 서도록 우리를 불러 모으는 방법이다. 험버트는 독자를 그의 불법적인 성폭력과 살인의 공범자로 만들었다"(Tamir-Ghez에서 재인용 18)고 말한다.

이렇듯 독자와 롤리타 사이에 끼어들어 독자의 판단을 방해하는 화자 험버트 때문에 롤리타에게는 자신을 표현할 자유가 없어 보인다. 그녀는 험버트에 의해서 서술되고 규정되며 제한된다. 롤리타의 생각과 말과 행동은 험버트라는 체에 걸러진 이후에야 독자에게 전달된다. 롤리타는 발화의 기회를 박탈당하고, 기회가 있더라도 그녀의 목소리는 왜곡된다. 험버트의 서술을 통해서는 롤리타가 그녀에게 닥친 감당할 수 없는 위기와 고통에 어떻게 반응하고 고뇌하며 갈등하는가가 드러나지 않는다. 험버트의 서술에 매혹된 독자는 눈부신 시적 언어의 그림자에 가려진 롤리타의 흐느낌을 보지 못한다. 그가 "믿을 수 없는 화자"라는 것을 인식하는 독자들조차 그의 서술이 갖는 힘을 거부하지 못한 채 롤리타에 대한 판단을 유보한다. 독자는 자신도 인식하지 못한 사이 "믿을 수 없는 독자"(Appel lvii)가 되어 험버트와 동일한 시선으로 롤리타를 바라보게 되는 것이다.

반면 앨리스는 롤리타와 달리 서술되는 존재가 아니다. 그녀는 스스로를 서술할 뿐이다. 그녀를 둘러싼 엉뚱한 상황을 해석하는 것도, 이상한 나라와 거울나라에서의 모험의 방향을 결정하는 것도 앨리스 자신이다. 그녀는 자신에게 닥친 상황에 대해 생각하고 그것에 대해 혼잣말을 하다가, 판타지 세계에서 마주치는 인물들과의 의사소통을 통해 문제를 해결하고자 노력한다. "수동적인 대상"으로 여겨지던 언어들은 거침없고 자유로운 앨리스의 발화를 통해서 "그들 자신의 생명과 의지"를 드러내 보이기 시작한다(Auden 10). 이런 자유로운 발화는 빅토리아 시대의 예절에 어긋나는 것인데, 이 어긋남의 경계선에서 그녀는 발화와 침묵의 의미를 배우고 내재화하는 시간을 갖는다. 그리고 그 내재화는 앨리스를 더욱 자유로운 존재로 만들어 자신이 처한 혼란스러운 상황을 체스판을 뛰어넘듯이 가볍게 뛰어넘도록 만들어준다.

물론 롤리타가 험버트와의 관계에서 늘 수동적이었던 것만은 아니다. 그녀가 여행의 경로를 정하고 목적지를 말하기 시작하면서 롤리타와 험버트의 관계는 전복되는 듯이 보인다. 험버트는 자신이 오히려 덫에 걸렸다는 것을 독자들에게 주지시키려 한다. 그러나 여전히 약자는 롤리타이며 그녀를 희롱하는 것이 험버트라는 점에서 완전한 전복은 없다. 더구나 롤리타의 탈출이 불완전한 것이었기에 험버트의 자기합리화는 정당성을 상실한다. 탈출을 꿈꾸는 롤리타는 험버트 대신 다른 남성을 선택한다. 그렇지만 그는 "소설의 도덕적 세계에서 그는 험버트 험버트보다 훨씬 악당이 되어야만 한다"(Lee 119). 롤리타가 선택한 사람은 불행하게도 험버트보다도 더 속물적이며 천박한 퀼티(Quilty)였던 것이다.

롤리타가 자신의 목소리로 그녀의 삶과 생각을 '비로소' 말하게 된 시점은 험버트와 퀼티에게서 벗어나 어머니가 되었을 때이다. 복수를 꿈꾸며 찾아간 험버트 앞에서 롤리타는 길지 않은 문장으로나마 자신의 이야기를 들려준다. 그녀는 더 이상 험버트에게 이끌려 원치 않는 여행을 하던 어린 님펫이 아니다. 그러나 그녀의 발화는 풍부한 시적 수사로 꾸며진 감성적인 언어를 지닌 험버트의 발화와 비교하면 지극히 단조롭고 평범하다. 험버트로부터 롤리타를 찾아 헤맨 삼년 동안의 절절한 감정의 토로와 지극한 사랑의 언어를 듣고 이에 매료되어 있는 독자들은 상대적으로 건조하고 평범한 롤리타의 이야기를 아름답게 느끼지 못한다. 롤리타는 험버트의 서술이 지닌 힘을 극복하는데 실패하는 것이다.

님펫을 사랑하고 그 상태가 지속되기를 바라는 험버트에게 롤리타의 성장은 상실이며 죽음이다. 실제로 성장의 문제가 죽음과 관련되어 있다는 것은 자명하다. 성장한다는 것은 곧 죽음의 과정에 이어져 있기 때문이다. 애벌레가 나비로 변화하듯이 새로운 모습으로 변태하는 과정을 자연스럽게 겪어내지 못한 롤리타에게 성장은 죽음을 뜻할 수도 있다. 성장한 님펫은 더 이상 님펫으로 남을 수 없으므로 존재의 이유가 없다. 눈부신 님펫에서 평범하고 단조로운 생활을 하는 쉴러부인으로의 변모는 님펫의 죽음, 님펫이었던 롤리타의 죽음을 의미한다. 롤리타가 성장하지 않기를 원하는 험버트의 바램은 지극히 비정상적인 것인데, 한 소녀가 영원히 님펫으로만 남을 수는 없기 때문이다. 따라서 애벌레의 상태를 벗어나려는 롤리타의 노력과 이에 따른 성장은 그녀 자신에게는 자연스러운 것이다. 파커는 쉴러(Shiller)의 아내이자 아이의 어머니가 된 롤리타에 대해서 "그녀의 독립이 이제 이루어졌다"(80)고 말한다. 롤리타는 그녀를 가두었던 험버트의 세계를 벗어나 거칠고 막막하지만 자유롭고 새로운 세계에서 어른으로 성장한다. 이와 달리, 마흔 두살의 험버트는 오히려 자신의 세계에서 한 발짝도 벗어나지 못한다. 롤리타가 떠난 이후 그는 아무것도 이루지 못한다. 그의 삶은 공허하고 기계적이 되었으며, 자신이 "존재하고 있다는 어떤 증거도 남기지 못한 채"(Rampton 119) 오로지 롤리타의 흔적만을 따라 헤맨다.

여행의 과정에서 죽음과 폭력에 노출된 이 두 소녀 앞에는 그녀들을 돕는 "구원자"가 있다.[4] 거울나라를 여행하는 앨리스에게 마지막 체스칸으로 가는 길을 알려준 하얀 기사(the White Knight)는 의심할 바 없이 구원자이다. 이 괴상한 늙은 기사는 앨리스에게 무한한 애정을 드러내 보이며 그녀를 돕기 위해 애를 쓰는데, 그가 캐럴의 분신이라는 것은 말할 필요가 없다. 하얀 기사는 낭만적 몽상가이자 발명가이고 비현실적인 인물로 그려진다. 그리고 거울나라라는 장소에 걸맞게 그의 행동과 사고는 모두 거꾸로 이루어진다. 거울에 비친 이미지가 실제 모습과 좌우가 바뀌어 있는 것처럼, 그는 왼쪽 신발에 오른쪽 발을 집어넣고 말꼬리를 잡고 말을 탄다. 이런 모습은 앨리스의 연민을 불러일으킨다.

> 앨리스가 거울나라의 여행 중에 보았던 모든 이상한 것들 중에서 언제나 가장 분명하게 기억하는 것이 바로 이 장면이었다.... 하얀 기사의 부드러운 푸른 눈과 친절한 미소, 그의 머리카락 사이로 빛나는 석양, 갑옷이 반짝거려 그 빛에 눈이 부셨던 일, 말이 목 위에 고삐를 늘어뜨리고 조용히 움직이며, 앨리스의 발 밑에 난 풀을 뜯어먹던 일, 뒤쪽 숲의 어두운 그늘. 그녀는 이 모든 것들을 사진처럼 선명히 기억했다. (*A* 187)

---

4) 캠벨(Joseph Campbell)은 민담에서 주인공의 모험을 돕는 조력자에 대해 언급한다. 다양한 모습을 띠는 조력자는 주인공의 소명을 깨닫게 만들어 주고 다음 단계로 인도한다(69-77).

다정하며 친절한 하얀 기사는 바보처럼 실수를 연발하고 사랑에 푹 빠진 노인인 반면, 앨리스는 활력적이고 참을성이 없으며 논리적으로 참견하고 때로는 새침하게 무심한 어린 소녀이다. 하얀 기사가 앨리스에게 보내는 애정은 괴상하고 우스꽝스럽게 과장되어 있는데, 예를 들어 앨리스와 헤어지면서 그녀를 위해 시를 읊조리고 눈물을 훔치는 장면 같은 것이다. 래킨은 하얀 기사에 대한 묘사가 캐럴의 생각, 즉 "몰락한 노인이 어린이에 대해 갖는 순수하고 결실 없는 사랑이라는 씁쓸하고 감상적인 시선"(139)을 보여준다고 말한다. 앨리스를 아끼고 돕고자 나타난 이 감상적인 하얀 기사는, 구원자의 소명이 주인공을 마지막 시련에서 벗어나도록 돕는 데 있듯이, 이 소명에 충실하여 앨리스를 안내하고는 사라져 버린다.

롤리타에게도 그녀를 돕는 하얀 기사가 있다. 어린 소녀에 대한 지극한 사랑을 내세우며 그녀를 위해 어떤 것도 불사할 듯한 구원자는 처음에는 험버트로 보인다. 앨리스와 하얀 기사의 관계가 어린 소녀와 나이든 남자인 것처럼, 표면적으로 롤리타와 험버트 역시 이런 관계이다. 그러나 험버트는 하얀 기사와 달리 결코 어리석거나 바보 같지 않다. 전통적인 구원자는 모험의 다음 단계까지 주인공을 안내하는 역할에서 물러나지만 험버트는 롤리타의 곁을 떠나지 않는다. 그는 주도면밀하고 치밀하며 매우 계획적이다. 그가 롤리타와의 첫 관계를 자신의 의지나 의도가 아니었던 것처럼 서술한다고 해서 그의 계획성이 숨겨지는 것은 아니다. 하얀 기사는 실수를 연발하면서 "나는 연습이 더 필요해"(*A* 184)라고 말하지만, 험버트는 연습할 필요가 없다. 그는 이미 숙련자이기 때문이다.

험버트가 롤리타의 진정한 하얀 기사가 아니라면 또 다른 조력자가 존재해야 한다. 그는 퀼티이다. 롤리타가 험버트와 끝나지 않을 것 같은 지루한 여행을 반복할 때 퀼티는 롤리타를 도와 험버트의 손아귀에서 그녀를 구해낸다. 그러나 하얀 기사와 험버트가 다르듯이, 험버트와 퀼티, 그리고 하얀 기사와 퀼티 역시 완전히 다르다. 속물적이며 현실적이고 천박한 호기심을 지닌 퀼티는 결코 애정이 우러난 상태에서 롤리타를 도운 것이 아니다. 자본주의의 저열한 속성을 상징하고 있는 이 인물은 자신의 이익을 위해 롤리타를 이용한다. 결국 롤리타는 자신에게 주어진 시련 앞에서 어떤 구원자도 만나지 못한 채 스스로의 힘으로 이 힘겨운 현실을 헤쳐나가야만 한다.

앨리스와 하얀 기사, 롤리타와 험버트의 관계에서 공통점을 찾는다면 그것은 전통적인 역할의 전도이다. 전통적으로 어린이는 순수함의 상징이며 연약하고 보호받아야 할 존재이다. 어린이들이 세상을 인식하는 방법은 제한되어 있으며, 어린이는 오염되지 않은 존재로 여겨진다. 반면 어른은 세상을 경험하여 일면 타락해 있으며 무력한 어린이에 비해 힘을 가진 존재이다. 그렇지만 앨리스와 하얀 기사의 경우 이 역할은 전도된다. 앨리스가 오히려 하얀 기사의 어리숙한 말타기를 돕고, 하얀 기사는 세상에서 전혀 쓸모가 없는 발명품들을 만들었다고 자랑한다. 게다가 그는 "연습이 더 필요해"라고 말하면서 어린이인 앨리스보다 경험이 더 적다는 것을 시인한다. 도움이 필요한 쪽은 앨리스가 아니라 하얀 기사로 보인다.

롤리타와 험버트의 관계 역시 표면적으로 전도되어 있다. 험버트는 롤리타와의 첫 만남에서부터 만남의 주도권을 그녀가 쥐고 있는 것처럼 서술한다. 그녀가 그에게 매료된 것이 아니라 그가 그녀에게 매료된 것이며, 그는 그녀를 지키기 위해 여러 가지 노력을 했다고 서술한다.

> 난 내 자신이 자랑스러웠다. 미성년자의 도덕을 손상시키지 않고도 한 차례의 꿀을 훔쳤기 때문이다.... 내가 미치도록 소유했던 것은 그녀가 아니라

> 내 자신의 창조물이었다. 또 다른 환상 속의 롤리타. 롤리타보다 더 진짜 같은 롤리타. 그녀와 겹치고 둘러싸며, 그녀와 나 사이에 떠다니면서 의지도, 의식도 없는 롤리타. 정말 그것은 살아있는 그녀가 아니었다. (*L* 62)

험버트는 롤리타에 대한 부정적 이미지를 조작한다. 어린아이답지 않은 조숙함, 지나친 호기심, "매혹된 사냥꾼"(The Enchanted Hunters)모텔에서의 첫날밤 등을 언급하는 험버트는 롤리타와의 관계에서 자신의 계획이 아니라 오히려 롤리타의 의지가 개입되었다는 것을 강조한다. 그리고 자신의 절절한 사랑을 독자에게 호소하며, 그가 롤리타에게 사로잡힌 존재라고 강변한다. 롤리타가 약자가 아니라 자신이 약자라는 사실을 부각시키는 것이다.

위팅(Frederick Whiting)은 험버트가 롤리타와의 관계에서 겪는 "어려움은... 그가 성도착자가 아니며, 그럴 가능성도 없다는 것"(848)이라고 말한다. 그는 롤리타가 모험의 주도권을 쥐면서 갖게 되는 주체성과 험버트의 상대적 수동성에 대해 언급하면서 롤리타가 의지만 있었다면 험버트의 존재 자체를 거부할 수도 있다는 가능성을 이야기한다. 그러나 롤리타의 주체성과 험버트의 수동성에 대한 판단은 지나치게 일면적인 것이다. 험버트는 주도면밀하게 서술을 이끌어 나가고 있기 때문이다. 그의 서술과 수동성 역시 교묘하게 위장된 것이라는 점에서 롤리타=강자, 험버트=약자라는 도식을 그려서는 안 된다. 나보코프가 자본주의적 소비양태와 성적 도착을 결합시키고자 한다는 점을 잊지 않는다면, 험버트가 롤리타에게 돈을 주면서 그녀의 소비적 성향에 대해 한탄하는 것이 강자와 약자를 전도시키는 속임수라는 것을 알 수 있다. 롤리타를 향한 험버트의 욕망은 성적인 것이면서 동시에 무한한 권력을 얻고자 하는 것이다.

앨리스가 모든 것이 거꾸로 가는 세상인 거울나라의 모험을 통해서

"거울단계"를 통과하고 자기인식에 이르는 과정을 성공적으로 진행시킨다면, 롤리타는 "매혹된 사냥꾼" 모텔방의 수많은 거울들을 통해서 자신의 왜곡된 얼굴을 바라본다. 그녀가 보는 얼굴은 자아의 반영물이 아니라 왜곡된 상의 반영이며 현실의 욕망, 그 이상의 것이 되지 못한다. 앨리스는 거울을 통과하여 판타지의 세계로 진입한다. 그녀가 도착한 거울의 세계는 현실을 거꾸로 보게 만들지만 이 뒤집기놀이는 오히려 현실을 인식하게 만드는 계기로 작동한다. 따라서 앨리스에게 있어서 거울은 자아의 정체성을 찾아가게 만드는 매개물이다. 그러나 롤리타는 거울을 통과할 수도, 거울을 통해서 바라보게 되는 뒤집어진 세상을 다시 놀이처럼 뒤집을 수도 없다. 모텔방에서 그녀를 들여다보는 거울은 (롤리타가 거울을 들여다보는 것이 아니라) 무력한 현실을 받아들이라는 위협이다. 거울로 둘러싸인 방에 갇힌 롤리타는 그 위협을 받아들이지 않을 수 없다.

롤리타의 수동성과 무력함은 험버트에 대항하는 힘이 생겨날수록 변화한다. 그녀가 여행의 주도권을 쥐듯이, 그리고 그녀의 언어가 여행의 경로와 목적지를 결정하듯이 끊임없이 험버트의 힘에 대항하며 탈출을 모색한다. 롤리타는 험버트의 시야에서 벗어난 잠깐 동안의 행적을 추궁받자 자신과 이름이 똑같은 돌리(Dolly)를 만났노라고, 그녀와 함께 옷을 구경하기 위해 쇼윈도우를 들여다보았노라고 대답한다(*L* 224-25). 쇼윈도우를 들여다보는 돌리는 물론 가짜이다. 그러나 그 가짜 돌리야말로 롤리타가 갖지 못한 자유를 갖고 있다. 롤리타는 가짜 롤리타와 함께 쇼윈도우를 들여다보며 자신이 갖지 못한 힘을 나누어 받는다. 그 인물이 소설 속에서 퀼티였는가는 중요치 않다. 중요한 것은 롤리타가 비로소 거울 들여다보기를 통해 자신의 주체성을 획득하기 시작했다는 데 있다. 그것이 비록 불완전한 비상이라 하더라도 어린 님펫은 자신의 여린 날개를 펴기 시작한다.

4. 소설세계에서 현실로

작가들의 펜 끝에서 생명을 얻었던 앨리스와 롤리타는 지면의 평면적 인물에서 입체적인 인물로 변모한다. 소설의 세계에서 현실의 세계로 한 걸음 더 나아간 그들은 이제 그 배경의 도움 없이 독자적으로 활동한다. 하트의 여왕이 없어도 앨리스는 충분히 당돌하고 거침없으며, 험버트가 없어도 롤리타는 "끈적끈적하고 달콤한 퍼지 아이스크림"의 달콤한 유혹을 뿌리며 미국 뿐만 아니라 전 세계를 여행한다.

> 신화는 그 메시지의 대상에 의해서 규정되는 것이 아니라, 신화가 그 메시지를 말하는 방식에 의해 규정된다. 신화에는 형식적인 한계들만 있을 뿐 실질적인 한계들은 없다. 그렇다면 모든 것은 신화가 될 수 있는가? 물론 그렇다. 우주는 무한히 암시적이기 때문이다. 세계의 모든 대상은 폐쇄된 무언의 실존에서 사회에 점유되도록 열려진 말의 상태로 이행할 수 있다. 왜냐하면 자연법칙이든 아니든, 그 어떤 법칙도 사물들에 대해 말하는 것을 금하지 않기 때문이다. (바르트 264-65)

소설을 벗어나 현실세계에서 신화와 같은 상징으로 자리잡은 된 두 소녀, 앨리스와 롤리타는 작가들이 규정한 방식으로 독자들에게 말을 걸지 않는다. 『앨리스』와 『롤리타』를 읽은 독자들, 혹은 읽지 않은 사람들까지도 앨리스가 그려진 문구제품을 소비하고, 수없이 변형되고 왜곡된 채로 흩어져 확산되어 있는 롤리타를 찾아 인터넷사이트를 헤맨다. 그들이 소비하고 찾아 헤매는 소녀들은 캐럴이나 나보코프가 작품 속에서 빚어내어 보여주고자 했던 이미지와는 다르게 작동할 수 있다. 이 소녀들은 그들을 읽고 소비하는 현실세계의 독자들, 그들을 바라보고 의미를 부여하는 사람들과 상호작용하며 스스로의 권위를 부여받고 혹은 그 권위를 해체시킨다.

상상력을 통해서 현실의 경계를 허물고 그 허물어진 경계선 위에 새로운 인식의 지평을 열었던 캐럴처럼 "그[나보코프]의 예술은 상상의 힘을 통해서 리얼리티의 경계선을 탐험하는 것을 제안한다"(Parker 11). 험버트의 타자로 존재하는 롤리타는 앞으로 달려나가는 법만 알고 있다. 그녀는 출발점으로 되돌아 올 수 없기 때문에 지도 위에 그려진 수많은 도로들 위에서 한없이 떠돌아다닌다. 그녀의 정착은 곧 그녀의 죽음이다. 반면 앨리스는 자아와 타자를 융합한다. 자신을 두 사람으로 여기며 문제를 해결하려는 앨리스의 대화법은 자아와 타자의 경계를 허문다. 그녀는 자신에게 닥친 힘든 현실과 위협을 개울물을 뛰어넘듯이 건너뛴다.

앨리스가 죽음과 폭력, 사라짐의 위협이 존재하는 판타지 세계를 "꿈"이라고 말하며 경쾌하게 탈출할 수 있는 것은 그녀의 꿈에 대해 애정을 품고 이야기를 들어주는 언니, 자신의 이야기가 누구의 꿈인지 당돌하게 물어보아도 여전히 그녀의 편에 서 있는 독자가 있기 때문이다. 그러나 동일한 위협에 노출된 롤리타는 앨리스처럼 가볍게 벗어날 수가 없다. 롤리타의 세계는 꿈과 환상이 버무려진 판타지 세계가 아니라 천박하고 속물적인 현실세계이다. 그녀는 "믿을 수 없는 화자"에 의해 서술되고 "믿을 수 없는 독자들"에 둘러싸여 있다. 더구나 롤리타는 꿈을 꾸고 있는 것이 아니기 때문이다.

인용문헌

롤랑 바르트. 『현대의 신화』. 이화여대 기호학연구소 역. 서울: 동문선, 1997.
Appel, Jr. Alfred, ed. *The Annotated Lolita*. By Vladimir Nabokov. New York:

Vintage, 1991.

Auden, W. H. "Today's 'Wonder-World' Needs Alice." *Aspects of Alice: Lewis Carroll's Dreamchild as Seen through the Critics' Looking-Glasses 1865-1971.* Ed. Robert Philips. New York: Vintage-Random, 1977. 3-12.

Campbell, Joseph. *The Hero with a Thousand Faces.* Princeton: Princeton UP, 1949.

Carpenter, Humphrey. *Secret Gardens: A Study of the Golden Age of Children's Literature.* Boston: Houghton, 1985.

Carroll, Lewis. *Alice in Wonderland: Authoritative Texts of* Alice's Adventures in Wonderland, Through the Looking-Glass, The Hunting of the Snark, *Backgrounds, Essays in Criticism.* Ed. Donald J. Gray. 2nd ed. New York: Norton, 1992.

Frosch, Thomas R. "Parody and Authenticity in *Lolita.*" Pifer 39-56.

Gardner, Martin, ed. *The Annotated Alice: The Definitive Edition.* By Lewis Carroll. New York: Norton, 2000.

Kincaid, James R. *Child-Loving: The Erotic Child and Victorian Culture.* New York: Routledge, 1992.

Lee, L. L. *Vladimir Nabokov.* London: George Prior, 1976.

Mizruchi, Susan. "*Lolita* in History." *American Literature.* 75.3(2003): 629-52.

Nabokov, Vladimir. *Lolita.* New York: Vintage, 1997.

Parker, Stephen Jan. *Understanding Vladimir Nabokov.* Columbia: U of South Carolina P, 1987.

Pifer, Ellen, ed. *Vladimir Nabokov's* Lolita*: A Casebook.* Oxford: Oxford UP, 2003.

Rackin, Donald. Alice's Adventures in Wonderland *and* Through the Looking-Glass*: Nonsense, Sense, and Meaning.* New York: Twayne, 1991.

Rampton, David. *Vladimir Nabokov: A Critical Study of the Novels.* Cambridge: Cambridge UP, 1984.

Shute, Jenefer. " 'So Nakedly Dressed'; The Text of the Female Body in Nabokov's Novels." Pifer 111-20.

Tamir-Ghez, Nomi. "The Art of Persuasion in Nabokov's *Lolita*." Pifer 17-37.

Whiting, Frederick. "The Strange Particularity of the Lover's Preference": Pedophilia, Pornography, and the Anatomy of Monstrosity in *Lolita*. *American Literature*. 70.4(1998): 831-62.

＊ 이 글은 『현대영미소설』 13권 2호(2006)에 「소설세계에서 현실로: 롤리타와 앨리스의 성장과 서술에 대한 비교」라는 제목으로 실린 논문이며, 오류 및 문장을 다소 수정하였다.

메리, 인도, 그리고 타자

버넷의 『비밀의 정원』

1. 아동문학과 타자의 문제

버넷(Frances Hodgson Burnett)의 『비밀의 정원』(*The Secret Garden*)은 숨겨진 정원을 찾아내고 이를 가꾸면서 사랑스럽게 변해가는 메리(Mary Lennox)와 콜린(Colin Craven)에 대한 이야기이다. 수많은 방이 있는 대저택에서 살게 된 외로운 소녀 메리, 태피스트리로 가려진 어두운 복도 끝의 방에 숨어 지내는 병든 소년 콜린, 이들과는 다르게 매우 촌스럽지만 건강하고 다정한 디콘(Dickon) 등 어린이 주인공들은 폐허가 된 채로 버려진 정원을 발견하여 자신들만의 비밀장소로 만든다. 버려진 정원을 함께 가꾸고 그 비밀을 공유하는 과정에서 어린이 주인공들은 마침내 건강과 행복을 얻는다.

어린이를 위한 문학 작품에서는 주로 친숙하고 다정한 곳으로 되돌아가기 위한 놀라운 모험들이 그려진다. 그리고 어떤 환경에 놓여있든지, 어떤 모험을 겪든지 간에 어린이 주인공은 가정과 부모의 품으로 회귀한다. 즉 어린이가 자신 앞에 놓인 역경을 극복하고 다시 평화와 안정을 회복하며 성장하는 것이 어린이 문학 작품의 주요한 뼈대이다. 문제는 이렇게 친숙한 것을 구성하는 과정에서 필연적으로 타자가 설정된다는 점이다. 비밀스럽게 숨겨진 작은 정원에서 벌어지는 성장과 우정 등의 낭만적인 이야기라는 외피 아래에는 수없이 많은 타자, 자신이 속한 익숙한 범주의 바깥에 있는 낯설고 두려운 존재이거나 혹은 지식이나 감정으로 이해할 수 없는 존재들이 숨겨져 있다.

이 타자 설정의 문제는 어린이 문학의 경우 특히 단순하지 않은데, 어린이 문학을 읽는 어린이들 자체가 이미 어른들의 타자이기 때문이다. 어린이가 자신을 위한 작품의 생산 주체가 될 수 없다는 점에서 어린이는 어른들의 '대상'에 불과하다. 어린이 문학 비평가인 노들먼(Perry Nodelman)은 사이드(Edward Said)의 동양에 대한 해석이 어린이 문학과 어린시절을 해석하는 어른들의 태도와 공통점이 많다고 주장한다. 그는 "오리엔탈리즘이란 동양을 지배하고 재구성하며 위압하기 위한 서양의 스타일이다"(Said, *Orientalism* 3)라는 대목을 "어린이 심리학과 어린이 문학이란, 어린시절을 지배하고 재구성하며 위압하기 위한 어른의 스타일이다"라고 변형시켜 제시한다(29). 노들먼에 따르면 동양이 서양인의 관점에 의해서 규정되고 식민화 되듯이 어린이는 어른의 관점에 의해 규정되고 어른의 식민지가 된다. 동양과 어린이는 제국주의의 발아래 놓인다.

사이드는 동양에 대한 서양의 인식이 "오리엔탈리즘"을 낳았다고 지적한다. 스스로를 주체적으로 서술하지 못하거나, 혹은 서술하지 못한다고 여겨지는 동양과 어린이는 이들을 바라보는 사람의 지평과 사고에 의해서 서술될 수밖에 없다.

> 오리엔탈리즘이란 동양적이라고 인정되는 문제, 대상, 특질, 지역을 다루는 하나의 습관인데, 그것을 행하는 사람이 누구이든 간에 자신이 말하고 생각하는 대상을 어떤 단어나 문장으로 지시하고 명명하며 지적하고 고정시킨

다. 그러면 다음에는 그 단어와 문장이 현실성을 확보하고, 또는 더욱 단순하게 그것이 현실 그 자체라고 인정하게 된다. (*Orientalism* 72)

동양의 실체나 어린이의 실체가 중요한 논점이 되지 않는다. 동양을 바라보는 서양인, 동양을 학습하고 규정하려는 서양인, 동양을 신비한 곳으로 보고 동경의 시선을 던지는 서양인의 사고가 중요시된다. 마찬가지로 어린이를 바라보는 어른, 어린시절을 다시 회복하고 규정하려는 어른, 어린시절을 이상향으로 삼고 어린이를 낭만화 시키려는 어른의 사고만이 중요할 뿐이다.

이 글에서는 인도에서 영국으로 거주지를 옮기게 된 메리가 겪는 혼란과 갈등을 살펴보고 그녀의 교육과 성장의 문제를 다룬다. 이 과정에서 메리와 콜린 등 어린이 주인공들이 받는 교육의 이면에 숨어있는 영국 제국주의의 속성을 밝히고, 인도와 메리가 각각 동양과 어린이, 그리고 여성으로서 어떻게 타자화되어 그려지는가를 설명한다. 더불어 어린이 주인공들의 성장이 곧 가부장적 위계질서의 존중과 습득의 과정이라는 점을 고찰한다.

2. 메리, 타자가 타자를 말하다

문명화의 역사는 소위 야만의 공간, 비문명의 지역을 설정하고 그 공간을 지도화시켜 범주의 안과 밖에 배열하는 것과 더불어 시작되었다. 제국주의와 식민의 역사는 처음에는 다른 문화에 대한 호기심과 우월감으로 뒤범벅되어 있다. 이국의 문화에 대한 호기심과 우월감은 문학작품에서 쉽게 드러난다. 어떤 식으로든 이데올로기적 지향을 지닐 수밖에 없는 문학 작품은 연령과 나이를 구분하지 않는다. 다시 말하면 어린이들을 위한 작품에서도 제국주의와 식민의 가치를 내세우는 내용들을 발견할 수 있다.

제국의 팽창을 촉진하고 제국주의적 가치를 구현하는 작품들은 두 가지 범주로 나타난다. 하나는 소년들을 위한 모험 이야기이다. 이 이야기들은 소년들을 주인공으로 하여 이국땅에서의 탐험과 모험을 그리는데, 주로 낯선 이국의 땅을 정복하고 지배하려는 애국적이고 제국주의적인 모험을 재현한다. 스티븐슨(Robert Louis Stevenson)의 『보물섬』(*Treasure Island*)과 같은 종류의 작품에서 소년들은 탐험하고 정복하며 질서를 세우고 권위를 얻는다. 사이드는 『문화와 제국주의』(*Culture and Imperialism*)에서 세계의 패권을 쥐려는 서양인들이 "우리는 권력(산업적, 기술적, 군사적, 도덕적)을 소유하고 있기 때문에 지배하고, 반면 그들은 그렇지 못하기 때문에 지배하지 못하며, 그들은 열등하고 우리는 우월하다"라고 생각하며 자신들의 지배를 정당화했다고 지적한다(106). 이런 사고는 교육을 통해서 어린 세대들에게도 내재화되었으며, 때로는 소년들의 학교생활을 그린 이야기에서도 제국적인 면모가 드러난다. 권력을 획득하려는 의지와 소년들의 성장통은 놀랍도록 닮아있기 때문이다.

다른 하나는 소녀들을 위한 가정 소설이다. 가정이나 소집단을 배경으로 사회의 규범적 질서를 확고히 하려는 목적을 지닌 가정 소설은 "영국 제국주의의 가치에 적합하도록 여성성의 모델을 생산한다"(Webb 91). 소년들이 정복하며 팽창하는 제국의 시선으로 자신들의 공간을 바라보고 사고의 지평을 넓혀갈 때 소녀들은 가정 내에서 제국의 확장과 국가의 건설에 튼튼한 지지기반이 될 사회 체계의 예법과 관습을 익히며 남성 세계를 지탱하도록 요구받는다. 소녀들이 가정 소설에서 접하게 되는 주인공들은 순종적이고 다정다감하며 희생적인 성품을 지녀 그 덕에 행복한 결말을 맞는다. 반면 소녀가 반항적이거나 자신만의 욕망을 지닌 경우 필히 벌을 받거나 비극적 결말을 맞는다. 그림 형제(Brothers Grimm)와 샤를 페로(Charles Perrault)가 수집하여 출판한 민담집 뿐만 아니라 어린이를 위한 교훈문학에서도 소녀들은 소년들과 달리 지켜야 할 "미덕"을 배워야만 했다. 신데렐라처럼 "자기희생, 기꺼운 복종, 조용한 아름다움이라는 빅토리아 시대의 여성적 미덕"을 보여주어야 보상받을 수 있기 때문이다(Gruner 167). 『비밀의 정원』에서는 대저택의 비밀이 가득 찬 방들과 정원의 탐험, 그 과정에서 드러나는 어린이 주인공들에게 내재된 제국주의적 속성, 그리고 영국적인 예절을 배우며 여성적 미덕을 습득하는 메리의 등장 등 모험 소설과 가정 소설적 특성을 모두 보여준다.

작품의 첫 장은 활기 없이 나른하고 우울하며 병적인 분위기를 지닌 인도와 그 속에서 정신적으로나 신체적으로 병들어 있는 영국인들의 모습을 그리면서 시작한다. 식민지를 건설하여 국가의 영향력을 세계로 펼치고자 하던 영국에게 인도는 기회의 땅이었으며 거대한 시장이었지만, 동시에 "구원을 받아야 할 미개하고 저주받은 영혼들이 사는 세상"이었다(월퍼트 106). 인도로 오는 영국인들은 주로 미개한 사람들을 깨우치고 가르친다는 사명감을 갖고 있었는데, 메리의 부모 역시 이런 제국주의적 속성으로부터 결코 자유롭지 못하다. 그들은 자신들의 권력 집단 내에서 생활하며 지위를 이용해 부를 축적하고 때로는 권위만을 내세울 뿐, 피식민자나 약자에게 관심을 기울이지 않는 전형적인 제국주의자들의 행태를 보인다.

그러나 이처럼 제국의 팽창과 지배에 기여하는 인물들은 오히려 제국의 수혜를 받지 못하고 불안한 존재로 내몰린다. 영국의 관료인 메리의 아버지와 지위에 걸맞게 화려한 생활을 즐기는 어머니의 삶은 결코 평화롭거나 안정적이지 않다. 그들이 일이나 모임에 지나치게 몰입하는 것은 공허하고 불안정한 삶을 반증하는, 일종의 결핍의 표지이다. 이런 부모 아래에서 메리는 보살핌을 받지 못한 채 방치되고, 인도인 하인들로부터도 소외당한다. 메리는 원하는 대로 무엇이든 할 수 있는 물질적인 풍요로움 속에서 오히려 자신 스스로 할 수 있는 것을 배울 기회조차 갖지 못한다. 스스로 할 수 없다는 것은 의존적으로 된다는 의미인데, 독립을 배워야 할 순간에 정당한 배움의 기회를 갖지 못한 메리는 철저하게 모든 사람들로부터 버려진다.

메리가 다른 사람들의 눈에 사랑스럽게 보이지 않았던 이유는 그녀가 못생겼기 때문이 아니라 친화적인 성격을 갖지 못했기 때문이다. 인도인 하인들은 주인에게 야단을 맞을까 봐 메리가 신경질을 내거나 울어대면 모든 것을 다 메리의 뜻대로 들어준다. 제멋대로인 메리는 물질적으로 풍족하지만 정신적으로 몹시 가난한 상태로 자라난다. 사랑받지 못한 아이가 사랑하는 방법을 알 수는 없다. 인간관계의 상호성을 모른 채로 자라난 메리는 감정의 교류라는 것을 알지 못한다. 제국주의의 수혜자여야 할 메리의 부모와 메리는 오히려 제국주의의 피해자이다. 작품의 첫 장에서 감정적 소외로 고통 받으며 결국 콜레라에 걸려 죽음을 맞이하는 장면은 그들의 불행하고 충만하지 못한 삶을 극명하게 보여준다.

행복하지 않았던 부모와의 삶과 사랑받지 못했던 어린시절의 기억은 메리를 심술궂은 아이로 만든다. 이런 밉살스런 메리를 변화시키는 것은 놀랍게도 영국 황무지에서 불어오는 바람이다. 황무지의 "거칠고 신선한 공기는 메리의 마른 몸에 좋은 뭔가를 허파에 가득 채워 주었으며, 뺨에 찰싹찰싹 부딪혀 발그레한 색을 띠게 해 주었고, 흐리멍덩한 눈을 반짝이게 해 주었다"(39).[1] 황무지의 바람 덕분에 메리는 자신도 모르는 사이

1) Frances Hodgson Burnett, *The Secret Garden*. (New York: Penguin, 1999). 이하 원문 인용은 이 책을 따른다.

에 건강을 되찾는다.

> 여기에 황무지에서 불어오는 신선하고 강렬하고 순수한 공기도 한몫했다는 것은 말할 필요도 없었다. 황무지의 공기가 메리의 식욕을 돋우고, 바람을 맞으며 뛰어다녀서 피가 활발히 돌게 된 것처럼, 황무지의 공기와 바람은 메리의 정신도 자극했다. 인도에서는 언제나 너무 덥고 나른하고 골골해서 무슨 일에든 그다지 신경 쓰지 않았지만, 이곳에서 메리는 여기저기에 관심을 기울이고 새로운 일들을 하고 싶어지기 시작했다. 그 까닭을 알 수 없었지만 벌써 메리는 "덜 심술궂게" 느끼고 있었다. (59)

신선한 황무지의 바람과 나른하고 골골한 인도의 기후가 극적으로 비교된다. 월퍼트(Stanley Wolpert)는 "무더위는 인도의 자연환경 중에서 가장 뚜렷하고 충만한 현상이다. 인도의 무더위는 영국의 안개와 비, 남부 캘리포니아의 흐릿한 햇빛과 스모그나 마찬가지다"고 설명한다(45). 영국인들은 인도의 무덥고 나른한 날씨에 적응하지 못해 고통스러웠을 것이다. 버넷의 또 다른 작품인 『소공녀』(*A Little Princess*)에서도 "인도의 날씨는 어린 아이들에게는 매우 나빴기 때문에 되도록 빨리 아이들을 다른 곳으로, 대개는 영국의 학교로 보냈다"는 장면이 등장한다(3). 그러나 이런 서술을 단순히 인도의 기후에 대한 '사실적인' 언급이라고 보기는 어렵다. 인도의 무더위는 영국의 변덕스러운 날씨만큼이나 그 지역의 특징일 뿐이다. 무더운 인도에서는 할 수 없었던 일들이 황폐하지만 신선한 영국의 황무지에서 가능해진다는 메리의 말에는 인도의 다른 가치들을 인정하지 않은 채 무더운 날씨 하나만으로 인도를 본토 영국의 황무지에 비할 수 없는 하찮은 나라로 만들려는 의도가 숨어있다.

대저택의 어두운 방에서 누워 지내는 콜린 역시 메리처럼 정신적으로 피폐한 상태이다. 콜린의 아버지는 병들어 누워있는 콜린을 제대로 쳐다보거나 다정하게 돌봐주지 않는다. 콜린을 낳다가 죽은 아내의 모습이 콜린에게 겹쳐질 뿐만 아니라 자신의 병이 콜린에게 유전되었다고 생각하기 때문이다. 그러므로 죽은 어머니뿐만 아니라 살아있는 아버지의 사랑도 받지 못하는 콜린은 메리와 마찬가지로 신체적으로나 정신적으로 고아상태이다. 그들은 사랑받지 못한 어린시절을 보낸다는 점 이외에 주변 사람들과 친밀한 관계를 유지하지 못하며 타인과 소통하려고 하기보다 일방적으로 명령한다는 점에서도 매우 유사하다. 메리와 콜린의 성향은 놀랍도록 닮아있는데, 그들은 처음 만났을 때는 서로를 유령이나 꿈속의 존재로 생각한다.

메리와 콜린 사이에는 자연과의 친화력과 자연에 대한 태도에 있어 커다란 차이가 있다. 영국의 황무지가 지닌 생명력을 깨닫기 시작한 메리는 콜린에게 정원으로 나가 산책할 것을 권유한다. 그러나 콜린은 "난 신선한 공기가 싫어. 게다가 난 나가고 싶지도 않아"(110)라며 자연과의 접촉을 거부한다. 미셀스웨이트(Misselthwaite) 저택의 작은 독재자인 콜린은 자신의 병을 이용하여 주변 사람들에게 모든 것을 의존하고, 그들에게 명령하며 통제하고 괴롭힌다. 그 역시 부모로부터 버림받은 상실감을 극복하지 못한 채 건강하지 못한 방법으로 자신이 받고 있는 심리적 억압을 해결코자 한다.

육체적으로 병약하며 정신적으로 피폐한 콜린을 보면서 메리는 과거의 자신의 모습을 생각하게 되고 그를 인도의 "라자"(Rajah)에 비유한다.

> "인도에 있을 때 소년 라자를 봤어. 그 애는 온 몸에 루비랑 에머랄드, 다이아몬드를 주렁주렁 달고 있었지. 네가 마사에게 하는 것처럼 자기 신하들에게 말했어. 모든 사람들이 그 애가 시키는 것을 해야만 했지. 그것도 당장에. 그렇게 하지 않았으면 그 사람들이 죽었을 거라고 생각해." (124)

메리는 콜린이 저택의 하인들과 의사에게 함부로 대하는 것을 보고 그의 독단적인 태도를 비판한다. 그녀는 인도의 왕족인 라자가 자신의 명령을 따르지 않는 사람들을 가혹하게 처벌할 것이라고 생각한다. 그녀가 콜린을 라자에 비교하는 것은 라자를 독재자로 보고 있다는 것을 반증한다. 그녀는 라자의 태도가 불합리하고 정당하지 않다고 여긴다. 그런데 이런 비교 자체는 영국인인 메리가 품고 있는 동양에 대한 편견에서 비롯된다고 해도 과언이 아니다.

사이드의 설명에 따르면 이런 태도는 자신의 관점을 그가 응시하는 대상에게 강요하며 결국 그 대상을 변형시키려는 것과 같다.

> 모든 문화란 살아 있는 현실 위에 교정을 가하고, 그것을 자유롭게 유동하는 대상으로부터 일정한 지식으로 변화시키는 것이다.... 그러므로 문화는 언제나 상이한 문화에 대하여 완전한 변형을 강요하며 그것을 있는 그대로의 모습으로서가 아니라, 받아들이는 측에서 보아 반드시 그러해야 한다는 모습으로 전환시켜 받아들이게 된다. (Said, *Orientalism* 67)

실제로 왕이나 귀족의 권위에 대한 복종은 동서양을 막론하고 질서 유지를 위해서 필요한 것으로 받아들여졌다. 인도의 통치자인 "라자"의 권위와 이에 대해 인도인들이 복종하는 것은 영국 여왕의 권위와 이 권위에 영국인들이 기꺼이 복종하는 것과 다르지 않다. 그럼에도 불구하고 소년 라자를 독재자로 규정하는 것은 영국의 제도가 훨씬 우월하다는 전제를 담고 있는 것 이상이 될 수 없다.

메리가 라자를 독재자로 언급하는 데는 그녀 속에 내재화된 식민주의자의 태도 때문일 것이다. 그녀는 인도에서 아주 짧은 해를 보냈을 뿐이며, 인도와 인도인에 대해 긍정적인 생각을 갖고 있지 않았다. 심지어 인도인들을 자신과 동등한 사람으로 보지 않았다. 이렇게 인도에 대한 부정적인 사고로 가득 차 있는 지배계급인 메리가 인도의 통치자를 보았을 때 그가 지닌 긍정적인 면모를 보거나 진정한 문화적인 맥락을 읽기란 어렵다. 그가 어떤 위치에서 왜 그런 행동을 하는지 상관없이, 라자가 영국인이 아닌 인도인이며 명령하는 주체라는 점에서 그를 독재자라고 생각한다. 이렇게 어떤 대상을 하나의 단어로 규정해 버림으로써 다른 해석의 여지는 사라진다. 메리에게 아무런 의욕도 불러일으키지 못하던 인도의 날씨처럼, 인도의 통치자는 독재자인 라자의 모습으로 남는다.

메리는 "자신이 속하는 공간의 외부에 있는 생경한 공간을, 있을 수 있는 모든 종류의 공상이나 연상 또는 꾸며낸 이야기로 가득 채우게 된다"(Said, *Orientalism* 54). 다시 말해서 인도 문화에 대한 무지와 편견, 선입견이 인도의 통치자를 독재자로 만든다. 메리가 인도에 대해서 기억하는 것은 무덥고 나른한 날씨, 부모를 비롯한 주변 사람들과 진정한 상호관계를 맺지 못했던 고통스러운 소외의 경험, 인도인들의 말을 알아들을 수 없어 힘들었던 언어의 불통에 대한 기억들이다. 그녀의 유아 시절은 부정적인 기억으로 가득 차 있다. 이런 메리가 인도를 완전히 이해한다는 것을 불가능하다.

메리의 표현대로 인도에서의 삶은 단지 '구경꾼'으로서의 삶이었다. 인도에서 태어난 영국인인 메리는 실제 영국에서 살아본 경험이 없다. 그녀가 알고 있는 인도는 "구경할 만한 사람들"과 볼 만한 것들이 많은, 가끔씩 듣는 유모 아야(Ayah)의 '이야기'와 같은 것이다(72).

> "여긴 너무 크고 쓸쓸한 곳이야." 메리는 요리조리 머리를 굴리며 느리게 말했다. "집도 쓸쓸하고 정원도 쓸쓸하고 화원도 쓸쓸하고. 너무 많은 곳들이 잠겨 있잖아. 난 인도에서도 일을 많이 하지는 않았지만 거기는 구경할 만한 사람들이 많았거든. 원주민도 있고, 병사들이 행진도 하고, 또 어쩌다가

악대가 연주를 하기도 하고, 내 아야가 이야기도 해 주고 그랬어. 그런데 여기에서는 너하고 벤 웨더스태프 할아버지 말고는 얘기할 사람이 없어." (72)

메리의 설명을 통해서 인도와 메리의 관계가 매우 표피적이라는 것이 드러난다. 구경꾼은 보이는 현상만을 바라볼 뿐, 그 이면에 숨은 사회적, 문화적 맥락까지 이해하려고 하지 않는다. 그래서 구경꾼은 진정한 거주자가 될 수 없다. 두 번째로 인도와 메리의 관계는 유아적인데, 이야기를 들려주고 듣는 일은 보통 유아 단계에서 이루어지는, 정식 교육 단계 이전의 것이기 때문이다.

구경꾼으로서, 그리고 교육을 받을 기회가 없었던 정신적 유아 상태로서의 메리가 제대로 성장하기 위해서는 굳건한 지반, 즉 '땅'이 필요하다. 필립스(Jerry Phillips)는 메리를 가리켜 "인도의 현실에 익숙하지만 문화적으로나 언어적, 윤리적으로 영국의 정신에 걸맞도록 키워졌다.... 인도에 살지만 영혼에는 영국이 있다"고 설명한다(345). 영국은 그녀의 고향이지만 인도보다 낯선 땅이다. 인도는 메리에게 익숙한 땅이지만 결코 그녀의 고향이 될 수 없다. 메리는 영국인도 인도인도 아닌 불안정한 상태에 놓여있다. 버넷은 메리를 생기 있게 만들 수 있는 것은 인도가 아니라 영국이라고 말하는 듯 하다. 뿌리를 내릴 수 없는 인도에서 메리가 병들었던 것은 당연하게 그려진다. 메리는 '자신의 땅'인 영국에 와서야 뿌리를 내리고 건강해질 수 있는 것이다.

그렇지만 영국이라는 땅에서 살게 된 메리는 자신의 모국인 이곳의 질서와 규칙을 습득해야만 한다. 인도에서는 지배계급인 관료의 딸이었기 때문에 제멋대로 행동해도 아무런 제재를 받지 않았지만, 영국에서까지 이러한 지배/피지배계급 사이의 구별이 지속되지 않는다. 이것은 메리가 이야기를 들려주고 듣는, 인도에서의 유아적 단계를 벗어나야 하며,

'영국의 교육'을 통해서 올바른 행동을 습득해야 한다는 것을 의미한다. 그녀는 '영국적인' 예절과 '여성적인' 태도를 배워야 하는데, 인도에서는 이러한 것들을 결코 배울 수 없었다.

메리의 교육을 제일 먼저 담당하는 인물은 마사(Martha)이다. 마사는 미셀스웨이트의 하인이지만 인도의 하인과는 다르다. 마사는 메리에게 관계 맺기를 알려주며 영국적인 것이 무엇인가를 가르친다. 메리와 인도인 하인들 사이에는 단지 일방적인 명령과 복종만 있었을 뿐, 진정한 인간관계가 형성되지 못했다. 즉 인도인 하인들은 메리의 명령에 복종했지만 그녀를 진심으로 돌보고 사랑하지 않았다. 그녀 역시 인도인 하인들을 사람으로 간주하지 않았다는 것이 마사와의 대화에서 드러난다.

> "근디, 아가씨가 거기 있더라구유. 나보다두 꺼멓지 않은 애기씨가 말여유. 겡장히 누렇기는 하데유."
>
> 메리는 분노와 모욕감을 참으려고 하지도 않았다.
>
> "날 원주민이라고 생각했다구! 네가 감히! 넌 원주민에 대해서는 아무 것도 몰라! 원주민들을 사람이 아니야. 너한테 큰 절을 해야 하는 하인들이란 말이야. 넌 인도에 대해서 아는 게 하나도 없어. 넌 아무 것도 모르잖아!" (25)

문화적인 차이에 대한 이해의 결여는 인도에서뿐만 아니라 영국에서도 계속된다. 즉 메리는 인간관계의 상호성이나 평등함을 이해하지 못한다. 그래서 하인을 피식민자처럼 당연히 복종하는 존재로, 자신을 지배자로서 명령하는 존재로만 이해한다. 마사를 대하는 메리에게서 내재화된 제국주의적 태도가 극명하게 드러난다.

그러나 자연과 인간에 대한 애정을 지닌 마사는 이런 메리를 진심으로 이해하며 돕고자 한다. 마사는 하인임에도 불구하고 동등한 인격체이기를 원하며 메리의 일방적인 명령을 거부하고 자신의 방법으로 메리를 가르치면서 변화시킨다. 이를 통해 "권력 관계의 토대—하인 위에 군림하는 통치자—는 전도된다. 마사가 더 많은 지식을 갖고 있으며 그래서 '힘'을 갖고 있기 때문이다"(Webb 94). 명령을 받는 존재여야 할 마사가 오히려 명령하는 존재보다 더 많은 지식과 여유를 지닌다. 그러나 마사는 결코 권위적인 모습을 보이지 않는다. 그녀가 원하는 것은 상호성이지, 지배가 아니기 때문이다.

인도인 하인들과 마사의 차이점이 여기에 있다. 마사를 통해 메리는 계급간의 관계에서 드러나는 식민지 인도와 영국 제국의 차이점을 깨닫는데, "전자는 대화 없이 힘으로 행사되지만, 후자는 동의가 있는 힘으로 행사된다"(Phillips 349). 마사에게 명령은 통하지 않는다. 대신 예의를 갖춘 적절한 요구만 받아들여진다. 메리는 하인들의 일과 별개로 자신이 해야만 하는 일, 독립적으로 할 수 있는 일을 배워야만 한다. 인도에서의 나쁜 생활습관, 잘못된 사고방식과 태도를 버려야 하며 모든 이들은 동등하다는 가르침이 퍼뜨려진다. 메리가 교육을 통해 문명화된다는 것은 영국화된다는 것이고 그녀의 성역할에 걸맞게 여성적이 된다는 의미인 것이다.

영국인 하녀인 마사와 인도인 하인들을 동일선상에서 비교하는 것은 무리가 있다. 왜냐하면 인도인 하인들에게는 어떤 서술의 기회도 주어지지 않기 때문이다. 인도인 하인들은 메리에게 무관심하고, 심지어는 이름조차 없는 존재로 그려진다. 그들의 나이, 가족 관계, 생김새나 삶에 대한 언급은 없다. 부모를 비롯한 모든 이들로부터 소외되었던 인도 생활이 『비밀의 정원』을 이해하는 중요한 열쇠가 되지만, 메리와 부모 이외의 다른 인물들은 마치 그림자처럼 거의 묘사되지 않는다. 인도인들은 콜레라의 발병으로 인해 죽음의 분위기가 가득 찬 첫 장에 등장하여 인도에서의 삶이 얼마나 생기 없었는가를 뒷받침한다. 그러나 마사에게는 어머니가 있고 열두 명이나 되는 동생들이 있으며 이 가족들이 살고 있는, 낡긴 했지만 웃음이 넘쳐흐르는 오두막집도 있다. 마사와의 극적인 대비를 통해 인도인 하인들은 덥고 나른해서 아무 것도 할 수 없었던 인도의 날씨처럼 의미 없고 생명력 없는 존재로 전락한다. 사이드는 "고전적인 19세기 제국주의 문화는 '열등한', '종속 인종', '복종하는 사람들', '의존', '확장' 그리고 '권위' 같은 개념과 용어들로 가득 차 있다"고 설명한다(*Culture and Imperialism* 9). 인도인들은 동등한 인격체가 될 수 없고, 동등하기를 바라지도 않기 때문에 관계 맺기를 할 수 없지만, 영국 하인들은 동등한 인격으로 대접받기를 바라고 정당한 권리를 요구하며 진정한 인간관계를 형성할 수 있는 인물들로 서술된다.

날씨와 하인들의 비교에 이어 '어머니'에 대한 언급에서도 영국과 인도의 대비가 극명하게 드러난다. 마사와 디콘(Dickon)의 어머니인 소어비 부인(Mrs. Sowerby)을 만나고 싶어 하는 메리의 열망은 어린시절의 결핍된 모성에 대한 갈망의 표현이다. 사랑받지 못하고 자란 어린시절을 보상받기 위해서 메리는 대체모성을 찾는다.

> "화요일 날 말한 거유. 은젠가 아가씰 마차에 태워 갖구설랑 우리 오두막에 델꼬 가서 엄니가 맹근 뜨근뜨근한 귀리빵이랑 버터랑 우유를 대접해두 되는지 물어 보겄다구 했잖아유."...
>
> "내가 거기 가면 디콘 뿐만 아니라 마사의 엄마도 만날 수 있을 텐데." 메리는 곰곰이 생각해보고는 이 생각이 아주 마음에 들어서 말했다. "네 엄마는 인도의 엄마들 같지는 않을 거야." (75)

다정한 마사에 대한 애정은 마사의 어머니에 대한 애정으로 확장된다. 게다가 마사의 말로 미루어 소어비 부인은 멀리서도 메리를 응원하고 지지한다. 마사의 어머니는 갓 만든 "뜨근뜨근한" 음식을 "대접"해 주는 애정이 가득한 사람이다. 반면 메리가 "인도의 엄마들"이라고 지칭하는 대상은 자식을 방치하고 사랑으로 돌보지 않았던 메리 자신의 어머니뿐만 아니라 인도의 보통 어머니들이다. 인도인들을 자신과 동등한 사람으로 보지 않았던 메리의 눈에 인도인 어머니들이 헌신적으로 보였을 리 없다. 메리는 이 어머니들이 자식을 방치하고 구석에서 보이지 않게 키우거나, 가끔은 이야기를 들려주지만 보통은 무책임하게 모든 것을 들어주며 방임하거나, 혹은 자식의 존재 자체를 무시하는 사람들이라고 생각한다. 또한 그들이 황무지가 보여주는 자연의 생명력을 알지 못하며, 아이들을 어떻게 양육하는지 모른다고 여긴다.

반면 소어비 부인은 현명하고 지혜로우며 자연의 생명력을 잘 알고 있는 대지의 여신 같은 모습으로 등장한다. 그녀는 풍족하지 않은 생활 속에서 열두 명이나 되는 자식들을 무한한 사랑과 적절한 교육으로 훌륭하게 키우는 이상적인 어머니로 그려진다. 일찍 부모를 잃은 메리와 죽은 어머니에 대한 상흔을 마음속에 품고 사는 콜린에게 그녀는 현실에 실재하는, '진짜' 어머니 역할을 한다. 메리가 소어비 부인을 만나기를 바라는 것처럼 콜린도 그녀를 보자마자 "디콘의 엄마인 것처럼 내 엄마였으면 좋겠어요"(240)라고 말한다.

소어비 부인은 몸과 마음이 건강하지 못한 두 어린이를 정신적으로 신체적으로 건강하게 만드는 '진정한' 어머니로 그려진다. 실버(Anna Krugovoy Silver)에 따르면 "[소어비 부인의 존재는] 단지 모성애의 감성적 재현에 그치는 것이 아니다.... 소어비 부인은 어린이 양육에 있어서 상대적으로 젠더-중립적인 모습을 보여준다"(198). 경제적인 풍족함이 아니라 정신적인 건강함을 우선적으로 생각하는 소어비 부인의 양육법은 남자 아이와 여자 아이에 차이를 두지 않는다. 그녀는 메리에게 예절을 알려주거나 공부를 가르치는 가정교사가 필요한 것이 아니며, 오히려 황무지에 나가 뛰어놀며 자연을 느끼고, 줄넘기를 하고 화단을 가꾸는 것이 훨씬 좋다는 것을 알고 있다. 어린이를 이렇게 진심으로 사랑하고 차별하지 않는 소어비 부인은 메리를 돌보지도 사랑하지도 않았던 인도에서의 메리의 어머니와 다를 수밖에 없다. 메리의 어머니를 포함한 인도의 어머니들은 정반대의 극에 놓인다. 영국적인 이상적 어머니 상을 만들어 내면서 인도의 어머니들은 상대적으로 격하된다.

인도인 하인들과 인도의 어머니들을 영국인들과 비교하는 것은 인간관계의 상호성을 표면에 내세우면서 제국주의적 담론의 실체를 표면 아래에 숨긴다. 그런데 인간관계의 상호성이라는 문제 외에 메리와 인도인, 혹은 영국인과 인도인의 비교에서 보다 심층적이면서 근원적인 갈등의 뿌리는 언어의 불통에 있다. 이러한 언어의 문제는 결국 권위와 질서의 문제로 이어지는데, 이는 제국주의적 담론의 또 다른 표현이다. 인도에서 메리는 지배자로서 명령하고 그들은 피지배자로서 복종한다. 인도인 하인들은 메리의 명령을 알아들어야 하지만 메리는 인도인들의 언어를 알기 위해 애쓰지 않는다. 상호간의 의사소통의 수단이 아니라 지배와 피지배의 질서를 공고화시키는 수단으로 전락한 언어는 범주 안의 사람과 범주 바깥의 사람을 구분하는 역할을 부여받는다.

언어는 영어를 제대로 알아듣거나 말하지 못하는 인도인뿐만 아니라 요크셔의 사투리를 쓰는 디콘 가족과 하인들을 범주 바깥으로 몰아낸다. 다시 말해서 오로지 남성 위계질서의 가부장과 그 계승자만이 이성적이고 합리적인 언어와 질서, 권위의 소유주가 된다. 콜린은 나이 어린 소년이지만 그의 언어는 다른 사람들을 압도하는 권위를 지닌다.

> 콜린은 더욱더 거만하게 말했다.
> "내가 누군지 아느냐고? 대답해!"

> 벤 웨더스태프 노인은 마디가 툭툭 불거진 손을 들어 눈을 가렸다가 이마를 짚더니 묘하게 떨리는 목소리로 대답했다....
>
> "아버지가 집에 계시지 않을 때는 내가 당신의 주인이야." 콜린이 말했다. "그러니 내 말에 복종해. 여기는 내 정원이야. 여기에 대해서 감히 한 마디라도 내뱉어서는 안 돼!" (192-93)

콜린이 벤 웨더스태프(Ben Weatherstaff)에게 명령하는 장면은 그가 권위를 지니고 있으며, 미셀스웨이트의 계승자라는 점을 부각시킨다. 미셀스웨이트의 하인들은 모두 콜린의 말에 복종한다. 이 권위적인 언어 앞에 쌍방의 의사소통은 없다. 일방적인 의사전달만이 있을 뿐이다.

반면 콜린 이외의 다른 이들은 감성적이고 비합리적이며 문자화되지 못한 세계를 산다. 디콘은 글자를 모르기 때문에 그림으로 의사소통한다. 대신 그에게는 메리나 콜린에 비해서 자연의 생명력에 대한 믿음과 풍부한 지식이 있다. 권위적이지 않은 언어를 사용하는 디콘의 의사소통은 결코 일방적이지 않고 평등하다. 디콘과 하인들은 콜린이 대변하는 문명의 세계와는 거리가 멀며, 오히려 반문명의 세계, 자연과 가깝다. 벤 웨더스태프나 디콘은 동물뿐만 아니라 식물과도 자연스럽게 교감한다.

디콘을 만나기 전까지는 메리 역시 콜린처럼 일방적인 의사소통과 명령에 익숙했다. 그러나 메리의 언어에는 콜린의 언어와는 달리 권위가 주어지지 않는다. 비록 인도에서 그녀의 명령이 통한 것처럼 보였을지라도 실제로는 메리가 누릴 수 있는 것은 없었다. 인도에서 나고 자랐지만 인도어를 모르는 그녀는 인도인들에게서 소외되었다. 영어를 말할 줄 알지만 영국인들과 진정한 의사소통을 하지 못한다. 메리가 사용하는 언어는 언제나 특정한 공동체의 범주 바깥을 떠돈다. 메리가 진정으로 의사소통을 하기 시작한 것은 디콘으로부터 사투리를 배운 다음인데, 사투리는 표준어의 바깥에 있다는 점에서 그녀는 여전히 주류에서 벗어나 있다.

> 디콘은 보통의 경우에는 메리가 잘 알아들을 수 있도록 사투리를 적게 쓰려고 노력했지만, 무척 관심이 생길 때는 어쩔 수 없이 억양이 아주 심해졌다. 하지만 메리는 디콘이 쓰는 사투리가 좋았고, 그래서 자기도 사투리를 배우려고 애썼다. 메리도 이제 조금은 사투리를 쓸 줄 알았다. 메리가 말했다.
>
> "그려, 글케 허야지(이 말은 '그래, 그렇게 해야지'란 뜻이었다). 먼저 뭔 일을 헐지 내가 말해 줄 테니께." 메리가 말을 계속하자, 디콘은 씩 웃었는데, 이 꼬마 아가씨가 사투리를 말하느라고 혀를 꼬는 품이 재미있었기 때문이었다. (160)

오히려 메리는 디콘의 언어를 배움으로써 "디콘과 벤에 그녀 자신을 맞추어 원주민으로 사라져버린다.... 그녀는 그들의 언어를 말한다"(Wilkie 323). 그녀가 디콘의 언어를 배우고 사투리를 사용한다는 것은 자연과 친화되고 있다는 증거이지만 동시에 콜린이 지배하는 권위 있는 언어의 세계에서 비껴난다는 의미이기도 하다. 메리는 콜린의 세계보다는 디콘의 세계와 보다 원활하게 의사소통하는 것이 가능해진다.

비밀의 정원에 들어가 생명력 넘치는 비밀을 공유하게 된 콜린은 기쁨에 넘쳐 잠깐 동안 사투리를 사용한다(185). 그러나 사투리를 배워 사용하는 데 있어서 메리와 콜린의 목적이 같다고 볼 수 없다. 메리는 진정한 의사소통과 자연과의 교감을 원하며, 이를 통해 '그들의' 사회에 녹아들기를 바라지만, 콜린은 사투리를 이용하여 '자신의' 지배영역을 더욱 확고히 하기를 소망한다. 필립스에 따르면 "식민자는 피식민자를 '즐겁게' 하기 위해서 그들의 말을 배우는 것이 아니라 자신의 사회적 통제를 확고히 하기 위해서 배운다"(361). 즉 콜린은 영어로 의사소통되지 않는 디콘과 메리의 세계를 자신의 것으로 흡수하기 위해 사투리를 사용한다. 그리고 곧 그것을 이용해서 정원을 자신의 것이라고 천명한다.

콜린은 메리와 디콘을 통해서 자연의 힘을 배우고 건강을 회복하지만 여전히 메리가 말하는 "라자"의 태도에서 벗어나지 못한다. 그에게는 모든 것이 세습과 소유의 대상이며 명명화의 대상이다. 콜린은 자연과 비밀의 정원이 갖는 힘에 놀라워 하지만, 그것을 공유하거나 놀이의 장으로 만드는 대신, 거기에 "마법"이라고 이름붙이고 과학적으로 분석하려고 한다. 그는 질서와 규칙을 세워야 할 미셀스웨이트의 소유자이기 때문이다.

콜린을 통해서 다시 한 번 "권위 있고 객관적인 것으로 보이는 언어가 남성-질서 언어라는 것"이 드러난다(Paul 192). 사투리는 마사 등 하층 계급이 사용하는 언어이며, 또한 양성적인 디콘과 여성인 메리에 의해서 사용되는 언어이다. 권위를 지닌 콜린의 언어와 이 권위의 바깥에 있는 사투리는 다른 차원을 점유할 수밖에 없다. 메리와 콜린의 심리적 박탈감을 치유하는 가장 중요한 인물인 소어비 부인 역시 사투리를 사용한다. 메리를 정원에 나가 뛰어놀게 만들고 외국을 방랑하는 콜린 씨(Mr. Colin)를 돌아오게 하는 등 소어비 부인의 언어에는 그 나름의 힘이 있기는 하지만, 결코 권위 있는 언어가 될 수는 없다. 가부장제 사회에서 그녀의 위치는 중심에서 비껴나 있기 때문이다.

콜린이 작품의 전면에 나서게 됨으로써, 그리고 서술을 독점하고, 정원과 저택의 진정한 소유자임을 천명함으로써, 비밀의 정원이 갖는 한계는 분명해진다. 비밀의 정원은 낭만적이고 아름답고 어린이만의 비밀로 가득 찬 가슴 두근거리는 꿈의 공간이지만, 이 공간은 철저히 남성 위계질서에 이바지한다.

메리가 소설의 마지막에서 관심 밖으로 사라지듯이 노동계급 어린이인 디콘도 재생 과정의 중심에 있다가 아버지와 아들의 화해가 강조되는 마지막

> 장면에서 완전히 잊혀져 버린다. 어린시절의 자유라는 소설의 주요한 서사적 경험은 부모가 돌아옴으로써 결론지어진다. 영국의 계급과 젠더 구분의 사회적 위계질서는 영원히 지속되고, 권력으로부터 그리고 사랑의 중심으로부터 메리와 디콘은 배제된다. (Foster and Simons 340)

디콘과 메리는 콜린이 건강을 되찾을 때까지 보조하는 역할을 하지만 그 이상을 담당할 수 없다. 콜린을 폐쇄된 방 안에서 생생한 자연의 한복판으로 데리고 나오고 그에게 정신적 신체적 영양분을 공급하던 디콘과 메리는 자신들에게 주어진 역할이 끝나자마자 마치 인도인 하인들처럼 그림자로 사라져 버린다.

인도의 기후와 통치자, 하인들, 어머니를 영국의 그것들과 비교하는 이유는 명백하다. 그리고 권위를 지닌 언어의 사용자와 그렇지 못한 언어의 사용자를 구분하는 이유 역시 명백하다. 작품의 전반부를 지도했던 메리의 퇴장과, 동시에 가장 영국적이며 가부장적인 질서로의 복귀, 즉 콜린의 등장을 이끌어내기 위한 것이다. 콜린이 작품의 전면에 등장하고 정원을 자신의 것으로 천명하게 되면서부터 디콘과 메리의 역할이 축소된다.

문제는 이 지점에서 자연에 대한 이중적인 태도가 드러난다는 데 있다. 이러한 이중적 태도는 계급 질서를 수호하고 성 역할의 전복을 막으려는 숨은 의도와 긴밀하게 연관된다. 자연은 메리와 콜린의 병든 몸과 마음을 치료한다. 비밀의 정원을 비롯한 자연의 힘은 부활과 재생의 공간이며 이것은 어린이 주인공뿐만 아니라 소어비 부인과 콜린 씨를 통해서도 칭송된다. 그러나 자연에 대한 칭송은 동시에, 그것이 절대로 문명의 라이벌이 될 수 없다는 것을 못 박는다. 메리와 콜린, 벤 웨더스태프처럼 자연을 사랑하고 지키는 자연적인 인물들이 모두 배경화 되면서 콜린으로 대변되는 문명이 우위에 선다. 자연이 문명의 밑바탕을 묵묵히 지키는 것이 순리이고 아름다운 것이라고 역설하면서 말이다. 윌키(Christine Wilkie)가 언급하듯이 "비밀의 정원은 말할 것도 없이 치유와 재생의 공간이다. 그러나 이보다는 상반된 역설의 공간이다"(319). 이름도 없고 문자도 없는 비밀의 정원에 남은 것은 자연의 순환성과 생명력이다. 그리고 이 생명력은 온전히 문명의 발전에 이바지한다. 뒷받침하는 자연의 역할이 없다면 그 위에 세워지는 문명도 없다. 비밀의 정원에서의 치유가 없었다면 미셀스웨이트를 다스리는 건강한 콜린도 없었을 것이다.

영국의 황무지보다 훨씬 가치 없는 인도의 무더운 날씨, 아랫사람들을 배려하지 않는 독재자인 소년 라자, 다정한 마사와는 달리 진정한 인간관계를 맺기 어려운 인도의 하인들, 그리고 영국의 이상적 어머니가 될 수 없는 인도의 어머니들에 이르기까지『비밀의 정원』속에서 식민지 인도는 제국인 영국과 비교당하고 평가절하 된다. 문명의 발상지 인도에는 단지 영국 제국을 빛나게 만드는 역할만 부여된다. 이와 더불어 권위 있는 언어를 소유한 자와 그렇지 못한 자 사이의 간극은 더욱 깊어진다. 그리하여 인도인과 그들의 문화뿐만 아니라 여성과 하인, 디콘과 같은 자연의 인물들은 영국 문명을 지탱하는 가부장 질서의 배경이 된다.

3. 타자의 그늘로

"비밀의 정원"이라는 비밀을 공유하면서 어린이들은 자신들만의 공간을 건설한다. 담 너머로 쳐다보는 벤 웨더스태프를 비밀의 일원으로 받아들이면서 비밀의 공간에 대한 어린이들의 지배는 계속되지만, 물론 이 지배력은 전적으로 콜린에게 속해있다. 메리와 디콘은 공유할 뿐 지배하지는 않기 때문이다. 포스터(Shirley Foster)와 사이몬즈(Judy Simons)는 작품의 결말에서 "어린이들은 자신들의 힘을 잃고 지배적인 구조를 지지하는 가족과 공동체의 환경으로 돌아간다"고 주장한다(326). 콜린은 계승자의 자리를 점유하며 새로운 힘을 얻는다. 어린이는 어린이가 있어야 할 자리로, 여성은 여성이 지켜야 할 자리로 돌아간다.

황무지의 바람을 쐬면서 자유로운 상상력을 펼쳤던 메리는 "전통적인" 역할의 규정을 따라야만 한다. 이런 메리의 모습은 동양에 대한 언급을 다시 연상시킨다.

> 동양이 동양화되었다는 것은, 19세기의 평균적인 유럽인들에 의해서, 동양이 모든 상식에 비추어 "동양적"이라고 인지되었기 때문만이 아니라, 동양이 "동양적인 것으로 날조될 수 있었기"—곧 동양은 그렇게 되는 것을 감수했다—때문이기도 하다. (Said, *Orientalism* 5-6)

유럽인들에 의해서 "동양이 동양화"되듯이 메리와 디콘은 그들에게 주어진 자리를 벗어날 수 없다. 노들먼이 했던 방식으로 "동양"이라는 단어를 '어린이' 혹은 '여성'으로 바꾸어 보면 왜 메리가 비밀의 정원의 말미에 사라질 수밖에 없었는가가 드러난다. 어린이는 어린이다워지고 여성은 여성답게 되며 노동계급은 노동계급화 되어야만 한다. 더불어 무엇이 어린이다운 것이고 여성다운 것인가를 어른들이 규정한 틀 안에서 학습해야만 한다. 그리하여 콜린이 가부장 질서 속에서 저택을 계승하고 남성 권위의 이름을 부여받는 것처럼, 메리는 지극히 순종적인, 항상 여성에게 강요되어 온 미덕들로 돌아간다. 영국적인 예의범절과 부드러운 태도, 자연을 돌보고 남성을 양육하는 여성으로 제국의 가치에 걸맞은 소녀가 되는 것이다.

어린이 양육이란 약자인 어린이를 돌보고 가르치는 것이지만 동시에 어린이를 피지배자의 상태에 놓아두는 것과 같다. 경제적으로나 물리적으로 의존적일 수밖에 없는 어린이는 권력을 가진 어른들의 사고를 받아들이고 그 질서를 따라야만 한다. 그루너(Elisabeth Rose Gruner)는 어린이들에게 미치는 책의 영향력을 다음과 같이 주장한다.

> 어린이들이 자신들이 읽는 책을 그대로 모방한다고 주장할 수는 없다. 그러나 아침식사의 시리얼에 들어있는 첨가물에 대해서 알지 못하고 있다고 하더라도 그것이 해를 끼치거나(혹은 도움을 주거나) 할 수 있는 것처럼 아이들이 읽는 책의 이데올로기적 구성도 그럴 수 있다고 믿는다. (164)

어린이들은 자신들이 인식하지 못하는 사이에 어른들에 의해서 씌어지고 선택된 책을 읽으면서 주입되는 가치관을 내재화한다. 어른들이 어린이에게 합당한 것이라고 생각하는 가치관이란 가부장제의 질서를 확고히 하기 위한 목적을 지닌다. 결국 어른에 의해 규정되는 어린이는 서양인에 의해 규정되는 동양인들과 같은 지평에 놓인다. 피지배자인 동양인들과 동일하게 어린이는 어른이라는 제국에 의해서 식민화된다.

자연의 힘을 부각시키고 어린이의 순수함과 어린시절의 목가성을 부각시키는 것은 지배 이데올로기, 문명화의 고도의 전략이다. 이렇게 초록자연과 순수함을 부각시키면서 어린이와 하층 계급을 문명에서 제외시킨다. 그럼으로써 어른과 제도, 질서와 문명의 우월성을 정화시켜 고양된 형태로 보이게 만든다. 자연과 어린이와 비문명은 문명을 보다 근사하게 만드는 후광의 역할을 적절히 해낸다. 이것은 전형적으로 제국주의의 표지이다. 어린이는 순수하며 천진난만하고, 여성은 보호가 필요하며, 자연은 돌아가야 할 낭만적 기원이라는 식으로 명명되고, 이렇게 명명된 것들은 결코 그 한계선 바깥으로 튀어나오지 못한다. 메리는 소외되고 사랑받지 못한 어린시절을 보냈다는 점에서 제국주의의 피해자임이 분명하지만, 그녀가 영국인이라는 사실, 그리고 영국적인 것을 배우면서 영국적인 환경과 황무지에서 사랑스러운 아이로 변해간다는 서술 속에서는 제국주의의 수혜자이다. 그녀는 스스로 피해자이면서 동시에 수혜자이고, 인도인들과 인도에 대해서 터무니없는 정의를 내림으로써 제국주의의 가해자, 통치자와 같은 관점을 공유한다.

인도인들과 메리가 처한 상황은 결코 다르지 않다. 메리가 인도인들을 '응시'하는 데 그치고 그들과 상호성을 맺지 않은 것처럼, 그녀가 명령하고 그들이 복종했던 것처럼, 메리와 디콘 역시 콜린에 의해 '응시'될 뿐이다. 이들은 어린이들의 세계인 비밀의 정원 안에서 긴밀한 상호성을 맺지만, 정원의 바깥으로 나온 후에는 결코 계급의 질서와 성 역할을 전복하려 하지 않는다. 다시 말해서 인도와 인도인에 대한 메리의 응시는 메리와 디콘, 자연에 대한 콜린의 응시와 닮은꼴이다. 제국주의적 성향을 내재화한 메리는 자신이 했던 방식 그대로 식민 담론의 틀 안에서 이것을 되돌려 받는다. 인도인과 메리, 디콘은 주류의 바깥에 놓인다. 콜린이 다스리는 제국을 떠받들기 위해서 그들은 이름도 없이 배경이 되어 자연의 일부가 된다. 교묘한 서술의 중심에 서는 것은 "콜린 도련님"(Master Colin [255])과 웅장한 미셀스웨이트 저택일 뿐이다.

인용문헌

스탠리 월퍼트. 『인디아, 그 역사와 문화』. 이창식, 신현승 옮김. 서울: 가람기획, 1999.

Burnett, Frances Hodgson. *A Little Princess*. New York: Aladdin, 2001.

____________________. *The Secret Garden*. New York: Penguin, 1999.

Foster, Shirley, and Judy Simons. "Frances Hodgson Burnett: *The Secret Garden*." Gerzina 324-41.

Gerzina, Gretchen Holbrook, ed. The Secret Garden: *Authoritative Text Backgrounds and Contexts Burnett in the Press Criticism*. By Frances Hodgson Burnett. New York: Norton, 2006.

Gruner, Elisabeth Rose. "Cinderella, Marie Antoinette, and Sara: Roles and Role Models in *A Little Princess*." *The Lion and the Unicorn* 22 (1998): 163-87.

Nodelman, Perry. "The Other: Orientalism, Colonialism, and Children's Literature." *Children's Literature Association Quarterly* 17 (1992): 29-35.

Paul, Lissa. "Enigma Variations: What Feminist Theory Knows About Children's Literature." *Signal* 54 (1989): 186-202.

Phillips, Jerry. "The Mem Sahib, the Worthy, the Rajah and His Minions: Some Reflections on the Class Politics of *The Secret Garden*." Gerzina 342-66.

Said, Edward. *Culture and Imperialism*. New York: Vintage, 1993.

__________. *Orientalism*. New York: Vintage, 1979.

Silver, Anna Krugovoy. "Domesticating Bronte's Moors: Motherhood in *The Secret Garden*." *The Lion and the Unicorn* 21 (1997): 193-203.

Webb, Jean. "Romanticism vs. Empire in *The Secret Garden*." *Introducing Children's Literature: From Romanticism to Postmodernism*. Ed. Deborah Thacker and Jean Webb. London: Routledge, 2002. 91-97.

Wilkie, Christine, "Digging up *The Secret Garden*: Noble Innocents or Little Savage?" Gerzina 314-24.

* 이 글은 『영어영문학21』 21권 3호(2008)에 「『비밀의 정원』에 나타난 타자로서의 메리/인도」라는 제목으로 실린 논문이며, 오류 및 문장을 다소 수정하였다.

놀이의 세계에서 문자의 세계로
밀른의 『푸우』

1. “백 에이커 숲”

이상적이고 목가적인 시공간이 어린이 문학에 자주 등장하는 이유는 어린이에게서 자신들의 잃어버린 어린시절을 발견하는 어른 작가들의 향수 때문이다. 어른 작가들은 순진무구한 어린이를 가르치고 그 천진함을 보호하며 지켜주어야 한다는 사명감에 사로잡히기 쉬운데, 헤밍스(Robert Hemmings)에 따르면 이들이 그려낸 이상향은 “실제 어린시절이 아니라 불가능하게 청결화된 에덴적 시간과 공간”이었다(55). 산업화와 근대화로 인해 순수성을 잃어버렸다고 여기면서 안락함과 평화가 있는 어린시절로 돌아가려는 염원을 작품 속에 그려내려는 그들은, 어린시절을 꿈같은 공간으로 채색하고 어린이와 어린시절의 실제 모습을 자신들의 이상적 틀 안에 끼워 넣으려는 욕망에서 쉽게 벗어날 수 없었다. 특히 어린이와 어린시절을 훼손되지 않는 원형으로 보고 이 기원으로 돌아가려던 19세기 후반 낭만주의 시대부터 문학적으로나 사회적으로 어린이와 어린시절에 대한 지극한 이상화가 이루어졌다.

어린시절의 순수성과 낭만이 가득한, 지극히 평화롭고 즐거운 놀이의 세계인 『곰돌이 푸우』(*Winnie-the-Pooh*)의 "백 에이커 숲"(One Hundred Acre Wood) 역시, 이렇게 어린시절을 이상화하고 어린이를 낭만적 기원으로 여기는 작품들의 연장선상에 놓여있다. 판타지 세계를 무대로, 현실세계에서 일어날 수 없는 사건들을 헤쳐 나가고 이룰 수 없는 꿈을 꾸는 어린이 문학의 전통 속에서 밀른(A. A. Milne)의 『곰돌이 푸우』, 『푸우 동네의 집』(*The House at Pooh Corner*)은 이전의 다른 어린이 문학 작품들과 분명하게 차별되는 특징을 지닌다.[1] 어린시절의 재현으로서의 문학적 배경이 낭만적으로 포장되어 작품 속에서나 작품 바깥에서 영원히 지속가능한 것으로 설정되는 다른 작품들과는 달리, 『푸우』에서는 배경이 되는 어린이의 세계가 어린이 주인공에 의해서 해체되어 버리는 것이다. 밀른은 크리스토퍼 로빈(Christopher Robin)을 통해서 그와 장난감 인형들이 사는 백 에이커 숲의 허구성을 적극적으로 밝히며 그 세계가 가상의 공간임을 드러낸다. 가상의 세계를 설정한 이후 가능하면 그 세계를 유지하고 지속시키려는 것이 일반적 태도인 반면, 밀른은 노골적으로 이것이 '만들어진' 세계임을 천명한다. 그는 '만들어진' 세계인 백 에이커 숲이 어린이가 성장하기 위해서는 반드시 빠져나와야 하는 세계라는 것을 숨김없이 드러낸다.

이 글에서는 어린 소년 크리스토퍼 로빈의 이상적 세계가 기존의 다른 어린이 문학의 세계와 어떤 차이를 갖는지를 살핀다. 이와 더불어 크리스토퍼 로빈의 놀이의 세계가 문자의 세계로 변화하는 과정 속에서 어린이의 성장과 교육의 문제가 판타지의 세계의 상상력에 미치는 영향력을 고찰한다.

---

1) 『곰돌이 푸우』는 1926년, 『푸우 동네의 집』은 1928년에 각각 출판되었다. 두 권을 함께 논할 때는 『푸우』라고 칭한다. "백 에이커 숲"은 주인공 크리스토퍼 로빈과 곰돌이 푸우의 이야기가 만들어지는 장소이다.

2. 세 겹의 서술구조와 화자, 그리고 크리스토퍼 로빈

백 에이커 숲은 푸우(Pooh)와 크리스토퍼 로빈의 장난감 인형들이 모여 사는, 명백히 이야기 속에서만 존재하는 상상의 공간이다. 『곰돌이 푸우』의 속표지에 그려진 백 에이커 숲의 지도는 이 세계가 지도 너머의 세상을 고려해 볼 필요도 없는 고립되고 닫힌 장소라는 점을 드러낸다.[2] 지도의 오른쪽 여백에는 크리스토퍼 로빈이 양손을 허리에 짚은 채로 창조자이자 건설자인 듯이 만족스러운 표정으로 "자신의" 숲을 바라보고 있는데, 지도에 나타난 장소들에 비해 비례적으로 커다랗게 그려진 그의 모습으로 독자들은 백 에이커 숲이 크리스토퍼 로빈을 위해 만들어진, 크리스토퍼 로빈의 공간이라는 것을 알게 된다.

작가인 밀른이 들려주는 이야기의 틀 안에 크리스토퍼 로빈이 바라보는 세계가 만들어지고 이렇게 만들어진 세계 안에서는 크리스토퍼 로빈의 시선 아래 크리스토퍼 로빈의 친구이자 사건의 핵심인물인 푸우의 모험이 그려진다. 작품은 세 겹의 서술구조를 갖게 되는 것이다. 작가는 크리스토퍼 로빈과 대화하면서 곰돌이 푸우의 이야기를 '만들어' 나간다.

> "이야기가 어때요?" 크리스토퍼 로빈이 말했어.
> "이야기가 어떤데?" 내가 말했지.
> "곰돌이 푸우에 대한 이야기 하나 아주 재미있게 해 줄래요?"
> "할 수 있을 것 같아" 내가 말했어. "푸우는 어떤 이야기를 좋아할까?"
> "자기 이야기요. 왜냐하면 푸우는 바로 그런 곰이거든요." (*WP* 4)[3]

---

2) 『푸우』의 삽화를 그린 E. H. 쉐퍼드(E. H. Shepard)는 백 에이커 숲을 아이가 그린 그림처럼 간결하게 표현함으로써 그 곳이 어린이의 상상력에 의해 제한되어 있음을 잘 드러낸다.

3) A. A. Milne. *Winnie-the-Pooh*. (New York: Puffin, 1954) 『곰돌이 푸우』의 원문은 이 책에서 인용하며, WP라는 약어를 페이지 수 앞에 사용한다.

크리스토퍼 로빈의 요청에 "한 번 해 볼께"라고 밀른이 승낙하면서부터 이야기가 시작된다. 즉 크리스토퍼 로빈의 장난감들을 이야기의 중심인물로 만드는 진짜 화자는 밀른이다. 여러 겹의 서술구조를 갖는 작품에서 그는 생명력이 없는 장난감 인형들을 살아 움직이도록 만들고 크리스토퍼 로빈을 백 에이커 숲의 능동적인 참여자로 세운다. 이야기의 무대인 백 에이커 숲의 실질적인 창조자가 크리스토퍼 로빈이 아니라 밀른이라는 점이 명백해진다.

밀른의 주도면밀함을 최우선적으로 고려한다면, 『푸우』가 어린이를 위해서라기보다는 어른을 위해 쓰인 것이라는 트럼퍼(Ellen Tremper)의 견해가 설득력을 얻는다. 그는 "이 책들은 어린이의 이해력을 넘어서는 재치 있는 놀이와 반어적인 임기응변으로 가득 차 있다"고 주장한다(Tremper 34). 어른 작가와 어린이 독자와의 관계가 평등하지 않다면, 그 이유는 어린이가 어린이 문학의 산출 주체가 되는 것이 현실적으로 불가능하기 때문이다. 어른들은 자신들의 지적, 경제적, 신체적 우위를 이용하여 어린이 문학을 재단하고 그 방향을 결정하는 권력을 점유할 수 있다. "어린이의 이해력을 넘어서는" 어린이 책의 저술과 출판이 가능한 것은 바로 이런 이유에서이다. 어린이와 어른의 이런 관계에 대해서 로즈(Jacqueline Rose)는 "불가능한" 관계라고 주장하는데, 그녀에 따르면 "어린이 소설은 어린이를 아웃사이더로 세우고, 나중에 염치없게도 어린이를 잡아들이려고 계획한다.... 어린이 소설은 어린이를 끌어당기고, 보호하고, 위치시키고, 틀에 맞춘다"(1-2). 밀른이 아들을 위해 아들의 눈높이에서 아들의 장난감을 이용하여 이야기를 만든 것은 사실이지만, 그럼에도 불구하고 그는 어른 화자로서의 무의식적인 반응, 즉 교육에의 지향을 완벽히 지워버리지는 못했다. 그가 들려주는 에피소드들은 아주 온건한 방법으로 크리스토퍼 로빈을 사회화시키기 때문이다.

"한 번 해 볼께"라며 이야기를 시작한 이후 밀른의 일인칭(나)은 이야기 내에서 사라지는 듯 보인다. 그러나 밀른 자신과 크리스토퍼 로빈의 대화가 이야기 중간에 이탤릭체로 등장하는 장면(*WP* 10)에서 그들이 속한 현실 세계와 백 에이커 숲이라는 판타지 세계의 경계선이 순간적으로 분명해진다. 동물들을 '바라보는' 시선을 강조하는 둘 사이의 대화로 두 세계 사이의 구분이 지어지며, 이 경계선은 판타지 세계의 '만들어진' 속성을 강조하고 현실 세계를 부각시킨다. 밀른은 『푸우』의 공간과 시간, 심지어는 사건들까지 주인공인 크리스토퍼 로빈의 상상력에 맞추어 이야기를 전개시키는데, 크리스토퍼 로빈의 상상력이 정지하는 순간, 다시 말하면 그가 백 에이커 숲에서 빠져나오는 순간, 이 공간과 시간들은 순식간에 미련 없이 사라진다. 이야기 한 편이 끝나면 크리스토퍼 로빈은 장난감 곰인형을 계단에 쿵쿵 부딪히면서 자신의 일상으로 돌아가 버린다(*WP* 21, 161).

백 에이커 숲의 세계에서 치열한 정체성의 고민이나, 어른 사회를 거부하고 어린시절로 회귀하려는 열정적인 노력을 찾기 어려운 이유가 여기에 있다. 토끼 굴로 뛰어든 앨리스(Alice)의 이상한 나라(Wonderland)나 영원히 어린이로 살고자 하는 피터 팬(Peter Pan)의 네버랜드(Neverland)와 달리 백 에이커 숲은 "죽음의 위협과 존재에 대한 두려움 같은 것은 없는 장소"이다(Wullschläger 188). 어린이 독자들은 지극히 단순화된 공간 내에서 해결할 수 없는 갈등이 생기거나 극복하기 어려운 문제가 생겼을 때 크리스토퍼 로빈이 자신의 상상력을 정지시킨다면, 보다 정확히 말해서 밀른이 이야기를 중단한다면 위협은 금방 사라질 것이며, 자신들도 크리스토퍼 로빈처럼 인형을 안고 안락한 방 안으로 돌아갈 수 있을 것이라고 믿게 된다.

상상력으로 만들어진 판타지 세계에서 크리스토퍼 로빈은 동물들을 가르치고 이 과정에서 보다 책임감 있는 존재가 되는 법을 배운다. 화자는 크리스토퍼 로빈에게 이야기를 들려주며 그를 사건의 중심에 둠으로써 로빈이 성장할 수 있도록 배려한다. 루리(Alison Lurie)는 "『푸우』의 보편적 매력이란 어떤 어린이든지 주변의 어른들보다 자신을 보다 크고 현명하며 보다 강력한 존재로 상상하면서 느끼는 즐거움에 있다"고 설명한다(*Don't Tell* 145). 동물들이 만들어낸 문제들은 실은 현실 세계에서 크리스토퍼 로빈에게 생긴 문제들과 다르지 않다. 당면한 문제를 해결하고 뒤죽박죽인 상황을 정리하는 과정을 통해서 크리스토퍼 로빈과 어린이들은 책임감과 통제의 권한을 익힌다. 동시에 동일시의 감정으로 동물들의 실수와 어리석은 행동을 자신들의 것인 듯 즐거운 놀이로 인식하며 바라보게 된다.

크리스토퍼 로빈이 '자신의' 숲에서 동물들을 통제하고 가르치는 역할을 담당하는 것은 사실이지만, 동물들이 부딪히는 난관이란 치명적인 문제를 일으키는 것이라기보다 대개는 사소하며 어리석은 행동에서 비롯된 것이다. 따라서 사건의 해결자인 크리스토퍼 로빈이 어른과 동일한 절대적인 권위와 힘을 지녔다고 말하기는 어렵다. 헤밍스는 『푸우』의 서사가 어린이를 위해서가 아니라 어른들이 꿈꾸는 이상향을 재건설하기 위해 씌어졌다고 주장한다.

> 카펜터는 크리스토퍼 로빈이 "푸우의 세계에서 유일하게 진짜 어른"을 표현한다고 말한다. 그러나 이것은 서사의 틀을 무시한 관점이다. 일인칭 화자는 로빈 위에서 권위를 행사하는 어른이라는 것이 명백하며, 푸우의 숲 속에서 로빈의 권위는 어린이에 군림하는 어른의 권위와 유사한데, 이 서사는 어린이가 아니라 어른의 흥미에 맞는 어린시절의 재건설을 드러내고 있는 것이다. 이 재건설에서 권위는 종잡을 수 없으며 무의미하지만(nonsensical), 언제나 조화롭고 선의에 넘친다. 이것은 어린시절에 대한 밀른의 이상적 비

전의 일부분이다. (72)

크리스토퍼 로빈이 백 에이커 숲 바깥의 어른 화자와 동일한 통제의 권한을 가지고 있다고 말할 수 없는 이유는 그가 어른에 의해서 관찰되고 서술되는 존재이기 때문이다. 어린이 문학작품의 저자는 "어린이를 교육시키고 사회화하려는 욕망과 어린이의 자리를 취하려는 욕망"이라는 결코 양립할 수 없는 욕망 사이에서 갈등을 겪는다(Nikolajeva 193). 정신적, 신체적으로 미성숙한 어린이를 교육시켜 사회의 건실한 일원으로 만들고자 하는 욕망은 의식적으로나 무의식적으로 어른들에게 내재되어 있는데, 동시에 자신 안에 숨겨져 있는 어린이를 끄집어내어 어린이 주인공에게 투사하여 영원한 이상적 이미지로 만들고자 하는 욕망 역시 내재되어 있다. 이렇게 분열된 욕망은 실은 어린이를 이상화시키는 목적을 지닌 한 가지 열망의 다른 얼굴이다. 어린이를 사회화시키려는 욕망이 힘을 얻으면 작품은 교훈적이고 설교적이 된다. 반면 어린이의 상태를 보존하려는 욕망에 무게가 실리면 어른 화자는 어린이의 눈높이에 맞추어 이야기를 서술하려고 애를 쓰게 된다.

밀른은 결코 과도한 교훈이나 설교를 이야기에 담지 않았다. 대신 그는 크리스토퍼 로빈의 눈높이에 맞춘 특별하지 않은 일상적 에피소드 내에 자연스럽게 교육의 문제를 집어넣었다. '만들어진' 판타지 세계라는 놀이의 단계에서 현실 세계인 교육의 단계로 이행하는 과정은 크리스토퍼 로빈이나 화자의 지시에 의해서가 아니라 동물들의 깨달음에 의해서 이루어진다. 동물들을 이용한 밀른의 전략은 어린이 독자들이 교육에 대해 느낄 수 있는 거부감을 줄이고 어른 독자들의 향수를 자극하기에 더없이 훌륭한 것이었다.

3. 놀이의 세계를 즐기다

밀른은 백 에이커 숲을 만들어 크리스토퍼 로빈의 상상력을 자극하고 때로는 그 숲에서 그를 다시 현실로 불러들인다. 어린이들이 장난감들을 이쪽저쪽으로 옮기면서 상황을 만들어 놀이하는 것과 유사하다. 그러나 이야기가 전개될수록 크리스토퍼 로빈과 곰돌이 푸우가 작가에 의해 만들어진 상상의 공간에서 서술되는 수동적인 대상으로만 남아있는가에 의문이 제기된다. 놀이의 세계에서 놀랍게도 그들은 사소한 사건들을 계기로 교묘한 반전을 준비하기 때문이다. 그리고 그 반전은 단순한 놀이의 반복 속에서 드러나며, 아주 일차원적인 욕망인 음식 이야기와 밀접한 관련을 갖는다.

단순한 어린이 세계에 기반을 두고 있는 백 에이커 숲의 모든 사건은 어린이의 관심사나 사고의 범주를 넘어서지 않는다. 사소한 일이 계기가 되어 사건이 만들어지면 처음에는 아주 심각하게 이 사건을 받아들이고 해결하려고 노력하지만 이 심각성은 곧 놀이화되고 특별한 진전이나 변화 없이 사건은 종결된다. 사건이 일어난 이유가 무엇인지 왜 그것을 해결해야 하는지에 대한 고민은 없는데, 장난감 인형들에게는 보이는 것만이 사실이고 그 너머에 본질적인 어떤 것이 있다고 하더라도 고려의 대상이 되지 않는다. 본래 장난감들인 그들에게는 "뇌가 없기 때문이다"(*WP* 20).

우즐(Woozle)이라는 상상의 동물을 찾겠다면서 눈 위를 빙빙 돌다가 눈 위에 찍힌 발자국이 점점 늘어나는 것을 보며 겁을 먹는 푸우와 아기돼지(Piglet) 에피소드는 "뇌가 없기 때문"에 일어나는 사건 중 하나이다. 같은 자리를 맴도는 탓에 늘어날 수밖에 없는 발자국을 우즐의 것이라고 생각하는 푸우와 아기돼지는, 나무 위에 앉아있던 크리스토퍼 로빈이 일러주기 전까지 자신들의 실수를 전혀 알아차리지 못한다. 이요르(Eeyore)를 위해서 집을 지어주겠다면서 이미 지어져 있는 이요르의 집을 부수어 바로 옆에 새로 짓는 일 역시 숲 속 동물들이 일으키는 사건이 매우 단순하고 엉뚱하다는 점을 보여준다.

> 크리스토퍼 로빈은 이요르의 집이 사라져버린 슬픈 이야기를 들려주기 시작했지. 이야기를 듣던 푸우와 아기돼지의 눈이 점점 더 커지는 것 같았어.
>
> "집이 **어디에** 있었다고?" 푸우가 물었어.
>
> "바로 여기." 이요르가 대답했지.
>
> … … … … …
>
> "놀라운 일이야." 이요르가 말했어. "이건 내 집**이군**. 전에 내가 말했던 장소에 집을 지었었는데, 바람이 이 집을 여기로 날려 온 게 틀림없어." (*HP* 16-19)[4)]

주변의 상황을 총체적으로 인식하지 못하고 눈앞의 것에만 정신을 파는 동물들의 엉뚱한 행동은 어린 소년인 크리스토퍼 로빈이나 어린이 독자들에게 공감을 불러일으킨다. 특별한 규칙 없이 이루어지는 즉흥적인 놀이처럼 제자리를 빙빙 도는 과정에서 사건이 발생하고, 만들고 해체하고 다시 만드는 과정이 반복되는 어린이들의 블록 쌓기 놀이처럼 이요르의 집은 부서져 다른 장소에 세워진다. 이야기의 주인공이자 독자인 어린이들은 숲 속 동물들이 벌이는 사건들이 자신들의 일상의 삶과 결코 다르지 않다는 깨닫게 된다.

이 숲에서 장난감 인형들의 가장 큰 관심거리는 음식이나 놀이 같은 것들이다. 특히 식탐이 있는 곰돌이 푸우는 언제나 꿀단지를 옆에 끼고 다니며, 더 많은 꿀을 먹으려고 하다가 사건을 일으킨다. 꿀을 따 먹기

---

4) 원문에서 강조된 부분을 진하게 처리하였음.

위해 나무에 올라갔다가 떨어지고 토끼굴에 몸이 끼이는 등 푸우 주변에는 음식과 관련된 사건이 끊이지 않는다. 음식은 생존의 문제와 직결된다. 어린이 문학에서 음식은 신체적 성장에 필요하고 나아가 인물의 정체성과 관련이 있는데, 때로는 지나친 탐욕과 소비의 은유로 쓰인다. 성장에 필수적인 음식의 양이 지나치거나 반대로 부족하다면 이것은 과잉이나 결핍과 관련이 된다. 푸우가 꿀을 먹으려다가 여러 가지 곤경에 처하는 것은 탐욕이 불러올 수 있는 경고의 메시지를 순화시켜 놓은 것이다. 푸우의 모험을 통해 적절한 통제력을 키워야 한다는 점이 어린이 독자들에게 전해진다.

식탐이 만들어낸 문제적 상황은 심각하게 받아들여지지 않으며 이것 역시 일종의 놀이가 된다. 토끼굴에 들어간 푸우가 음식을 잔뜩 먹어서 굴의 입구에 몸이 끼었을 때 크리스토퍼 로빈과 동물들은 놀라워할 뿐 걱정하지는 않는다. 폭식을 한 대가로 푸우는 일주일 동안 금식해야 하지만, 이 비극적이고 심각한 상황 앞에서 동물들은 오히려 재미있는 놀이를 생각해낸다.

> "날씬해지려면 얼마나 걸리지?" 푸우가 걱정스럽게 물었어.
> "일주일쯤. 그 정도는 되야지."...
> "우리가 너에게 책을 읽어줄께." 토끼가 신나서 말했지. "눈이나 오지 않았으면 좋겠군." 토끼가 덧붙였어. "그런데 말이지, 친구야. 내 집의 많은 부분을 네가 차지하고 있어서 말이야. 음. 괜찮다면 네 뒷다리를 수건걸이로 써도 될까? 왜냐면, 어, 내 말은 네 뒷다리가 아무 일도 하지 않고 있다는 거야. 거기에 수건을 건다면 참 편리할 텐데." (*WP* 30)

토끼는 토끼굴의 입구를 막아버린 푸우를 원망하기는커녕 수건걸이가 생겼다고 즐거워하고, 일주일 동안 꼼짝없이 굴에 끼어서 굶어야 하는 푸우에게 책을 읽어주어야 하는 크리스토퍼 로빈 역시 즐거운 마음으로 돌보는 역할을 제대로 해 낸다. 탐욕으로 생긴 비극적 사건은 마치 놀이처럼 가볍게 다루어진다. 욕구를 제어하는 의지력이야말로 이 나이의 어린이들에게 가장 필요한 것인데, 어린이들은 "음식의 경제성을 배우고 욕망을 통제하고 만족시키는 방법"을 놀이화된 에피소드를 통해 배우게 된다(Honeyman 197). 실제로 살아있는 동물이라면 일주일 동안 굶는다는 것은 불가능할 것이다. 그러나 푸우는 크리스토퍼 로빈의 봉제인형이어서 굶는 일이 치명적일 리가 없으니 일주일 동안의 금식도 하나의 놀이가 될 수 있는 것이다.

허팔럼프(Heffalump)라는 가상의 괴물을 상상하고 이를 잡으려다가 오히려 푸우가 구덩이에 빠져 꿀단지에 머리가 낀 사건 역시 어리석음과 식탐이 불러온 결과물이다. 홍수가 나서 집이 떠내려가는 위기가 닥쳤을 때도 푸우는 꿀단지를 챙겨 나무 위로 올라간다. 그는 도움을 청할 생각은 하지 않고 나뭇가지 위에서 꿀을 한 통씩 먹어 치우면서 물이 빠지기를 기다린다.

> "이건 큰일인데." 푸우가 말했단다. "피난가야겠어."
>
> 그래서 푸우는 가장 큰 꿀단지를 꺼내 안고는 물에서 멀리 떨어진 위쪽 굵은 나뭇가지로 피난을 갔어. 그리고는 다시 기어 내려와서 또 다른 꿀단지 하나를 안고 피난을 갔지... 이렇게 해서 피난이 전부 끝나고 나자, 푸우는 다리를 흔들면서 그 가지에 앉았단다. 옆에는 꿀단지 열 개가 놓여 있었어...
>
> 이틀 뒤에 푸우는 다리를 흔들면서 그 가지에 앉아 있었어. 옆에는 꿀단지 네 개가 놓여 있었지...
>
> 사흘 뒤에도 푸우는 다리를 흔들면서 그 가지에 앉아 있었어. 옆에는 꿀단지 하나가 놓여 있었지.
>
> 나흘 뒤에는 푸우만 앉아 있었단다.... (*WP* 136-37)

한가로이 소풍을 나온 것처럼 행동하는 푸우의 모습은 전혀 현실적이지 않다. 다시 말해서 현실일 수가 없다. 비현실적인 판타지 공간에서 사는 푸우에게는 집이 아니라 꿀단지만이 중요하다. 집이 떠내려가거나 물에 잠기는 일은 생활 터전의 파괴와 상실을 의미하는 상당히 심각한 문제이지만, 이 세계는 '만들어진' 세계이며 밀른과 크리스토퍼 로빈에 의해 보호받고 있고 동물들에게 '진짜' 생명이 없다는 점에서 위협이 되지 않는다. 홍수나 폭풍 같은 자연재해를 제외하고 예상을 벗어나는 사건이 일어나지 않는 "이 세계는 완벽하게 안전한 세계이다"(Lurie, "Back" 12). 백 에이커 숲이라는 판타지 세계에서 시간은 일시적이고 공간은 제한적이다. 바꾸어 말한다면 크리스토퍼 로빈의 시간에는 어떠한 제약도 없지만 동시에 만들어진 공간의 현재성도 없다.

아침에 일어나서 가장 먼저 하는 일이 무엇인가를 묻는 아기돼지에게 푸우는 "아침밥으로는 뭘 먹을까?"를 생각한다고 답한다. "오늘은 무슨 재미있는 일이 일어날까"와 "아침밥으로는 뭘 먹을까?"가 같은 의미라는 푸우의 말은 백 에이커 숲 동물들의 삶을 단적으로 드러내준다(*WP* 160). 음식과 놀이는 어린이들에게 최대의 관심사이다. 동물들은 음식에 대한 갈망과 단순성을 지닌 채로 크리스토퍼 로빈과 그들을 보다 질서정연한 상태로 사회화시키려는 화자의 의도를 비껴간다. 놀이 친구인 크리스토퍼 로빈이 백 에이커 숲의 바깥 공간, 현실의 세계로 움직여갈 때 그들은 단순성을 무기로 이 변하지 않는 시공간을 지킨다. "철자가 모든 것은 아니다"(*HP* 76)라고 생각하며 판타지 세계를 지키는 동물들의 방패는 크리스토퍼 로빈이 배워야 할 '글자'를 해체하여 만들어 낸 것이다.

4. 문자의 세계로 "잉문"하다

"언어"에 대한 여러 에피소드들은 상징계로 들어가기 전의 상태, 상상계의 상태와 긴밀한 관련을 맺는다. 밀른은 크리스토퍼 로빈이 가진 상상력의 한계 내에서 일어나는 에피소드를 어린이의 어휘력과 이해 수준에 어울리도록 서술한다. 크리스토퍼 로빈은 "문패를 달고"(under the name [*WP* 4]) 산다는 것이 무슨 뜻인지 묻는다. "위반자 더블유"(TRESPASSERS W)란 푯말이 달린 집에서 사는 아기돼지는 크리스토퍼 로빈에게 이것이 "위반자 윌"(TRESPASSER WILL)의 줄임말이자 "위반자 윌리엄"(TRESPASSER WILLIAM)의 줄임말이며, 할아버지인 윌리엄이 이름을 잃어버릴까봐 일부러 두 개를 만든 것이라고 설명한다(*WP* 34). 더블유(W)는 이름의 줄임말이 될 수 없지만, 동물들에게는 현실 세계에서의 법칙이 통용되지 않기 때문에 이것이 중요한 문제가 되지 않는다.

어휘력이 발달하지 못한 어린이들의 흔한 특성 중 하나가 어떤 단어의 의미를 명확하게 알지 못한 채로 사용하는 것인데, 이런 특성과 관련된 숲 속 동물들의 에피소드는 크리스토퍼 로빈이 아직 문자의 세계로 진입하지 못했음을 보여준다. "북극"(the North Pole)을 탐험하러 가자고 말하는 크리스토퍼 로빈은 실제로는 북극이나 탐험에 대해서 전혀 알지 못한다. 북극이란 단지 "찾아야 할 것"이라고 막연히 생각할 뿐이다. 그래서 크리스토퍼 로빈은 푸우가 물에 빠진 아기 캥거루 루를 구하기 위해 긴 막대기(pole)를 집어들자 "네가 북극을 발견한 거야"(You have found the North Pole!)라고 말한다(*WP* 125-27). "극"(Pole)은 "막대기"(pole)가 되어 실제의 의미와는 다르게 사용되고 쉽게 발견할 수 있는 구체적 사물로 치환된다.

숲 속 동물들은 글자를 읽을 수 없을 뿐더러 혹시 읽었다고 해도 정확한 뜻을 알지 못한다. 숲 속에서 가장 영리하다고 소문난 올빼미는 실제로는 글자를 읽을 줄 모른다.

> "첫 번째 쪽지에 씌어진 **정확한** 단어가 뭐였는지 말해 봐, 토끼야. 이건 정말 중요해. 모든 것이 여기에 달려 있거든. **첫 번째** 쪽지에 **정확한** 단어 말이야."...
>
> "그냥 '나가고 업슴. 곳도라옴.'이라고 되어 있었어. 여기 이것하고 똑같아. 여기에는 '바븜 곳도라옴'이라고 적혀있지만."
>
> 올빼미는 안도의 한숨을 크게 내쉬었지...
>
> "토끼야. 무슨 일이 일어났는지 명백해. 크리스토퍼 로빈은 곳도라옴이랑 같이 어딜 간 거야. 크리스토퍼 로빈하고 곳도라옴은 둘 다 바쁜 거야." (*HP* 80-81)[5)]

자신이 무지하다는 것을 알리고 싶지 않은 올빼미는 글씨를 읽어달라는 요구에 엉터리로 대답하거나 혹은 회피한다. 글자를 읽어주는 역할을 해야 할 그는 오히려 듣는 자가 된다. 글자를 읽거나 해독하지도, 문맥을 파악하지도 못하는 올빼미는 크리스토퍼 로빈이 "곳도라옴"(Backson)이라고 잘못 쓴 철자를 어떤 인물의 이름으로 받아들이는 실수를 범한다. 철자법을 무시하고 제멋대로 글자를 쓰는 크리스토퍼 로빈과 이를 제대로 읽지 못하는 올빼미는 글자 쓰기와 그림 그리기가 동일하게 취급되는 유아상태를 상징한다. 밀른 이전의 어린이 문학작품들에서 어린이의 생각이나 말을 그대로 쓴 경우는 거의 없었다는 점에서, "밀른의 천재성은 어린이의 시선의 문맥 안에서, 어린이의 언어 한계 내에서, 원형적인 어

---

5) A. A. Milne. *The House at Pooh Corner*. (New York: Puffin, 1956) 『푸우 동네의 집』 인용은 이 책에서 한 것이며, 『곰돌이 푸우』와의 구분을 위해 *HP*라는 약어를 페이지 앞에 붙임을 밝힌다.

린이의 특성을 그려냈다는 점"에 있다(Wullschläger 186). 동물들의 행동과 말은 아주 어린 아이들의 것과 전혀 다르지 않다. 잘못 씌어진 철자의 단어는 본래 의미와 상관없이 새로운 역할을 부여받는다.

동물들은 어른들이 사용하는 언어에는 서투르지만 자신들만의 언어를 만들어내어 그것들을 능숙하고 유용하게 사용한다. 크리스토퍼 로빈과 동물들의 언어 세계는 어른들의 언어 세계와 다른 공간을 점유하고 있다. 철자를 쓰거나 어휘를 정확히 사용하는 데 서투른 동물들은 새로운 조어를 만들어 내거나 단어를 확장시켜 새로운 의미를 부여하는 놀이에는 매우 능숙하다. "우즐"이나 "허팔럼프" 같은 단어는 푸우와 친구들의 즉흥적인 창작물임이 분명하다. "아하"(Aha)라는 감탄사를 "아기 루가 어디 있는지 알고 있다"는 뜻이라고 정하는 것 역시 언어의 놀이이다(*WP* 93). 이들은 "아하"라는 단어가 단순한 감탄사 이외의 특정한 방법으로 쓰일 수 있다고 믿는다.

> "아기 루가 어디에 있는지 **우리가** 알고 있다는 걸 캥거가 알 수 있도록 '**아하!**'하고 하는 거야. '**아하!**'란 건 말이지, '네가 숲을 떠나서 다시는 돌아오지 않겠다고 약속하면 루가 있는 곳을 말해 주겠다'는 뜻이야. 그럼 이제 내가 생각할 동안 조용히 좀 있어."
>
> 푸우는 방구석으로 가서는 "아하!"를 그런 식으로 말해보려 했지. 토끼가 말하는 뜻으로 들릴 때도 있었지만, 그런 뜻으로 들리지 않을 때도 있는 거야. 푸우는 생각했어. "이걸 이해하기 위해서는 캥거도 연습을 해야만 할 것 같은데" (*WP* 93)

토끼는 캥거와 루를 숲 속의 침입자로 생각하고 원래의 구성원들끼리 일정한 약속을 정해서 비밀어를 사용하자고 제안한다. 숲 속에 갑자기 나타난 캥거가 특히 위협적인 존재로 느껴지는 것은 동물들 사이의 단순한 라이벌 의식과는 다르다. "위협적인 것은 그녀[캥거]의 성격이 아니라 그녀의 존재"(Stanger 37)인데, 이질적으로 여겨지는 두 동물을 쫓아내기 위해 토끼가 생각해 낸 방법은 몇몇 동물들에게만 이해되는 말을 통해 캥거와 루를 배제시키는 것이다. 토끼가 특정한 약속에 기반한 언어 놀이를 제안하는 것은 비트겐슈타인(Ludwig Wittgenstein)이 말하는 "단어의 의미는 언어 속에서 그것의 사용이다"를 연상시킨다(20). 단순한 감탄사에 불과한 "아하"를 특별한 의미가 담긴 말로 변화시키면서 동물들은 자신들만의 언어 사용의 범주를 정하기 시작한다.

언어 사용은 단 한 가지로 정해진 확정적인 것이 아니다. 오히려 언어가 사용되는 맥락과 그것을 사용하는 구성원간의 약속에 따라 달라진다. 동물들의 놀이 역시 이와 동일하다. 구성원들 간의 약속이 통용되는 한, 단어들은 의미를 갖는다. 크리스토퍼 로빈과 동물들은 언어의 질서가 엄격히 세워지기 이전의 상태에 놓여있다. 현실에 비해 훨씬 유연한 사고와 상황을 만들어 낼 수 있는 판타지 세계는 다양한 언어의 실험을 가능하게 만든다. 동물들이 사용하는 언어는 특정한 범주에만 속하기도 하고 혹은 결코 배제되지 않는데, 이곳의 언어 사용은 자신들만의 맥락에 의해 이루어진다.

언어의 의미를 자의적으로 상황에 따라 적절히 사용하게 된 동물들은 없는 단어를 만들어 쓰거나 있을 수 없는 의미를 갖다 붙인다. 홍수가 났을 때 자신의 꿀단지를 보트 삼아 타고 나타난 푸우는 사물이란 "내가 위에 있는지 아래에 있는지에 따라 달라"라고 설명한다(*WP* 143). 꿀단지란 원래 꿀을 담는 용도로 만들어졌지만 원한다면 다른 것을 담을 수 있다. 더 나아가 단순히 "담는" 역할을 벗어나 다른 용도로 사용될 수 있다. 꿀을 담기 위해 만들어진 단지는 어느 순간 보트가 되고 "위에 있는지 아래에 있는지에 따라 달라"지는 사물로 확장된다. 기의는 기표를 가리키지만 기의와 기표 사이의 틈은 메워지지 않으며, 확정적이고 고정적인 것으로 여겨졌던 의미는 "미끄러져" 다른 의미 속으로 스며든다(Lacan 170). 언어가 하나의 약속이라면 그 약속의 범주를 변형시킬 때 새롭게 의미를 부여하는 것이 가능해진다. 어린이들은 주변에 있는 사물에 자신만의 특별한 의미를 부여하고 다양한 용도로 사용하는 것을 놀이로서 즐긴다. 고립된 아기돼지를 구하러 가는 푸우가 배처럼 뒤집어 타고 가는 우산이나 꿀단지는 새로운 약속을 통해 누군가를 태우는 배, 즉 원래의 쓰임과는 다른 것이 된다. "아하"라는 단순한 감탄사는 토끼가 규정하는 의미와 캥거가 듣고 이해하는 의미 사이의 틈 사이에서 충돌한다. 하나의 기표에는 다양한 기의가 부과된다.

어른이 되어야만 하는 어린이 크리스토퍼 로빈의 성장과 교육은 판타지 세계가 해체되는 가장 중요한 이유이다. 크리스토퍼 로빈이 백 에이커 숲에서 며칠 동안 사라져 모두들 궁금해 할 때, 이요르는 크리스토퍼 로빈이 숲에 놓고 간 막대기 세 개를 보며 그것이 "에이"(A)자이며, "교육"을 의미한다고 설명한다.

> "넌 에이가 무슨 뜻인지 아니, 꼬마 아기돼지?"
> "아니, 이요르. 난 몰라."
> "그건 공부라는 말이지, 교육이란 뜻이야. 너랑 푸우가 한 번도 받은 적이 없는 모든 것을 뜻하는 거지. 그게 바로 에이의 뜻이야."
> "와." 아기돼지가 되받았어. "어, 그게 그런 뜻이란 거야?" 아기돼지가 얼른 덧붙였지.
> "내가 말해 줄께. 사람들은 이 숲을 오고 가지, 그러면서 '저건 그냥 이요르네. 별거 아니군'하고 말해. 그 사람들은 '하하!' 하면서 왔다 갔다 하지만 에이에 대해서 뭐 아는 게 있을까? 아니야. **그 사람들**에게는 그냥 막대기 세 개일 뿐이라고. 하지만 교육받은 사람들에게는, 이걸 잘 새겨들어, 꼬마 아

기돼지, 푸우와 아기돼지에게는 아무 뜻도 없겠지만 배운 사람들에게는 그게 위대하고 훌륭한 에이 자라는 거야. 그냥 아무나 와서 **밟아버릴** 수 있는 게 아니라고." 이요르가 말했다. (*HP* 88)

판타지의 세계에 가장 큰 위협이 되는 것은 크리스토퍼 로빈의 성장과 그가 받는 "교육"이다. 크리스토퍼 로빈이 교육을 받고 "위대하고 훌륭한 에이"자를 배웠다는 사실은 곧 그가 이 상상의 공간을 떠나 상징계로 진입할 것임을 시사한다. 이요르는 크리스토퍼 로빈이 아침에 공부한다는 사실을 동물들에게 알리면서 "그 애[크리스토퍼 로빈]는 배우고 있어. 교육 받은 사람이 되는 거야. 공부에 잉문하는 거지"(He learns. He becomes Educated. He instigorates. [*HP* 90)]라고 말한다. 그는 "입문한다"(initiate)라는 단어를 제대로 알지 못한 채 단어를 마음대로 조합하여 "잉문한다"(instigorate)고 말하는데, 이 실수조차도 다른 동물들은 알아차리지 못한다. 처음에는 교육에 대해서 진지하게 설명을 시작한 이요르는 곧 "교육? 공부 따위가 다 뭐야?"라고 소리치며 막대기를 밟아버리고 만다(*HP* 90). 땅에 놓여진 나뭇가지로 "에이"자를 알아낸 냉소적인 이요르는 "에이"자가 의미하는 바가 크리스토퍼 로빈의 교육이며, 바로 이 교육이 자신들의 상상의 공간, 즐거운 놀이의 세상을 위협하고 결국 해체시킬 것이라는 위협적인 사실을 누구보다도 먼저 인식한다.

푸우의 세계와 크리스토퍼 로빈의 세계는 백 에이커 숲 안에서 긴밀하게 얽혀있지만, 현실적으로 공존하기 어려운 세계이다. 크리스토퍼 로빈이 문자 교육을 받기 이전에는 철자가 잘못되거나 엉터리로 단어를 만들어 써도 그것이 즐거운 놀이에 불과했으므로 의사소통에 아무런 문제가 생기지 않았다. 그러나 성장하지 않는 장난감 동물들과 달리 성장하는 크리스토퍼 로빈에게는 점차적으로 문제가 발생한다. 영원히 판타지 세계에 머무를 수 없기 때문에 그는 문자의 세계, 상징계의 길로 들어서야 하며 교육을 받아야 한다. 무질서하게 바닥에 흩어진 나뭇가지를 "에이"로 만들고 질서를 부여하는 것이 교육의 힘이다.

백 에이커 숲의 언어가 현실 세계의 언어와는 달리 제멋대로 의미가 주어지는 자의성을 획득할 수 있는 것은 이 공간이 상상 속에서 건설되었기 때문이다. 언어가 사회 구성원들에게 지켜지는 약속이라면, 놀이에서의 약속이란 언제든지 새로운 규칙에 의해서 바뀔 수 있다. 이렇게 문자가 하나의 놀이인 세계, 즉 문자가 문자로서의 역할을 제대로 부여받지 못한 놀이의 세계는 크리스토퍼 로빈을 일부분 성장시킨다. 그러나 놀이를 통해 성장하고 말장난을 통해서 어휘를 습득한 크리스토퍼 로빈에게는 이제 체계적인 교육이 필요하다.

> 언어는 푸우 책에서 극히 중요한데, 어린아이의 언어에 대한 점진적인 습득을 반영하며, 그것을 깨뜨리면서 규칙을 시험해보고, 언어의 경계와 가능성을 탐험해본다는 점에서 그러하다. 푸우는 언어가 규칙에 의해서 제한받지 않는 구두(oral) 문화를 대변한다. 거기에서 문법은 부정확하고, 철자는 문제가 되지 않으며 새로운 단어는 쉽게 만들어진다(푸우는 자신의 꿀단지에 "꿀"(HUNNY)이라고 쓰고 그것이 무슨 뜻인지 제대로 안다). 반면, 크리스토퍼 로빈이 바깥 세계에서 받은 교육은 글로 표현된 것이고(written), 질서정연하며 엄격하게 규정된 것이다. (Nikolajeva 215)

동물들은 현실 세계를 살지 않기 때문에 언어가 놀이가 되는 지금의 수준에 머물러도 되지만, 현실 세계의 어른이 되어야 하는 크리스토퍼 로빈은 더 이상 놀이의 단계에 머물러서는 안 된다. 어른으로 성장해야 할 크리스토퍼 로빈의 언어 세계는 동물들의 말장난이 아니라 정확한 문법, 정확한 철자의 세계여야 한다.

크리스토퍼 로빈은 문자의 세계로 들어가면서 놀이의 세계와 결별한다. 그는 교육을 통해 "곳도라옴"(BACKSON)이라고 잘못 쓴 철자를 "곧 돌아옴"(BACK SOON)으로 제대로 표기하는 법을 배운다(*HP* 78, 91). "크리스토퍼 로빈의 성장은 판타지의 세계로부터 이동해 나가는 것을 의미"하는데, 상상의 공간을 떠나는 그를 기다리는 곳은 학교이다(Hunt and Lenz 32). 학교는 교육이 이루어지는 가장 대표적인 장소이며, 교육은 사회의 질서를 습득하고 그 제도의 구성원이 되기 위한 절차이다. 크리스토퍼 로빈과 동물들의 자의적인 언어 사용은 이제 지양되어야만 한다.

> 언어 사용을 강요받는다는 것은, 아이가 상징적 영역으로 이동했다는 것이다. 라캉의 상징적 영역은... 언어와 상징, 구조와 차이, 법과 질서의 영역이다.... 일단 상징계로 진입하게 되면, 아이는 욕망에 의해 추동되고 오직 언어에 의존할 수밖에 없게 된다. (McAfee 35)

크리스토퍼 로빈은 교육의 과정을 거치면서 사회 질서 내에서 통용될 수 있는 언어의 사용을 강요받는다. 그가 가야 할 세계는 아버지의 세계, 엄격한 법과 질서의 세계인 상징계이다. 현실 세계와 상상의 공간을 수시로 넘나들던 크리스토퍼 로빈은 자신이 성장해야만 하며 그것을 피할 수 없다는 사실을 받아들인다.

장난감들과의 언어 놀이는 문자 교육의 연습 단계였다. 이곳에서는 실수가 용납되고 놀이화되지만 백 에이커 숲 바깥의 세계에서는 실수가 용납되지 않는다. 크리스토퍼 로빈은 "북극"을 제멋대로 해석하거나 "곳도라옴"처럼 단어의 철자를 잘못 쓰는 등의 실수를 더 이상 반복해서는 안된다. 푸우와 동물들이 사는 백 에이커 숲이 무질서한 놀이의 세계이며 즐거움과 일차원적인 쾌락이 마음껏 분출되어도 포용되는 곳이라면, 크리스토퍼 로빈이 가야 할 교육의 세계는 엄격한 질서의 세계이며, 욕망의 통제, 절제와 억압이 있는 곳이다. 무한한 말장난이 놀이가 되고 모험이 되지만 결코 위협적일 수는 없는 백 에이커 숲과 달리, 크리스토퍼 로빈이 성장해야 할 현실 세계에서는 정확한 문법과 철자가 지켜지지 않을 경우 약속은 무너지고 위협이 된다. 백 에이커 숲이 자의적인 약속이 가능한 세계라면, 현실은 그 자의성을 거부하고 때로는 두려워하기 때문이다.

5. 다시 "백 에이커 숲"으로

『푸우』 이전의 작품들에서는 어린이 주인공들이 모험을 떠났다가 다시 돌아와 평화로운 시간을 보낼 수 있는 이상향적 공간이 지속적으로 제시되었다. 현실 세계와 동떨어진 "이차 세계"에서 모험을 하든, 혹은 현실과 판타지가 뒤섞인 공간을 여행하든 간에 거의 대부분의 작품에서는 주인공이 속한 이상적 공간이 영원할 것이라는 여운을 남기기 때문에, "옛날 옛적"이나 "멀고 먼 동쪽 나라" 같은 비현실적인 공간이 이야기 속에 제시되더라도 독자들은 그 세계가 어딘가에 숨겨진 채로 존재할 것이라는 무한한 믿음을 지니게 된다. 그러나 새커(Deborah Cogan Thacker)와 웹(Jean Webb)의 주장처럼 "『푸우』는 판타지 전통의 마지막을 장식했다"(179). 『푸우』에서 밀른은 백 에이커 숲이라는 상상의 공간을 닫아버리고 이야기 내에서 크리스토퍼 로빈이 이 사실을 인정하도록 만들면서 낭만적인 어린시절의 세계가 이제는 존재하지 않는다는 것을 보여준다. 크리스토퍼 로빈이 성장하여 학교라는 정식 교육제도로 진입하는 과정에서 어린시절의 장난감 놀이를 가능케 한 상상 속의 공간은 존속할 수 없게 된다. 밀른은 무한히 존재하며 한없이 즐겁기만 한 판타지의 세계

대신에 현실 세계에 의해서 끊임없이 위협받는 가상공간을 적나라하게 드러낸다. 곰돌이 푸우와 더불어 독자들은 비로소 어린이가 필연적으로 받아들여야 할 성장과 교육이 지금까지 어린이를 키워 온 상상의 세계와 대치되고 마침내 이것을 소멸시키는 시점에 이르렀다는 것을 직시한다.

여름날 오후 한바탕 즐겁게 놀던 토끼와 이요르가 떠난 뒤, 다리 위에서 크리스토퍼 로빈과 푸우, 아기돼지가 아무 말 없이 강물을 내려다보는 장면은 향수 어린 낭만적 공간의 종말에 대한 감상적인 슬픔을 드러낸다.

> 그러고 나니 다리 위에는 크리스토퍼 로빈과 푸우와 아기돼지만이 달랑 남았단다.
>
> 한참 동안 셋은 아무 말 없이 강물을 내려다보고 있었어. 강물도 아무 말이 없었지. 왜냐면 강물은 이 여름날 오후가 아주 평화롭고 고요한 기분이었거든. (*HP* 108)

말없이 다리 위에서 강물을 내려다보는 세 친구들의 시선에서 갑자기 강물의 시선, 강물의 서술로 바뀐다. 이들이 서 있는 다리는 판타지와 현실 세계를 가로지르는 구분선처럼 그려진다. 건널 수 없는 강, 이 다리를 건너면 다시는 돌아올 수 없을 것 같다는 은유를 흩뿌리며 사랑스러운 세 주인공들은 무심하게 흘러가는 강물을 침묵하면서 바라본다. 사소한 사건들이 마치 세계의 존재를 위협하는 극도로 위험한 것인 양 끊임없이 일어나던 백 에이커 숲에 잠시 동안 드리워지는 침묵은 작품의 분위기를 전환시키는 가장 극적인 장면이다. 강물은 의인화되어 관점을 부여받고 자신을 내려다보는 크리스토퍼 로빈과 동물 친구들을 마주 바라본다. 강물의 시선은 되돌아갈 수 없는 어린시절을 회상하며 어린 아들을 바라보는 애틋한 아버지 밀른과 어른 독자의 것일 것이다.

밀른은 어린이의 낭만적 순수함을 자신의 의도에 따라 왜곡하지 않고 어린이 주인공에게 과도한 어른스러움을 부과하지 않으며 어린이에게 어울리는 단어로 어린이만이 할 수 있는 행동들을 사랑스러운 시선으로 그려낸다. 그러나 그의 애정 어린 시선 아래에 깔린 또 다른 의도는 크리스토퍼 로빈이 부수어 버린 백 에이커 숲이 다만 상상의 산물이라는 것을 명백히 하는 데 있다. 가상 세계에 대한 믿음을 가능하게 만드는 것이 콜리지(Samuel Taylor Coleridge)가 말하는 "불신의 자발적인 유보" (willing suspension of disbelief [6])라고 할 때 밀른은 크리스토퍼 로빈을 이 믿음의 경계 너머로 떠밀면서 황금빛으로 빛나는 어린시절과 목가 세계로 되돌아갈 수 없다는 것을 확신시킨다.

"에이"자가 일으킨 파장 이후로 크리스토퍼 로빈이 "떠나가고 있다"(*HP* 162)는 사실을 점차 인정하게 된 동물들은 담담히 이를 받아들인다. 그들에게 백 에이커 숲 너머의 세상, 정확한 문법과 철자의 세계는 아무런 의미가 없다. 동물들의 담담함이 오히려 이 판타지 세계의 운명을 긍정적으로 바꾸어놓는다. 성장과 교육을 위해 상상의 공간을 떠나야 하는 아이들이나 어른들과 달리 지식과 경험이 없는 동물들에게는 주어진 판타지 세계만이 진실인 까닭이다.

> 크리스토퍼 로빈이 간다네.
> 적어도 난 그럴 거라고 생각해.
> 어디로?
> 아무도 모르지.
> 하지만 그는 간다네. (*HP* 165)

동물들이 써 준 "시"를 받아들고 크리스토퍼 로빈은 마지막 산책을 나선다. 목적지는 "아무 데도 없는 곳"(nowhere [*HP* 172])인데, "아무 데도 없는 곳"이 작품의 마지막에서는 "아무 곳"(anywhere[*HP* 179])으로 변함으로써 그곳이 실재하지 않는 공간이라는 점이 확실해진다. 백 에이커 숲을 즐거운 어린시절의 놀이공간으로 만들던 마법의 판타지는 사라지고, "부서져야만 하지만, 부서지지 않은 목가적 사회"(Manlove 62)인 백 에이커 숲은 상상 속에서만 오래도록 기억되는 공간으로 변한다. 첫 번째 에피소드가 끝났을 때 "그게 이야기 끝이에요?"(*WP* 20)라고 크리스토퍼 로빈이 했던 질문은 이제 『푸우』의 마지막 장을 읽는 독자의 질문이 된다. 상상력이 충만했던 판타지의 세계가 문을 닫자, 크리스토퍼 로빈과 크게 다르지 않은 독자들은 금방 다른 일(밀른의 이야기가 다 끝나자 크리스토퍼 로빈이 목욕하러 가 버린 것처럼)에 몰입하면서 "아무 데도 없는 곳"과 "아무 곳"을 마음 깊은 곳에 노스탤지어의 공간으로 각인시킨다.

크리스토퍼 로빈의 공간을 설정하고 그 공간 내에서 크리스토퍼 로빈과 동물들이 행동하고 사고하게 함으로써, 게다가 이 상상의 공간을 해체함으로써 밀른은 그들을 전적으로 통제하는 것처럼 보인다. 그가 이야기를 시작하지 않았다면 백 에이커 숲과 푸우는 없었을 것이기 때문이다. 하지만 크리스토퍼 로빈이 아버지의 말에 따라 교육을 받기 위해 백 에이커 숲을 빠져 나와 학교에 가야만 했던 것과는 달리, 푸우를 비롯한 동물들은 밀른의 손아귀에 잡혀 있지 않고 수시로 그 촘촘한 통제의 그물망을 미끄러져 빠져나간다. 밀른에 의해 창조된 동물들은 스스로 독립적인 존재가 되어 판타지 세계를 지탱한다. 소심하면서 냉소적인 이요르와 무엇이든 쉽게 믿지 않는 의심병에 걸린 토끼, 머리는 텅 비어있지만 언제나 모든 것을 알고 있는 체 하는 올빼미, 아무 때나 수시로 끼어들고 뛰어다니는 눈치 없는 티거(Tiger), 먹을 것만 좋아하는 사랑스럽고 단순한 푸우는 놀이가 위협적이지 않은 영원한 판타지 세계를 지키면서 문자의 세계로 떠나버린 크리스토퍼 로빈을 기다린다. 그들의 무기는 푸우의 꿀단지이며 글자가 지워진 아기돼지의 푯말이고 이요르의 사라진 집이며 철자법과는 상관없이 제멋대로 씌어진 올빼미의 편지이다. 판타지 세계의 뒤죽박죽과 말장난, 한없는 가벼움과 솔직함은 질서와 교육이라는 이름의 가면을 쓴 정돈된 현실 세계와는 다른 시공간, 보다 독립적인 어린이의 시공간을 건설하는 원동력이며 그것을 소멸시키려는 세력에 저항하는 힘이 된다.

인용문헌

Carpenter, Humphrey. *Secret Gardens: A Study of the Golden Age of Children's Literature*. Boston: Houghton, 1985.

Coleridge, Samuel Taylor. *Biographia Literaria or Biographical Sketches of My Literary Life and Opinions*. Ed. James Engell and W. Jackson Bate. 2 vols. Princeton: Princeton UP, 1983.

Hemmings, Robert. "A Taste of Nostalgia: Children's Books from the Golden Age-Carroll, Grahame, and Milne." *Children's Literature* 35 (2007): 54-79.

Honeyman, Susan. "Gingerbread Wishes and Candy(land) Dreams: The Lure of Food in Cautionary Tales of Consumption." *Marvels and Tales: Journal of Fairy-Tale Studies* 21.2 (2007): 196-215.

Hunt, Peter and Millicent Lenz. *Alternative Worlds in Fantasy Fiction*. London: Continuum, 2001.

Lacan, Jacques. *Écrits: A Selection*. Trans. Alan Sheridan. New York: Norton, 1977.

Lurie, Alison. "Back to Pooh Corner." *Children's Literature: Great Excluded*. Volume 2. Ed. Francelian Butler. Storr: Children's Literature Association, 1973. 11-17.

__________. *Don't Tell the Grown-Ups: The Subversive Power of Children's Literature*. Boston: Little, Brown, 1990.
McAfee, Noëlle. *Julia Kristeva*. London: Routledge, 2004.
Manlove, Colin. *From Alice To Harry Potter: Children's Fantasy in England*. Christchurch: Cybereditions, 2003.
Milne, A. A. *The House At Pooh Corner*. New York: Puffin, 1956.
__________. *Winnie-the-Pooh*. New York: Puffin, 1954.
Nikolajeva, Maria. *Aesthetic Approaches to Children's Literature: An Introduction*. Lanham: Scarecrow P, 2005.
Rose, Jacqueline. *The Case of Peter Pan or The Impossibility of Children's Fiction*. London: MacMillan, 1984.
Stanger, Carol A. "*Winnie The Pooh* Through the Feminist Lens." *The Lion and the Unicorn* 11.2 (1987): 34-50.
Thacker, Deborah Cogan, and Jean Webb. *Introducing Children's Literature: from Romanticism to Postmodernism*. London: Routledge, 2002.
Tremper, Ellen. "Instigorating Winnie-the-Pooh." *The Lion and the Unicorn* 1.1 (1977): 33-46.
Wake, Paul. "Waiting in the Hundred Acre Wood: Childhood, Narrative and Time in A. A. Milne's Works for Children." *The Lion and the Unicorn* 33 (2009): 26-43.
Wittgenstein, Ludwig. *Philosophical Investigations*. Trans. G. E. M. Anscombe. 3rd ed. Oxford: Blackwell, 1968.
Wullschläger, Jackie. *Inventing Wonderland: The Lives and Fantasies of Lewis Carroll, Edward Lear, J. M. Barrie, Kenneth Grahame and A. A. Milne*. New York: Free, 1995.

* 이 글은 『현대영미소설』 17권 1호(2010)에 실린 논문이며, 오류 및 문장을 다소 수정하였다.

전래동화 다시쓰기
아동문학의 새로운 도전

1. 전래동화, 동전의 양면

잠자리 머리맡에서 어른들이 들려주는 옛날이야기의 매력에 빠져 본 사람은 많을 것이다. 특히 어린이들은 전래동화를 읽으면서 현실과는 다른 새로운 세계를 맛보고 이 상상의 세계에서 벌어지는 다양한 간접체험을 통해서 성장에 필요한 자양분을 얻는다. 노들만과 라이머(Perry Nodelman and Mavis Reimer)는 이에 대해 "전래동화는 문학적 즐거움을 주는 아주 풍부하고 만족스러운 형식"(313)이기 때문이라고 말한다.

> 새롭고도 오래된 다양한 이야기들에 노출된 아이들은 즐거운 경험들을 많이 접하게 될 뿐 아니라, 전래동화는 이들에게 그 어떤 가치들을 주입하지 않는다. 아이들에게는 선택할 수 있는 많은 이야기들이 있을 것이며 따라서 자신들의 가치를 결정할 더 많은 가능성을 가지게 될 것이다. (313)

다양한 판형으로 재출간되고 변형을 거듭하는 전래동화는 어린이와 어른을 아우르는 폭넓은 독자층을 지니고 그들의 감성에 호소하며 각자 자신만의 가치를 선택하도록 만든다.

그러나 비약적으로 발전하고 있는 근래의 아동문학 시장의 이면에서 끊임없이 전래동화가 갖는 부정적 측면이 언급되고 있다. 전래동화의 긍정적 가치를 믿는 사람들조차 그것이 정형화된 성역할을 공고히 한다는 의심의 눈초리를 거두지 않는다. 권선징악이라는 단순한 구도를 지닌 전래동화가 여성을 마녀나 계모라는 악인의 역할로 정형화시키거나 혹은 왕자의 선택을 기다리는 수동적인 공주의 모습으로 그려내기 때문이다. 이들은 이런 정형화된 인물의 반복과 "신데렐라"류의 이야기들이 아이들의 현실감각을 훼손시키고 쓸모없는 환상을 키워줄 것이라고 염려한다.

원래 전래동화는 어린이만을 대상으로 구연되거나 씌어진 것이 아니다. "옛날 옛적에"로 시작되는 이 옛이야기들은 어린이뿐만 아니라 어른 역시 듣고 즐기는 구전문학이었던 것이다. 구연하는 사람과 듣는 사람에 따라, 혹은 지역에 따라 이야기는 생략되거나 첨가되는 등 다양한 변형이 가해졌다. 최초로 전래동화모음집을 책으로 펴낸 페로(Charles Perrault)는 전래동화를 통해서 어린이들에게 교훈을 줘야 한다는 생각을 갖고 있었기 때문에 가혹한 장면을 생략하려 하지 않았다. 이후에 전래동화를 책으로 엮은 그림형제(the Brothers Grimm) 역시 민담을 수집하여 기록한다는 측면에 관심이 있었지만 잔인한 이야기를 특별히 거르지 않고 여과 없이 수록하였다. 현대의 어른들이 아이들에게 전래동화를 들려주기 꺼려하게 된 이유가 여기에 있다. 어린이의 수준에서 쉽게 받아들일 수 없는 폭력적이며 선정적인 상황의 전개나 정서적인 불안감을 불러일으킬 수 있는 잔인함이 빈번하게 나타나기 때문이다. 『아기돼지 삼형제』(*The Three Little Pigs*)에서 볼 수 있는 늑대의 폭력성, 『신데렐라』(*Cinderella*)의 결말에서 드러나는 잔인함, 『헨젤과 그레텔』(*Hansel and Gretel*)에서 나타나는 어린아이에 대한 학대와 유기 등 만들어진 당시의 특정한 시대적 상황을 반영하고 있는 전래동화가 현대의 어린이들이 읽고 이해하기에 적당하지 않다는 염려는 전래동화를 바라보는 부정적 관점에 힘을 더한다.

이 글에서는 어떤 사회적 배경 속에서 전래동화가 구전되고 구연되어 왔는가를 살펴보고, 동화의 정형적인 인물들이 갖는 한계와 장점을 짚어 볼 것이다. 더불어 전래동화를 각색하고 차용하는 작품들, 다시 씌어지는 작품들을 통해 동화의 새로운 가능성을 탐구해 보고자 한다.

2. 전래동화의 사회적 배경과 그 정형성

전래동화에 빈번히 등장하는 계모와 마녀, 어린이처럼 힘을 갖지 못한 약자의 모습은 단지 상상력의 산물이 아니다. 전래동화 속에서 드러나는 사회의 모습에 주목하면 계모와 마녀라는 존재가 사악한 인간성의 문제가 아니라 사회적 조건의 문제라는 사실을 알게 된다. 전래동화는 현실과 동떨어진 "옛날 옛적"과 같은 먼 과거 혹은 다른 세계를 배경으로 한 것이 아니라 오히려 우리가 살고 있는 "실재의 세계에 뿌리를 두고" (Darnton 34) 있다. 구전되던 전래동화가 활자화되어 책으로 엮어지던 17세기는 기근으로 말미암아 굶어죽는 이들이 많았으며 부모가 너무 가난한 나머지 양육할 수 없어 버려지는 아이들이 많았다. 사람들의 평균수명은 짧았고 질병으로 일찍 죽는 경우도 흔했다. 그렇기 때문에 이 시기에 사별과 재혼은 매우 흔한 현상이었고 "계모는 모든 곳에서 급증" (Darnton 27)할 수밖에 없었다. 계모의 급증은 가정이나 사회에서 영향력을 행사할 만큼 그들의 힘이 커졌다는 것을 의미한다. 가정 내에서의 갈등과 사회적인 빈곤을 해결하려는 노력들은 전래동화에서 과장되고 왜곡되어 그려진다. 특히 하층 계급에게 가장 절실하지만 해결되기 어려운

의식주의 문제는 전래동화 속에서 어린이를 학대하고 버리는 사악한 계모를 만들어냈다. 더불어 노동력이 어른에 비해 상대적으로 떨어지기 때문에 생산시장에서의 가치를 인정받지 못하는 어린이들을 경시하는 시대상이 전래동화에서는 어린이의 유기나 학대, 심지어는 살해로 표현된다. 또한 어린이나 노인, 과부와 같은 약자에 대해 사회가 짊어져야 하는 부양에의 부담감, 지배적인 권력이나 종교의 절대적인 힘에서 벗어나 독립적으로 살아가려는 사람들에 대한 적대감도 전래동화에 녹아들어 있다.

계모에 못지않게 자주 등장하는 인물인 마녀 역시 시대 상황의 산물이다. 16세기 후반 극성을 부리던 마녀재판은 국가권력과 교회가 자신들과 "똑같은 생각과 믿음을 가지기를 거부하는 모든 사람들을 '마녀'로 몰아 공격한" 사건이었다(주경철 179). 마녀로 불리거나 희생되었던 사람들은 노인들, 가난한 자들, 그리고 여성들처럼 대부분 계층구조의 가장 밑바닥 인생을 살고 있는 사람들이었다. 사회의 최하층민이 마녀로 몰리게 된 것은 그들이 가난하고 힘이 없으며 가장 만만한 대상이었기 때문인데 "바로 이런 무기력 때문에, 그들은 사회의 여러 재난과 악의 희생양으로 쉽사리 선택되었다"(르박 204). 사회의 강자인 지배계층이 의도적으로 사회의 약자 계층을 악인으로 몰아버린 이 비정상적인 행위는 수없이 많은 마녀와 계모를 만들어 냈다.

이런 사회적 상황을 배경으로 태어난 계모는 전래동화에서 연약한 어린이, 특히 어린 소녀를 괴롭히는 존재이다. 계모는 "자기를 다듬는 대신 자기를 방해하는 기존 체제의 일부를 거부함으로써 세계를 재편하려 한다"(최기숙 37). 아이들의 다정한 어머니로서가 아니라 한 남자의 아내로서의 역할을 먼저 선택한 계모는 생모가 살아있을 때의 가정을 재현할 수 없다는 것을 안다. 가정 내에서의 권위를 갖기 위하여 계모는 아버지의 권위에 기대어 아이들의 복종을 요구하게 된다. 베텔하임(Bruno Bettelheim)은 계모와 생모를 다른 인물로 설명하지 않는다. 그에 의하면 전래동화에 등장하는 계모는 실제로는 생모의 또 다른 얼굴이다. 아이들은 자신의 부모에게서 긍정적인 가치, 즉 선의 모습만을 발견하기를 원한다. 부모는 아이들을 사랑으로 대하지만 경우에 따라 야단치고 엄하게 가르치기도 하는데 아이들은 이 상황을 자연스럽게 받아들이지 못하고 부모에 대해 거부감을 갖게 된다. 이해하기 어려운 상황에 당황한 어린이들은 자신들의 거부감을 죄의식으로 인식하고 심리적인 혼란상태에 놓인다. 이 때 아이들이 선택하는 방법은 대상을 둘로 나누는 것이다.

> 동일하게, 어머니는 모든 것을 주는 보호자이지만 만일 어린이가 원하는 것을 거절하는 경우 잔인한 계모의 모습으로 변하게 된다.
> … 이렇게 한 사람을 둘로 나누어 선한 이미지를 훼손시키지 않고 보호하려는 것은 많은 아이들에게 지나치게 다루기 어렵거나 이해하기 어려운 관계를 풀어내는 해결책이 된다. 이 방법으로 마치 다섯 살이 채 못 되었을 때 일어난 사건을 기억해 내는 대학생의 경우에서처럼, 모든 모순들이 갑자기 해결된다. (67)

아이들은 어머니의 이미지를 "자애로운 면과 위협적인 면으로 나누어"(Bettelheim 68), 자신이 겪는 심리적인 혼란상태를 계모라는 가상의 존재에 투영함으로써 그 갈등을 해소하려고 한다. 이렇게 가정 내에서 계모로 투영되는 부정적 여성상이 가정 바깥, 즉 사회구조 내에서는 마녀가 되는 것이다.

전래동화에서 악인의 역할을 담당하는 계모와 마녀의 반대편에는 선한 얼굴을 지닌 아버지가 있다. 매정하고 사나운 계모의 횡포를 전혀 알아차리지 못하거나 알더라도 소극적으로 저항하며, 아이들이 극한상황에 내몰릴 때 항상 집을 떠나 있는 아버지는 지극히 착하고 순한 사람으로 그려진다. 베텔하임은 아버지의 역할이 축소되어 무기력하고 약하게 나타나는 이유가 어린이의 심리적인 의존도에 있다고 분석한다. 그는 어머니가 아이들의 삶에서 직접적이고 절대적인 영향을 미치는 반면 "아버지의 의무는 외부세계의 위험으로부터 아이들을 보호"하는 데 있을 뿐이므로 아이들에게는 아버지의 부재가 어머니의 그것처럼 그다지 위협적으로 느껴지지 않는다고 말한다(206).

그러나 베텔하임의 주장은 동화 발생의 역사적, 사회적 측면을 고려하지 않은 것으로 보인다. 그는 전래동화의 발생과 확산의 과정을 전적으로 가족 내에 국한시켜 버린다. 이러한 베텔하임의 분석은 전래동화의 내용이 시대상황을 반영한 사회적 산물이라는 것을 외면하고 있다. 자이프스 역시 베텔하임의 동화분석에 이의를 제기하면서 "베텔하임의 책에서 보이는 가장 큰 약점은 사회언어학적 탐구를 무시하는 것이다"(*Magic Spell* 189)라고 말한다. 그는 베텔하임이 지나치게 심리적 분석에 의존하며 자신의 주장을 뒷받침하기 위해 자의적으로 동화의 인물과 상징들을 해석하고 있다고 비판한다.

전래동화 속의 무력한 아버지는 계모와 마녀의 역할을 수동적으로, 그러나 실은 매우 교묘하게 적극적으로 지지하는 역할을 담당한다. 지배권력의 다른 얼굴인 아버지는 어린이들에 대한 계모와 마녀의 폭력을 방치함으로써 이들을 사회의 테두리 바깥으로 밀어내는 데 성공한다. 중세시대 광인의 예를 들어 "분할과 거부"(a division and a rejection)의 법칙을 말하는 푸코(Michel Foucault)는 "철저히 무시"(149)된 광인들의 언어가 "가면을 쓴"(150) 채로 숨겨진 진실을 폭로했다고 말한다. 마녀와 계모 역시 아버지로 대변되는 권력에 의해 그 정당한 역할을 거부당한 채 분할선 너머의 영역으로 밀려나며 이들의 발화는 받아들여지지 않는다. 그러나 이 선 바깥에서 지배 권력의 의도를 부각시키는 역할을 담당함으로써 이들의 영향력은 오히려 더욱 강화된다. 여성을 마녀나 계모 등의 사악한 존재로 구분지어 놓고 건전한 사회구성원의 경계 바깥으로 내몰아, 아이들로 하여금 언제나 관대하고 선한 아버지에게로 돌아가 행복하게 살도록 만드는 결말은 사회의 기존 권력구도를 유지하고 질서의 틀을 고수하려는 데서 비롯된 것이다. 지배 권력과 가부장제를 지지하려는 이런 숨은 의도를 파헤치고 나면, 계모와 마녀가 단지 아이들에게 교훈을 주고 권선징악이라는 이분법적 가치관을 가르치기 위해 등장한 어두운 존재들이 아니라, 아이들을 갖다버리는 사회제도를 비판하는 역할을 담당하고 있다는 것을 알게 된다. 밝은 빛 아래에 서 있는 남성, 즉 아버지는 어둡고 음침한 존재인 계모와 마녀에게 사회의 악한 역할을 떠맡기는 지배 권력의 얼굴에 다름 아니다. 아버지는 동화 속에서 계모나 마녀에게 적극적인 대항을 하지 못하는 고운 마음씨를 지닌 다소 무기력한 인물로 보이지만, 실제로 그는 이들의 행동을 방임하거나 조장하며 그 결과에서 파생되는 어떤 부작용도 모두 마녀와 계모에게 돌리는 기만적인 지배 권력인 것이다.

무력한 아버지, 마음씨 나쁜 계모, 사악한 마녀, 아이들의 유기라는 구도를 가장 극적으로 잘 보여주는 동화는 『헨젤과 그레텔』(*Hansel and Gretel*)이다. 선하지만 마음 약한 아버지와 마음씨 나쁜 계모가 있다. 착하기만 한 아버지는 얼굴이 고운 계모의 본색을 알아차리지 못한 채 계모의 성화에 못 이겨 눈물을 흘리며 아이들을 숲 속에 버린다. 아이들은 깊은 숲 속을 헤매다 과자집으로 꾀는 사악한 마녀의 함정에 빠져 생명의 위협을 받는다. 그레텔은 위기상황에서 재치를 발휘하여 마녀를 죽이고 헨젤을 구한다. 마침내 집에 돌아온 아이들은 계모는 죽고 선한 아버지가 자신들을 기다리고 있었다는 것을 알게 되며 "영원히 행복하게" 산다. 이 동화에서 마녀와 계모가 동일인물이라는 것은 자명하다. 그레텔이 마녀를 화덕에 밀어 넣어 죽인 이후 계모 역시 그들의 삶에서 사라졌기 때문이다. 헨젤과 그레텔 같은 어린이들이 가정에서 겪은 갈등은 부모에 대한 불신이었다. 절대적인 영향력을 행사하는 어머니에 대한 부담감과 애증은 어머니를 계모로 대치하도록 만든다. 이 분열된 어머니, 즉 계모를 처치한 이후에야 아이들은 그들을 둘러싼 갈등에서 벗어나게 된다. 적극적인 애증의 대상인 어머니와 달리 아버지는 이 동화에서 어떤 역할도 담당하지 않는다. 그는 악인의 역할을 맡은 계모의 말에 따라 자기 자식을 숲에 버린다. 두 번이나 아이들을 깊은 숲 속으로 데려가지만 이 상황을 해결해 보고자 하는 적극적인 노력은 드러나지 않는다. 결국 그는 기근이 가져오는 가난의 짐을 계모에게 떠넘기고 그녀가 나쁜 역할을 담당하도록 묵인하고 부추긴 셈이다. 버려진 아이들은 자신들의 삶을 스스로, 어떤 어른의 도움도 없이 개척해야만 한다.

마녀와 계모가 지배 권력의 기반을 흔드는 존재들에 대한 위협적인 시선을 드러낸다면, 기존권력의 가치관을 답습하도록 만들어진 인물이 바로 공주이다. 처음부터 공주의 신분이건, 혹은 왕자와의 결혼을 통해서 공주가 되건 간에 공주라는 특별히 선택된 지위는 동화 속에서 수동적인 여성상의 정형이 되었다. 아름답고 선한 공주는 결혼 전에는 아버지에게 의존하며 왕자와의 결혼을 꿈꾸고, 결혼 후에는 남편에게 의지한다. 소위 "바람직한 여성상"의 모습을 보여주는 공주는 순수하고 순결한 모습으로 그려지며 아버지와 왕자의 권위에 이의 없이 복종하고 심지어 사악한 왕비의 명령에도 복종한다. 원래는 낮은 신분이었으나 공주로 격상되는 주인공의 경우도 이와 다르지 않다. 그들은 못된 주변사람들의 괴롭힘에도 얼굴 하나 찡그리지 않는 선한 품성의 소유자로, 그 보상으로 왕자를 만나 공주가 되는 것이다.

그러나 전래동화에서 공주라는 지위가 단지 신분상승에의 욕구를 뜻하는 것이 아니라 좀 더 완성된 인격체로의 한 단계 발전을 의미한다는 분석도 가능하다. 백설공주는 계모인 왕비로부터 도망쳐 숲 속에 살면서 공주의 신분과는 어울리지 않는 허드렛일을 한다. 신데렐라는 이름 그대로 재투성이인 채로 잡다한 집안일을 도맡아 한다. 본래의 신분이나 품위에 어울리지 않는 일을 해야만 하는 그들은 이 시련을 통해 자신들의 능력과 가치를 재발견한다. 행상인으로 변장한 왕비를 만날 때마다 백설공주의 대응방법이 달라진다는 것은 그녀가 조금씩 성장해가고 있다는 증거가 된다. 이렇듯 정신적으로나 육체적으로 미숙한 단계에 있는 아이들은 부모로부터 버림받고 집에서 쫓겨나는 고통 속에서 스스로의 노력으로 새로운 단계로 진입하는 주인공을 통해 자신의 인격에 대한 심리적 보상을 얻게 된다.

전래동화의 주인공들과 그들에게 벌어지는 사건들은 그 시대의 가치관을 반영하면서 구전의 과정에서 변형을 거듭해 왔다. 그러나 변치 않는 것이 있다면 주인공들에게 가해지는 시련과 고통, 그리고 극복이다. 선과 악의 구분이 분명치 않는 어린 시절에 선악의 혼재는 아이들에게 두려움을 불러온다. 이를 극복하는 방법 중의 하나는 명확한 선악의 구분이며 이 주제를 선명하게 보여줄 수 있는 것이 전래동화이다. 노들만과 라이머 역시 전래동화의 명확한 선악의 구분이 현실과 동떨어져 있다는 주장에 반대한다.

> 중간이 결여되어 있다는 것은 전래동화를 가혹하게 보이도록 하지만, 실제로는 유토피아적이다. 현실에서의 선과 악의 복잡한 뒤섞임 때문에 일어나는 혼돈 없이, 문제들은 쉽게 이해되고 선택은 명백해진다. 역경은 사회적 불평등이나 전쟁 같은 통제할 수 없는 힘에 의해서라기보다 개인의 특정한 행동의 결과이다. 사람들은 자신들의 문제에 집중하고 심지어 자신의 운명까지도 통제할 수 있을 만큼 자유롭다. (314)

선악이 극명하게 대비되는 세계에서 주인공이 어떤 길을 따라야 할 것인가는 자명하다. 그럼에도 불구하고 아직 성숙하지 못한 주인공은 갈림길에서 갈등을 겪을 수 밖에 없다. 미숙한 자아 때문에 주인공은 실수를 거듭하고 여러 번의 시련을 겪게 되지만 그가 삶에 대한 믿음을 잃지 않은 덕분에 마침내 정의롭지 못한 적에게 승리를 거둔다. 아이들은 이런 주인공과의 동일시를 통해 자신의 미성숙을 깨달으며 간접경험 속에서 현실세계를 헤쳐 나갈 힘을 얻게 되는 것이다.

3. 동화 다시쓰기, 역할에 대한 새로운 해석들

문학정전들이 갖는 일방적인 시각을 거부하고 다양한 해석을 요구하며 다시쓰기를 시도 하는 움직임은 아동문학에서도 예외는 아니다. 특히 전래동화에 대한 다시쓰기의 시도는 매우 다양하고 활발하게 이루어지고 있다. 동화의 기본구조를 유지하면서 이야기를 뒤틀어보는 단순한 패러디부터 등장인물만을 차용하고 전혀 다른 이야기구조를 만들어내는 동화들까지 그 폭은 매우 다양하다. 또한 기존 이야기 구조에서 악한의 역할을 담당했던 인물들을 다른 시각에서 접근하는 경우도 많다. 다시쓰기는 화자를 다양화함으로써 틀에 박힌 이야기 구성의 변화를 꾀하며, 기존 역할구도를 뒤바꿔 놓음으로써 성 정체성에 의문을 갖게 만든다.

말하는 주체와 대상을 바꾸어 놓고 전래동화의 관습적인 시각에 도전하는 대표적인 작품은 셰스카(Jon Scieszka)의 『아기 돼지 세 마리의 진짜 이야기』(*The True Story of the 3 Little Pigs*)이다. 『아기돼지 삼형제』는 세상에 나간 돼지 삼형제가 늑대에게 괴롭힘을 당하고 잡아먹히게 되는 이야기로 늑대는 악, 돼지는 선이라는 구조를 갖는다. 이 돼지 삼형제는

"성장하기 위해 각 단계에서 겪게 되는 투쟁을 의미한다"(Baker 9)고 볼 수 있는데, 이 돼지들 중 미성숙한 두 돼지는 잡아먹히지만, 위기상황에 적절하게 대응한 성숙한 셋째 돼지는 꾀를 써서 늑대를 물리치고 마침내 저녁식사로 늑대를 잡아먹게 된다는 것이 전래동화로서의 결말이다. 전래동화의 화자가 돼지인 반면 『아기 돼지 세 마리의 진짜 이야기』의 경우 이야기를 풀어나가는 화자는 늑대이다. 그는 책의 첫 머리에 이렇게 선언한다.

> 모두들 아기 돼지 삼형제 이야기를 알죠. 적어도 알고 있다고 생각하는 겁니다. 그러나 내가 여러분에게 비밀을 살짝 알려드리죠. 아무도 진짜 이야기는 몰라요. 왜냐면 어느 누구도 내 편에서 이야기를 들은 적이 없기 때문이죠...
>
> 바로 이것이 진짜 이야기랍니다. (1-5)

늑대는 전래동화의 선악구도를 조롱하듯이 독자들의 일방적이고 고정된 관점에 도전장을 던진다. 그는 이 사건의 발단이 자신에게 있지 않으며 따라서 자신에게는 죄가 없다고 항변한다. "진짜 이야기는 그저 재채기와 설탕 한 컵에 관한 거랍니다"(4)라며 이것이 케익을 만들 설탕 한 컵 때문에 벌어진 소동이라고 주장한다. 자신의 정중한 방문을 오해한 어리석은 돼지들이 지레 겁을 먹고 허둥거리다 사고로 죽게 되었다는 늑대의 설명은 뻔뻔하기 그지없다. 게다가 그는 죽은 돼지를 싱싱한 햄에 비유하며 "최고 품질의 햄을 먹지 않고 지푸라기 속에 남겨두는 것은 말도 안 되는 일"(15)이라고 여겼기 때문에 어쩔 수 없이 먹었다고 말한다. 그럼에도 늑대의 이야기가 일방적으로 읽히지 않는 이유는 그가 계속 독자들에게 말을 던지기 때문인데, 이 부분에서도 그는 독자들에게 "커다란 치즈버거가 지푸라기 위에 놓여 있다고 생각해보라"(15)면서 자신의 행동이 정당함을 은근히 내비친다. 물론 늑대의 이야기는 스스로가 결코 선한 자가 아니라는 것을 반증한다. 그러나 이 책을 읽는 아이들은 늑대의 시각에서 바라보는 낯익은 이야기의 낯선 해석을 통해, 그 동안 전래동화에서 자신들이 수동적인 독자였다는 사실을 인지하게 된다.

『아기돼지 세 자매』의 경우는 보다 더 획기적인 다시쓰기를 시도한 작품이다. 결혼적령기에 이른 돼지 세 자매가 금화 한 주머니씩을 들고 세상으로 나가 신랑감을 찾는 것으로 시작되는 이 이야기는 새로운 시대의 가치관을 여실히 보여준다. 첫째 돼지는 가진 돈을 다 털어서 벽돌집을 사고, 둘째 돼지는 가진 돈의 반을 들여서 근사한 집을 산다. 문제는 단지 튼튼한 집을 소유했다는 것이 그들의 삶을 튼튼하게 지켜주는 지지대가 되지 못한다는 데 있다. 이 두 돼지는 돼지로 변장한 늑대에게 속아 잡아먹히고 만다. 반면 셋째 돼지는 늑대의 변장을 알아차리고 오히려 자신이 늑대로 변장하여 돼지로 변장한 늑대를 위협하여 잡아버린다. 이 소문을 들은 남자돼지들이 셋째 돼지와 결혼하기 위해 길게 줄을 서는 장면(가로로 길게 펼쳐진 책의 왼쪽 페이지 끝부터 셋째 돼지의 지푸라기 집이 그려진 오른쪽 페이지 끝까지)은 저절로 미소를 짓게 만든다. 이 동화는 그녀가 "가장 좋은 신랑감을 찾았는지는 아무도 모른답니다"고 끝을 맺는다. 신랑감을 찾아 결혼하려던 세 자매의 여행 목적은 이루어지지 못했으나 자신감을 지니고 환한 미소를 짓는 셋째 돼지의 모습은 결혼이 아닌 인격의 성숙이야말로 세상을 살아가는 데 훨씬 중요하고 가치 있다는 것을 보여준다.

『아기돼지 삼형제』만큼이나 빈번히 다시쓰기 되고 있는 작품은 『신데렐라』이다. 『신데렐라』의 다시쓰기가 양산되는 이유는 그녀가 스스로의 노력보다는 요정이 부린 마법에 힘입어 왕자와 결혼에 이르게 된 매우 수동적인 여성인물의 전형으로 인식되고 있기 때문이다. 따라서 다시쓰기에서 새롭게 부각되는 측면은 신데렐라가 지닌 가능성이다. 즉 그녀를 수동적인 인물에서 능동적인 인물로, 단순한 신분상승을 꾀하는 인물에서 인격적인 성숙을 이루는 인물로 다시 창조하고 있는 것이다.

『신데렐라』의 이야기 틀을 유지하면서도 성격을 바꾸어 다시쓰기한 작품은 잭슨(Ellen Jackson)의 『신더 에드나』(*Cinder Edna*)이다. 이 책의 첫 부분은 두 집안의 딸을 비교하면서 시작된다. 불쌍한 신데렐라는 아침부터 저녁까지 쉼 없이 일하고 계모와 새언니들로부터 구박받으면서 "일이 끝나면... 재 속에 앉아서 자기의 어려움들을 생각"(1)하지만 옆집에 살고 있는 같은 처지의 에드나는 자신의 처지를 비관하거나 한숨만 쉬지 않고 맡은 일을 즐겁게 해내며 적극적으로 살아간다. 왕자의 파티에 가는 모습 역시 대조적이다. 신데렐라는 대모의 도움으로 모든 것을 해결하고 멋진 드레스 차림으로 등장하지만, 에드나는 수수한 옷차림으로 버스를 타고 파티장에 도착한다. "유리구두"를 선택한 신데렐라와 "간편한 신발"(loafer)을 신은 에드나의 삶의 태도는 다를 수 밖에 없다. 겉멋만 부리는 랜돌프(Randolph)와 짝이 되어 혹시 머리가 망가질까 거의 춤을 추지 못하는 신데렐라와 달리 에드나는 전혀 왕자처럼 보이지 않는 루퍼트(Rupert)와 신나게 춤을 추며 파티를 즐긴다. 물론 이 두 쌍의 결혼으로 이야기는 끝을 맺는데 이 이야기에는 전래동화의 상투적인 결말인 "영원히 행복하게 살았습니다"란 없다. 신데렐라는 왕궁에서 따분한 왕비수업을 받고 잘난 체 하는 랜돌프의 끝없는 자기자랑을 들으며 외롭게 살게 되는 반면 에드나는 루퍼트와 함께 버려진 고양이들을 돌보며 자유롭게 살아가기 때문이다. 저자는 오히려 독자에게 "누가 영원히 행복하게 살았는지 맞춰보세요"(29)라고 반문한다.

『신데렐라』의 왕자와 공주를 뒤바꿔 놓고 성역할에 의문을 제기한 재미있는 작품은 콜(Babette Cole)의 『신데 왕자』(*Prince Cinders*)이다. 이

동화의 주인공인 신데 왕자는 빼빼 마르고 못 생긴데다 힘도 약하다. 그에게는 남성다운 외모를 뽐내는 세 명의 형들이 있는데 이들은 신데 왕자에게 허드렛일을 시켜 놓고 공주들과 함께 나이트클럽으로 놀러간다. 허약한 신데 왕자에게 꿈이 있다면 형들처럼 "건장하고 털이 북실북실한"(big and hairy) 남성다운 사람이 되는 것이다. 부엌에 앉아서 빨래를 하고 있는 처량한 신데 왕자에게 견습생 요정이 나타나서는 마법으로 그의 소원을 들어주려 한다. 원하는 대로 그를 "건장하고 털이 북실북실한" 원숭이로 바꾸어주는 것이다. 엉터리 마법으로 벌어지는 소동, 마법이 풀려난 뒤에 마주치는 돈 많은 공주, 신데 왕자가 도망치다 벗겨진 바지 등이 이 동화가 『신데렐라』의 구조를 충실히 따르면서도 성역할의 뒤바뀜을 통해 『신데렐라』의 이야기 구조에 익숙한 독자들에게 상당한 즐거움을 선사한다는 것을 알 수 있다.

이 작품보다 진일보한 콜의 또 다른 작품은 공주의 삶을 보다 주체적으로 묘사하고 있다. 셰익스피어의 「말괄량이 길들이기」("The Taming of the Shrew")의 패러디인 『똑똑이 공주』(*Princess Smartypants*)는 전래동화의 공주를 현대의 시공간으로 옮겨놓고 전래동화의 공주가 보여주는 수동적인 모습을 비판한다. 자잎스(Jack Zipes)는 이 동화가 전래동화의 전통적인 요소를 수정했다고 말한다.

> [이 작품은] 작가와 삽화가가 고전적인 전통을 어린이의 자율성에 도움을 줄 수 있는 방법으로 어떻게 수정했는가를 보여주는 훌륭한 예이다.... 매우 유쾌하며 인습적이지 않은 이미지를 지닌 이 이야기들은 열린 결말을 가지고 있으며, 독자들로 하여금 자신들이 원하는 사람이 될 수 있다는 희망을 품고 독자들의 성 정체성에 대해 다시 생각하도록 만든다. (*Fairy Tale* 147)

자잎스의 지적대로 예쁘고 돈 많은 똑똑이 공주는 전래동화의 공주와 정반대의 인물이다. 그녀는 자신의 취미생활을 즐기면서 독신으로 살기를 원한다. 결혼을 강요하는 부모의 요구를 벗어나려고 공주는 겉만 번지르르하고 머리는 텅 빈 왕자들에게 쉽게 해결할 수 없는 문제들을 맡겨 그들이 스스로 떠나게 만든다. 마지막 남은 구혼자를 두꺼비로 만들어 버린 후 공주는 자신의 애완괴물과 함께 독신으로서의 삶을 즐긴다. 조신하고 수동적인 모습으로 멋진 왕자를 만나 결혼하기를 원하던 전래동화의 공주는 "장래의 남편감을 매혹시키는"(Nodelman and Reimer 321) 대신 적극적으로 스스로의 삶을 계획하고 이를 실천해 나가는 현대의 공주로 탈바꿈한다.

『종이봉지 공주』(*The Paper Bag Princess*)의 경우 역시 전래동화에서 주로 등장하는 공주와는 다른 변화된 모습을 흥미롭게 살펴볼 수 있는 텍스트이다. "비싼 옷"이 가득 찬 성에 사는 아름다운 공주 엘리자베스는 잘 생긴 로날드(Ronald) 왕자와 결혼할 꿈에 부풀어 있다. 어느 날 용이 나타나 그녀의 성과 옷을 불태우고 왕자를 잡아가고 만다. 그녀는 다 타버린 옷 대신 종이봉지를 뒤집어쓰고 왕자를 구하기 위한 모험을 기꺼이 감수한다. 현명하게 용을 물리친 공주에게 감사하기는커녕 왕자는 공주의 험한 모습을 보고 공주다울 것을 요구한다.

> 로날드 왕자였습니다. 그는 공주를 보더니 말했어요. "엘리자베스, 넌 너무 더러워! 탄 냄새가 나는 데다가 머리는 헝클어지고, 더럽고 낡은 종이 봉지를 입고 있다니. 진짜 공주처럼 차려입고 다시 와."
>
> 엘리자베스가 말했지요. "로날드. 네 옷은 정말 멋지고 네 머리도 정말 깔끔하구나. 넌 진짜 왕자처럼 보여. 그렇지만 넌 엉터리야."
>
> 결국 그들은 결혼하지 않았습니다. (21-23)

공주는 자신의 진정한 가치를 알아차리지 못한 채 겉모습에만 집착하는 왕자를 차 버리고 더 넓은 세상으로 즐겁게 달려 나간다. "결국 그들은 결혼하지 않았습니다"라고 끝맺는 문장의 오른쪽 페이지에는 지는 해를 향해 한껏 뛰어오른 종이봉지 공주의 모습이 보인다. 행복한 결혼만이 당연한 결말인 듯 여기는 다른 동화들과는 달리, 이런 열린 결말은 독자들에게 틀에 박힌 사고로부터 벗어날 것을 요구하며 현대의 가치관에 어울리는, 혹은 이를 넘어서는 끊임없는 질문거리를 던진다. 『종이봉지 공주』나 『똑똑이 공주』는 "왕자와 결혼하여 영원히 행복하게 살았습니다"라는 전래동화의 닫힌 결말을 뒤엎고 새로운 인식의 지평을 제공한다.

전래동화에서 계모가 항상 아이들을 괴롭히고 학대하는 모습이었다면 현대의 동화에서는 새로운 가정의 일원이 되기 위해 아이들을 품어주는 따뜻한 인물로 그려진다. 『평범하고 키 큰 사라』(*Sarah, Plain and Tall*)는 죽은 엄마를 그리워하는 아이들의 정서를 세심하게 살피고, 아내의 빈자리를 느끼며 어쩔 줄 몰라 하는 남자를 보듬을 줄 아는 계모가 등장한다. 저자인 머클라클런(Patricia MacLachlan)은 자신이 계모에 대한 이야기를 특별히 쓰려고 의도한 것은 아니었다며 이 책을 계모에 대한 새로운 해석으로 여기는 반응에 놀랐다고 말한다. 이는 전래동화에서 보여주던 계모에 대한 고정된 인식이 얼마나 뿌리깊은지 보여주는 반증이라 하겠다.

어머니의 영향력을 보다 확대시켜 전래동화의 다시쓰기를 시도한 작가는 카터(Angela Carter)이다. 그녀가 쓴 「피투성이 방」("The Bloody Chamber")은 「푸른 수염」("Bluebeard")의 이야기 구도를 가져와 가난하고 힘없는 여성과 부자이며 권력을 지닌 남성을 극단적으로 대비시킨다. 그녀는 페로가 의도한 교훈의 틀을 버리고 오히려 이를 조롱한다. 카터가 고쳐쓰기를 시도한 이 작품은 남편이 자행하는 폭력이 소녀가 지닌 무분별한 호기심의 결과물인 듯한 정당성을 부여하지 않는다. 전래동화에서는 호기심 많은 주인공을 오빠들이 구하려 달려오지만, 카터의 작품에서는 어떤 어려움이라도 물리칠 듯 자식에 대한 사랑으로 가득 찬 어머니가 그녀를 구하러 온다. 어머니가 작품의 마지막에 보여주는 역동적인 힘은 무시무시한 폭력이 지닌 잔인성을 압도한다. 닛쉬키(August Nitschke)는 동화에서 죽은 어머니가 어떤 형태로든 자식들을 돕는 존재라는 점에 주목하면서 "여성들은 희생되었지만 나무나 동물의 모습으로 다시 살면서 아이들이 성장하도록 도움을 줄 수 있었다. 삶은 연속적으로 영원히 계속된다"(Zipes, *Magic Spell* 194에서 재인용)고 분석한다. 어머니의 죽음은 단지 소멸이 아니라 다른 형태로서의 삶이다. "사랑과 상호적인 자기존중은 어머니의 중재를 통해서 완성된다"(194)고 말하는 닛쉬키는 여성이 사회의 중심에 서서 그 사회를 양육하고 지속시키는 데 도움을 준다고 지적한다.

이렇듯 전래동화의 패러디 작품들은 착한 남편을 속이고 아이들을 학대하며 갖다 버리는 계모를 자애로움과 뜨거운 모성을 지닌 어머니로, 왕자와의 결혼을 꿈꾸는 수동적인 공주를 자신의 삶을 사랑하고 적극적으로 삶의 계획을 세우며 결혼에 연연하지 않는 주체적 여성으로 재현한다. 새롭게 쓰이는 현대의 동화에서도 역시 여성을 더 이상 수동적으로 그리지 않는다. 가정에서의 여성의 역할을 수동적인 대상에서 적극적인 자아실현의 주체로 바꾸어 놓은 현대의 대표적인 동화 중 하나는 브라운(Anthony Browne)의 『돼지책』(*Piggybook*)이다. 표지에서 엄마는 장밋빛 뺨을 지닌 권위적인 가장과 그를 빼어 닮은 두 아들을 힘겹게 업고 서 있다. 아침부터 저녁까지 혼자서 가족의 뒤치다꺼리를 하던 엄마는 "너희들은 돼지야"라는 편지 한 장을 남겨놓고 집을 나간다. 엄마가 집을 나간 후 남편과 아들들은 정말 돼지가 되어버린다. 우울한 분위기의 단색으로 그려진, 표정이 드러나지 않던 엄마의 얼굴은 아버지와 아들들이 권위적인 모습에서 벗어나자 환하게 변한다. 엄마가 집을 나간다는 다소 충격적인 사건은 돼지가 된 가족들의 행동과 돼지의 모습을 띤 집안 곳곳의 물건들, 창 밖에 어른거리는 늑대의 그림자를 찾아보는 재미있는 설정으로 상쇄된다. 이어 남편과 아들들이 집안일을 돕고 이를 즐거워하는 장면 뒤에는 자동차를 고치며 행복해하는 엄마의 미소가 보인다. 독자들은 가사노동이 여성만의 몫인가, 남성과 여성의 일은 구분되어 있는가를 생각해 보며 고정적인 성역할이 따로 있는 것이 아니라는 점을 인식하게 된다.

브라운이 쓴 또 하나의 동화인 『터널』(*Tunnel*)은 여러 나라의 민담에서 흔한 소재로 등장하는 형제, 자매간의 갈등을 주제로 한 그림책이다. 이 둘의 갈등과 화해의 과정이 터널이라는 장소를 매개로 그려지고 있는데, 화해를 주체적으로 이끄는 인물은 여동생이다. 여동생을 늘 괴롭히던 말썽꾸러기 오빠는 말리는 여동생을 뿌리치고 어두운 터널로 들어간다. 밖에서 기다리던 여동생은 돌아오지 않는 오빠가 걱정되어 어둠에 대한 두려움을 무릅쓰고 터널로 들어가게 되고 기괴한 모습의 나무들이 음침하게 서 있는 어두운 숲 속에서 돌로 변한 오빠를 발견한다. 너무 늦었다고 슬퍼하며 흘리는 여동생의 눈물에 돌이 녹아 오빠는 다시 살아난다. 이는 마녀에게 잡혀 죽음의 위기에 처한 오빠 헨젤을 구하기 위해 마녀를 화덕에 밀어 넣는 용감한 여동생 그레텔의 현대판이라 할 수 있다.

전래동화의 단순한 재생산에서 다양한 관점과 열린 결말을 지향하는 패러디로 발전한 동화들은 새로운 영역으로 그 세계를 확장시켜 나간다. 아프리카계 미국인이나 아시아계 미국인 작가들은 그들의 선조가 살던 지역이나 나라의 설화를 동화로 그려냄으로써 영미문화나 유럽문화를 편식하며 반복 재생산하기만 했던 시장에 새로운 활력을 불어넣고 있다. 대표적인 예는 푸에르코 인디언 설화를 강렬한 그림과 곁들여 소개한 맥더모트(Gerald McDermott)의 『태양으로 날아간 화살』(*Arrow to the Sun*)

이다. 부족탄생설화를 엮은 이 동화는 단지 설화의 소개에 그치지 않고 그 부족의 철학과 자존심, 문화적인 감각 등을 훌륭히 전달해 준다. 머스그로브(Margaret Musgrove)가 글을 쓰고 딜런 부부(Leo and Diane Dillon)가 그림을 그린 『아산티부터 줄루까지』(*Ashanti To Zulu: African Traditions*)는 아프리카 대륙에 살고 있는 원주민들의 삶과 문화를 알파벳 순서에 따라 소개한다. 갈색조의 그림들은 원주민들의 피부색과 적절히 어울려 그들의 문화가 지닌 가치와 힘을 충분히 경험하도록 도와준다.

자잎스는 시대상을 반영하는 전래동화의 다시쓰기 움직임에 대한 다양한 분석을 시도하면서 카터나 앳우드(Margaret Atwood), 욜런(Jane Yolen) 등이 새로 쓰는 전래동화 작품의 의미를 다음과 같이 설명한다.

> [그들은] 고전적인 전래동화 서사의 관습을 깨뜨린다. 서구 문화에서 정전으로 형성되어 온 특권화된 서사에 대한 독서를 변화시키고자 하기 때문이다. 그러나 포스트모던적으로 수정한다는 것은 그들이 조각조각 깨뜨린 전래동화를 새로운 이야기로 다시 조립하는 것이 아니다. 오히려 그들은 전래동화의 교묘한 술책을 폭로하고 우리로 하여금 다른 방법으로 이야기를 만들고 관망할 수 있다는 것을 깨닫게 만든다. 포스트모더니스트들의 전래동화의 끝은 닫힘이 아니라 열림이며, 회복이 아니라 차별화이며, 새로운 규준의 건설이 아니라 모든 규준에 의문을 제기하는 데 있다. (*Fairy Tale* 157-58)

정해진 틀을 넘어서려는 노력과 더불어 새롭게 씌어지는 동화들은 이제 고정적인 성역할을 답습하지 않는다. 또한 특정한 주류문화의 복제 재생산에만 주력하지도 않는다. 공주와 마녀에서 자신의 삶을 주체적으로 계획하는 독립적인 인간으로, 주류의 문화에서 주변의 문화로, 동화의 세계는 다시쓰기를 통해 낡고 고정적인 가치관에 도전하며 다양한 관점을 펼쳐 보이고 있다.

4. 아동문학의 "열린 결말"을 위하여

전래동화의 이야기 구조에서 가족집단은 갈등을 일으키면서도 동시에 해결을 가능케 하는 장소이다. 아이들은 다른 사회구성원과의 관계를 맺기 전에 가족 내에서 기초적인 관계설정을 배운다. 그들은 이곳에서 인간관계의 중요성을 배우고, 부모와의 갈등을 경험하면서 갈등의 양상과 그 해결에 대한 인식의 폭을 넓혀 나간다. 아이들은 이렇게 갈등을 겪고 해결하는 과정을 통해서 사회에 나갈 힘을 얻는다. 그러므로 전래동화를 어른독자들의 우려에 따라 어린이에게 맞게 각색하는 것은 어린이들에게서 고통스러운 상황에 대면하여 이를 극복하는 간접경험의 기회를 빼앗아 갈 수 있다는 점을 생각하지 않을 수 없다. 노들만과 라이머 역시 이런 검열이 적절하지 않다고 말한다.

> 어른들은 아이들을 보호하기를 원하기 때문에 아이들을 위해 어른들이 쓰는 문학은(그리고 그들이 다시쓰는 전래동화는) 불안정한 아이디어와 사건들을 빼버리는 경향이 있다. 그러한 검열은 문학의 기본적인 즐거움과, 실제로 고통을 겪지 않고 고통스러운 환경을 경험하는 기회를 아이들로부터 빼앗는다. 그리하여 실제의 삶에서 그것들을 다루어 보기 전에 어려운 상황과 감정을 연습해보는 기회를 빼앗는 것이다. (313)

아이들이 모든 지식을 현실에서의 직접경험으로 얻을 수는 없다. 그들이 직접 경험하기 어려운 것들은 이야기 속의 간접경험을 통해 얻어내기 때문이다. 따라서 이야기를 지나치게 각색하여 "어린이용"으로 만드는 것은 또 다른 전형적인 틀을 만들어 내는 것과 다르지 않을 것이다.

전래동화가 지나치게 폭력적이며 선정적이고, 남녀간의 성역할을 고착화시켜 아이들의 인성에 좋지 않은 영향을 미친다는 부정적 평가는 어린이들을 교육의 대상으로만 바라보는 인식에서 비롯된 것이다. 전래동화에서 드러나는 폭력은 가혹하게 보이지만 결코 악이 이기지는 않는다. 이 폭력을 이겨내는 아이들의 모습을 통해서 강자의 폭력성에 대한 비판뿐만 아니라 약자의 잠재력에 대한 믿음 역시 읽어낼 수 있다.

어른들은 문학에 내재되어 있는 도덕과 예절을 어린이에게 가르쳐야 한다는 교육자적 사고에서 쉽게 벗어나지 못한다. 이 때문에 아동문학은 문학으로서가 아니라 좀 더 세련된 교과서 같은 것으로 인식되어 왔던 것이 사실이다. 아직도 어른독자들이나 일부 작가들은 어린이에게는 고통과 폭력이 배제된, 꿈과 순수함으로 가득 찬 아름다운 세상을 보여주어야 하며 "영원히 행복하게 살았다"는 행복한 결말을 제시해야 한다고 믿는다. 이런 믿음 때문에 현대에도 여전히 교훈으로 가득 찬, 정보를 제공하는 작품들이 양산된다. 더구나 아동문학에 대한 연구가 "연구의 일차적 소재를 아동 문학에 두지 않고 아동 독서에 두고"(Nikolajeva 15) 있기 때문에 어린이 교육이라는 한계에서 벗어나지 못한다. 그러나 모든 동화가 교훈을 지니며 아이들은 그 교훈에 집중해야 한다는 사고는 아이들의 상상력과 창의력을 심각하게 제한하는 일이며 아동문학의 범위를 한계 짓는 일이다.

노들만과 라이머는 "텍스트에 대항해서 읽을 자유"를 언급하며 "책읽기란 받아들여야 할 대답이 아니라, 계속 생각해야 할 질문의 원천이다"라고 말한다(36). 전래동화를 읽는 것은 당시의 시대상황을 반영한 사건들과 인물들을 수동적으로 받아들이는 것만을 의미하지는 않는다. 전래동화는 복제되고 수정되는 과정 속에서 "전복적"이 될 수 있기 때문이다(Zipes, *Fairy Tale* 8). 원작의 단순한 복제는 재창조가 지니는 가능성과 상상력을 훼손시키는 일이겠지만 창조적인 수정은 고정적인 패턴에 대한 도전이자 새로운 관점에의 노력이다.

현대의 독자들은 더 이상 전래동화의 수동적 수용자가 아니다. 이들은 시대의 가치관과 공동체의 요구에 따라 변형되는 이야기들에 적극적으로 반응하는 능동적인 해석자이다. 동일한 텍스트가 시대에 따라 다른 시각으로 읽혀지며, 다른 관점에서 다시 씌어질 수 있다는 사실은 전래동화를 비롯한 아동문학이 결코 닫힌 결말로 남아있지 않고, 무수히 많은 열린 결말에의 가능성을 담지하고 있음을 시사한다. 아동문학을 교육과 교훈이라는 틀 속에 가두지 않는 일, 어린이뿐만 아니라 어른 역시 "편안함과 즐거움을 위해서 어린이의 책으로 항상 되돌아간다"(Wullschläger 211)는 점을 인식하는 일, 현대 아동문학에서 일어나는 변화를 감지하는 일 등은 아동문학의 올바른 자리매김을 통해 그 범주를 확장시키는 중요한 디딤돌이 될 것이다.

인용문헌

브라이언 P. 르박. 『유럽의 마녀사냥』. 김동순 옮김. 서울: 소나무, 2003.

주경철. 『신데렐라 천년의 여행』. 서울: 산처럼, 2005.

최기숙. 『어린이 이야기, 그 거세된 꿈』. 서울: 책세상, 2001.

프레데릭 스테르. 『아기돼지 세자매』. 최윤정 옮김. 서울: 파랑새어린이, 1999.

Bates, Charles. *Pigs Eats Wolves: Going into Partnership with Your Dark Side.* St. Paul: Yes International P, 1991.

Bettelheim, Bruno. *The Uses of Enchantment: The Meaning and Importance of Fairy Tales.* New York: Vintage, 1989.

Browne, Anthony. *Tunnel.* London: Walker, 1989.

________________. *Piggybook.* London: Walker, 1986.

Carter, Angela. *Burning Your Boats: Collected Short Stories.* New York: Vintage, 1995.

Cole, Babette. *Prince Cinders.* London: Paperstar, 1987.

___________. *Princess Smartypants*. London: Paperstar, 1986.

Darnton, Robert. *The Great Cat Massacre: And Other Episodes in French Cultural History*. New York: Vintage, 1984.

Foucault, Michel. "The Discourse on Language." *Critical Theory Since 1965*. Ed. Hazard Adams and Leroy Searle. Florida: UP of Florida, 1986. 148-62.

Jackson, Ellen. *Cinder Edna*. Illus. Kevin O'Malley. New York: Mulberry, 1994.

MacLachlan, Patricia. *Sarah, Plain and Tall*. New York: Harper, 1985.

Marshall, James. *Hansel and Gretel*. London: Puffin, 1990.

McDermott, Gerald. *Arrow to the Sun*. New York: Puffin, 1974.

Munsch, Robert. *The Paper Bag Princess*. Toronto: Annick, 1980.

Musgrove, Margaret. *Ashanti To Zulu: African Tradition*. Illus. Leo and Diane Dillon. New York: Puffin, 1979.

Nikolajeva, Maria. *Children's Literature Comes of Age: Toward a New Aesthetic*. New York: Garland, 1996.

Nodelman, Perry and Mavis Reimer. *The Pleasure of Children's Literature*. 3rd ed. Boston: Allyn, 2003.

Scheszka, Jon. *The True Story of the 3 Little Pigs*. New York: Puffin, 1989.

Wullschläger, Jackie. *Inventing Wonderland: The Lives and Fantasies of Lewis Carroll, Edward Lear, J. M. Barrie, Kenneth Grahame and A. A. Milne*. New York: Free, 1995.

Zipes, Jack. *Breaking the Magic Spell: Radical Theories of Folk and Fairy Tales*. Lexington: UP of Kentucky, 2002.

_________. *Fairy Tale as Myth Myth as Fairy Tale*. Lexington: UP of Kentucky, 1994.

* 이 글은 『영어영문학21』 19권 2호(2006)에 「전래동화 다시쓰기: 어린이문학의 새로운 도전」이라는 제목으로 실린 논문이며, 오류 및 문장을 다소 수정하였다.

흐려지는 경계와 확장되는 상상력
앤서니 브라운의 그림책

1. 그림책의 시각적 서사와 언어적 서사

그림책을 읽을 때 그림이 보여주는 시각적 서사는 언어적 서사만큼 중요한 역할을 한다. 그림책에서 그림이 글만큼, 때로는 글보다 많은 것을 이야기하는 까닭이다. 그래서 그림의 표면을 보는 사람과 그림 이면의 세계를 보는 사람은 동일한 그림책을 보고 있다고 해도 각각 매우 다른 감상을 하는 셈이다. 언어적 서사에 얽매여 그림을 단지 글의 보조수단으로만 바라볼 때 그림들은 이야기의 배경 이상이 되지 않는다. 그러나 시각적 서사가 말하고 있는 것을 읽어낸다면 그림은 또 다른, 보다 중층의 이야기를 들려줄 것이다. 글이 그림보다 더 많은 것을 말하거나, 혹은 그림이 글이 말하지 않는 내용을 전달하는 그림책의 경우 문자 텍스트에 치우쳐서 글만을 읽는다면 그림이 담는 중요한 의미들을 읽어낼 수 없고 반대로 그림에만 치중한다면 글이 전달하는 메시지를 알아차릴 수 없다. 글을 먼저 읽는 사람들에게는 그림이 보이지 않는데, 니콜라예바(Maria Nikolajeva)와 스캇(Carole Scott)은 "삽화를 단지 장식적인 것으로 생각하고 전체를 무시하기 때문에 어른들은 이런 방법으로 그림책을 읽는 능력을 잃어버렸다"고 설명한다(2). 그림책의 작가들은 이 중요한 사실을 알고 있는 사람들로, 그림을 읽을 수 있는 독자와 작가들 사이에는 그림을 매개로 하는 특별한 관계망이 형성된다.

그림을 먼저 읽는 어린이독자의 눈은 문자를 먼저 읽는 보통 어른독자들의 눈과 달리 매우 예민하다. 그림 속의 사소한 움직임과 변화, 예를 들어 주인공 주변을 날아다니는 나비 한 마리, 이리저리 방 안을 달려 다니는 작은 생쥐의 움직임을 어른보다 먼저 읽어낸다. 아이들이 그림을 읽는 방법은 거의 본능적인데 "알파벳을 아직 배우지 않았거나 갓 배운 아이들이 언어 텍스트에 고착된 성인들보다 더 노련하게 그림 텍스트를 읽는 경우가 종종 있다"고 틸레는 말한다(83). 언어적 서사에 집중하는 어른들이 문자의 세계, 상징의 세계에서 정확한 해석을 찾아 헤맬 때 아이들은 그림이 만들어내는 상상의 세계에서 매우 다양한 방법으로 여러 겹의 결을 지닌 그림들을 자신들만의 언어로 해석해내는 것이다.

일반적으로 그림책은 문자를 읽지 못하는 유아들을 위한 책이며, 문자와 그림은 각각을 설명한다고 여겨진다. 어린이를 위한 최초의 그림책이라 불리는 코메니우스(Johann Amos Comenius)의 『눈에 보이는 세계』(*Orbis Sensualium Pictus, Or the Visible World* [1658])는 다양한 사물과 이치를 그림으로 설명하는데, 그림사전 형식으로 되어있는 이 책에서 그림은 페이지 하단에 나열된 사물의 이름들을 충실히 보여준다. 이렇게 그림과 문자가 일대일로 대응하는 그림책에서는 문자가 없어도 이야기의 전체 맥락을 이해하는 데 아무런 문제가 없다. 문자와 그림은 밀접한 관련성을 지닌 채 일종의 중복, 혹은 반복의 역할을 하기 때문이다.[1)] 하

1) 단어와 이미지 사이에 일어나는 상호작용의 유형에 대한 니콜라예바의 설명에 따르면, 단어와 그림이 기본적으로 동일한 이야기를 반복해서 말하는 대칭적(symmetrical) 유형, 단어와 그림이 서로 이야기를 보충하고 불충분한 것을 보완

지만 이런 경우에 그림책의 그림이 만들어내는 틈새는 보이지 않는다. 그림이 만들어내는 틈새란 문장이 말하지 않는 것, 혹은 문장이 말하지 못하는 것을 의미한다. 즉 글과 그림은 일대일로 대응하는 것이 아니라 긴장 상태를 유지하면서 서로 다른 정보를 제공하거나 혹은 전혀 반대의 정보를 제공하기도 한다. 오로지 그림책의 그림을 들여다보는 독자만이 글과 그림의 간극에서 생기는 틈새를 알아볼 수 있다. 그림책이 매력적인 독서경험이 되는 이유는 이 틈새를 통해 그림이 문자화되지 않는 이야기를 들려주기 때문이다.

영국의 대표적인 그림책 작가인 앤서니 브라운(Anthony Browne)의 그림책 속에는 역사와 문화, 상상력과 현실이 기묘하게 얽혀있으며, 이런 복잡한 연결망이 아이와 어른의 과거와 현재, 미래를 담아낸다. 이 글에서는 『꿈꾸는 윌리』(*Willy the Dreamer*), 『돼지책』(*Piggybook*), 『터널』(*The Tunnel*)을 중심으로 브라운의 그림책이 다른 문학텍스트를 포함한 다양한 매체와 어떻게 밀접하게 얽혀있는지 고찰하고, 그가 그림책 속 글과 그림의 틈새를 통해 말하는 다양한 주제들을 연구한다.

2. 그림책의 이야기 전략과 읽기 전략

다른 모든 문학작품과 마찬가지로 그림책에서도 작가가 전달하려는

하는 보충적(complementary) 유형, 그림이 말로 하는 이야기를 강화하거나 단어가 그림을 확장시켜 서로 다른 정보가 보다 복잡한 의미를 만들어내는 강화(enhancing) 유형, 단어와 그림이 상이한 이야기를 하면서 새로운 의미를 창출해내는 대위(counterpointing) 유형, 그리고 단어와 그림 사이의 긴장이 너무 강하고 다른 방향의 이야기를 하며 이야기가 모호하고 이해하기 어렵게 되는 모순(contradictory) 유형이 있다(226).

주제를 읽어내는 독자의 역할은 매우 중요하다. 작가가 패러디하고 변용한 글이나 그림을 독자가 알아차리지 못한다면 많은 부분은 읽혀지지 않은 채로 남게 된다. 브라운의 그림책은 독자로 하여금 규정된 경계 너머의 바깥을 탐색하도록 만들어준다. 독자는 단일한 이야기나 고정된 틀 대신, 두 개 이상의 이야기나 유동적이고 변형된 틀이 만들어내는 상호텍스트성을 통해서 경계의 바깥을 탐색한다. 글이 규정하는 바깥, 쓰인 문자텍스트의 바깥을 그림이 탐색하고, 그림을 통해 만들어지는 상상력이 그림의 바깥을 탐색한다. 이 때 그림책 내의 글과 그림의 관계뿐 아니라 그림책 바깥의 맥락 역시 매우 중요한 해석의 열쇠이다.

아이들을 위한 많은 책들이 다른 문학작품을 인용하거나 비유적으로 사용하며, 문학 외적인 자원들을 차용하기도 하는데, 독자가 적극적으로 독서에 참여하고 능동적으로 해석하는 경우에 작품 내에 은유된 내적, 외적 재료들을 더욱 많이 찾아낼 수 있다. 독자의 역할에 대한 기대는 상호텍스트성(intertextuality)과 관련된 것으로, 크리스테바(Julia Kristeva)는 바흐친(M. M. Bakhtin)의 "대화"(dialogic) 개념을 빌려와 이것을 "상호텍스트성"이란 용어로 재정의한다.[2] 그녀가 말하는 상호텍스트성은 "하나의 기호체계에서 다른 기호체계로 전위(transposition)"되는 것으로, 이 때 대상물은 단일하거나 완벽하지 않고 대신 복수적이고 조각조각 부수어져 있다(Kristeva 59-60). 니콜라예바(Maria Nikolajeva) 역시 상호텍스트성에 대해 "문학을 완벽한 텍스트의 정적인 시스템으로 보지 않고 움직임

2) 바흐친(M. M. Bakhtin)은 문학과 예술은 끊임없는 "대화"(dialogic), 혹은 언어적 다양성을 의미하는 "헤테로글로시아"(heteroglossia)를 통해 만들어진다고 말한다(291). 한 작품이 다른 작품 혹은 다른 배경과의 관련성을 맺는다는 상호텍스트성을 적용하며 작품을 읽을 때 이것은 "이미지와 영상들, 사회적, 문화적 맥락, 읽고 보고 말하고 쓰고 생각하는 주체들과 언어 그 자체를 포함한다"(Wilkie-Stibbs 168).

으로 본다"고 설명한다(36). 대상물이 완결된 통일성을 보이는 것이 아니며 단일한 층으로만 해석되는 것이 아니라면, 대상물이 지닌 빈틈을 읽어내고 중층의 의미를 파악하며 부수어지고 해체된 조각들을 해석하는 것은 독자의 몫이다. 독자의 독서경험뿐 아니라 상상력에 기반한 능동적 독서행위를 통해 여러 층위에서 조각조각 부수어져 있는 대상물을 읽어내려는 독자들은 "주어진 텍스트 바깥에 있는 다른 '현실들'(realities)의 존재를 알아차리게"(Nikolajeva and Scott 227) 되는 것이다.

글과 그림의 상호관계, 작품과 이 작품을 둘러싼 맥락의 밀접성을 말하는 데 있어서 브라운의 책은 다른 어느 작가의 작품들보다 긴밀하면서도 낯선 느낌을 준다. 글은 그림을 설명하고 사건을 서술하지만, 글이 갖는 한계를 정작 뛰어넘는 것은 그림이다. 글이 평이한 사건을 설명하고 인과관계를 서술하는 데 치중한다면, 그림은 글의 내용을 보여주면서 동시에 저만큼 달아나 버린다. 많은 경우 그림책에서 그림은 "'가장 단순한 것'조차도 복잡한 해석기술을 요구한다"(Hunt 8). 브라운의 그림에는 결코 문자 텍스트만으로는 알아차릴 수 없는 독특한 세계가 존재한다. 이런 독특한 그림 세계는 글의 보조수단으로서의 그림이라는 틀을 벗어던지고 거미줄처럼 얽힌 다양한 바깥 세계로의 연관성을 드러내면서 그림만의 독자적인 세계로 독자를 초대한다. 특히 브라운은 그림을 통해 의식의 세계를 무의식의 세계와 연결 짓는다. 루이스(David Lewis)는 브라운의 그림이 텍스트와 독자를 모두 교란시킨다고 말하면서 "불확정성과 의문이 제시되고 이야기는 해석에 열려있다"(66)로 설명한다. 브라운은 현상을 있는 그대로 재현하지 않으며, 왜곡되고 변형된 현상을 그림으로써 현상 저 깊은 곳의 어두운 무의식의 심연을 자꾸만 그림 표면에 띄워놓는다. 그래서 때로는 아무런 연결고리도 없는 것만 같은 그림들이 결국은 한 사람의, 그리고 모든 사람의 무의식의 심연에 가라앉아 있다는 것을 알게 된다.

1) 현실과 판타지의 경계선에서 꾸는 꿈: 『꿈꾸는 윌리』[3)]

『꿈꾸는 윌리』는 글과 그림의 관계를 면밀히 관찰하고 그림이 만들어 내는 틈새를 숙고할 수 있는 브라운의 대표적인 작품 중의 하나이다. 윌리(Willy)의 꿈을 다루는 이 작품은 크게 두 부분으로 나눌 수 있는데, 꿈이라는 것이 미래의 소망과 잠잘 때 꾸는 꿈이라는 이중의 의미가 있는 것처럼 전반부는 어린 윌리가 어른이 되었을 때 되고 싶은 여러 가지 소망에 대한 이야기이고 후반부는 프로이트(Sigmund Freud)가 말했듯이 무의식의 반영인 꿈의 이야기이며, 이 둘의 내용은 절묘하게 섞여 있다.

그림책의 경우 이야기는 대개 표지에서부터 시작되며 심지어 속표지(이른바 엔드페이퍼)까지도 이야기의 일부분인데, "서사는 실제로 표지에서 시작하며, 마지막 페이지를 넘어 뒤표지까지 연결될 수 있다"(Nikolajeva 241). 문자텍스트에 집중하는 독자들이 가장 간과하기 쉬운 부분이 바로 표지와 속표지이자만, 그림책 작가들은 보통 표지와 속표지를 이용하여 이야기의 전체적인 흐름을 보여주거나 사건의 시작에 대한 실마리를 제공하기도 하고, 어떤 작가는 헌정페이지까지도 이야기의 일부분으로 만들기도 한다. 『꿈꾸는 윌리』 역시 문자텍스트가 시작되기 이전의 표지와 속표지가 이야기의 많은 부분을 예측하기 만든다. 표지 그림에서 윌리는 바다 위 공중에 떠 있는 소파에 비스듬히 앉아 미소를 짓는다. 분홍색 소파의 위쪽은 푹신하게 보이지만 아래쪽은 마치 돌덩이처럼 그려져 있다. 날 수 없는 소파는 하늘에 떠 있으며 바다 속에는 바나나 물고기가 헤엄

3) Anthony Browne. *Willy the Dreamer* (London: Walker, 1997). 이하 『꿈꾸는 윌리』에 대한 설명과 인용은 이 책을 사용한다.

치고 바나나 등대가 바다를 밝힌다. 바다에 떠다니는 배의 선체 역시 노란 바나나이다. 독자들은 표지의 비현실적인 그림들을 보면서 이 이야기가 결국 하나의 꿈일 수 있다는 것을 생각하게 된다. 현실에서 소파는 결코 떠오를 수 없으며 바나나로 된 물고기도 없기 때문이다. 게다가 표지 그림은 액자 모양의 틀 안에 그려져 있는데, 오른쪽 아래의 액자 틀 바깥으로 바닷물이 넘치고 물고기들이 뛰어오른다. 마치 액자 속의 그림이 액자 바깥의 현실로 뛰쳐나오는 듯하다. 이렇게 현실과 환상의 경계는 표지에서부터 모호하게 제시된다.

표지를 넘기면 더욱 독특한 그림이 속표지에 등장한다. 이젤에 놓인 검은 도화지에 고릴라의 얼굴, 파란 표지의 책, 분홍빛 소파, 그리고 노란 바나나가 그려져 있는데, 각각의 사물을 설명하는 단어들이 매우 엉뚱하게 연결되어 있다. 고릴라 그림에는 '보트', 책 그림에는 '신발', 소파 그림 아래에는 '깃발'이라고 씌어있고, 바나나만 '바나나'라는 단어가 제대로 씌어있다. 표지 그림을 통해서 현실인지 환상인지 모를 윌리의 꿈의 상태를 보여주는 브라운은 이 어울리지 않은 단어와 그림의 조합으로 새로운 세계, 낯선 세상으로 독자가 입문한다는 것을 시각화한다. 그는 이 기묘한 조합을 통해 언어의 사용에 대한 약속과 기호에 대한 불신을 제기한다. 기호란 사회구성원 간의 약속에 지나지 않으며, 기호를 새롭게 규정함으로써 현실의 규칙을 일시적으로 혹은 지속적으로 깨뜨릴 수 있다. 물론 이런 깨뜨림은 실은 현실의 규칙을 강조하기 위한 것이다. 언어의 약속에 대한 새로운 규칙의 설정은 환상에서나 가능한 것이기 때문이다. 비트겐슈타인 역시 "언어는 미로"(82)라고 말하는데, 다시 말해서 언어는 사용자끼리의 약속이며, 그 의미는 시점과 맥락에 따라서 달라질 수 있다.

당신이 당신에게 매우 낯선 언어를 사용하는 미지의 나라로 탐험하러 왔다고 가정하라. 당신은 어떤 상황에서 그곳의 사람들이 명령을 하고, 이를 이해하며 복종하고, 명령에 반항하는지 등을 말할 수 있는가? (Wittgenstein 82)

"매우 낯선 언어를 사용하는 미지의 나라"는 마치 캐럴(Lewis Carroll)의 "이상한 나라"(Wonderland)와 같다. 생쥐의 슬픈 "이야기"(tale)가 "꼬리"(tail)가 되어 버리는(*Wonderland* 28) 앨리스(Alice)의 세계에서처럼 언어의 쓰임은 단지 한 세계의 약속일뿐이다. 그 약속의 경계선을 넘어가면 얼마든지 다른 언어와 다른 사물의 대응관계가 가능해진다. 그러므로 언어는 일종의 게임이 된다. 브라운은 언어의 불확정성과 가변성을 보여주면서 또한 그림을 통해서 사물을 보는 다양한 관점들에 도전한다.

책이 신발이 되고 고릴라가 보트가 되는 언어의 변형가능성은 곧 그림의 변형가능성과 맥을 같이 한다. 지칭하는 단어만 바뀌는 것이 아니라 그것을 표현하는 그림도 변하는 것이다. 언어가 단 하나의 사물만을 가리키는 게 아니라면, 언어가 확정하고 있는 사물의 외적 일반성에도 당연히 변형 가능성이 생긴다. 브라운은 상식을 뛰어넘는 표현력으로 실제의 모습이 변형된 그림들을 제시한다. 스쿠버다이버가 되고 싶은 윌리가 바다 속을 헤엄칠 때 물고기들은 단어의 의미가 그대로 형상화된 모습을 하고 있다. 해마(seahorse)는 말(horse)머리를 지니고 있고, 황새치(swordfish)는 물고기 입에 긴 검(sword)이 달려 있으며 메기(catfish)는 고양이(cat) 얼굴을 한 물고기, 돔발 상어(dogfish)는 개(dog) 얼굴의 물고기이다. 브라운이 캐럴로부터 영감을 받았다는 것을 분명히 보여주는 그림들로 가득한 이 바다 속 장면은 앨리스가 거울나라에서 만나는 기묘한 생물들과 언어유희를 떠올리게 만든다. 그곳에서 화단(flower-bed)은 꽃들이 잠자는 침대이며, 나비(butterfly)는 버터 바른 빵 날개가 달린 나비

(bread-and-butter-fly)가 되어 날아다닌다(*Looking-Glass* 140, 154). 그림과 단어의 쌍을 엉뚱하게 제시하며 언어와 기호에 대한 새로운 약속의 성립이 가능한가를 속표지에서 탐색한 브라운은, 캐럴의 말놀이를 차용한 이 바다 속 장면을 통해 현실 세계에서 사용하는 언어와 기호를 놀이처럼 뒤집어 새롭게 해석할 수 있다는 것을 보여준다.

이 그림책의 문자텍스트, 즉 각 페이지에 쓰인 글은 단지 "윌리는 —을 꿈꾼다"(Willy dreams that he is —)라는 단문들의 연속이지만, 그림은 그 단순한 문장 이상의 많은 이야기를 만들어낸다. 영화배우가 되고 싶은 윌리의 꿈 장면에서 윌리는 무수히 많은 영화 속 인물들로 그려진다. 그는 킹콩(King Kong)이고 드라큘라(Dracula)이며 메리 포핀스(Mary Poppins)이기도 하고 때로는 찰리 채플린(Charlie Chaplin)이며 만화영화 『백설 공주와 일곱 난쟁이』(*Snow White and the Seven Dwarfs*)에 등장하는 난쟁이이기도 하다. 무대 위에 서 있는 이 인물들은 모두 윌리의 얼굴을 하고 윌리와 똑같은 조끼를 입고 있다. 동일한 무대에 서 있지만 그들은 모두 한 사람의 변형인 것이다. 무대 배경 저 멀리에는 이 모든 것이 가상의 현실임을 알리려는 듯이 영화 『트루먼쇼』(*The Truman Show*)의 마지막 장면과 동일하게 무대 밖으로 나갈 수 있는 문이 보인다. 다양한 인물로의 변형이 가능한 꿈의 무대는 열린 문 바깥의 현실 세계를 상정하고 있는데 이 무대와 현실 세계는 상호의존적이면서 독립적인 공간들로써 독자의 상상만이 보이지 않는 바깥세상을 이 무대와 연결시킬 수 있다.

화가가 되고 싶다는 윌리의 꿈 장면에서는, 화가처럼 모자를 쓰고 팔레트와 붓을 든 윌리가 벽면을 가득 장식한 고흐(Vincent Van Gogh)의 그림 앞에 서 있다. 고흐의 그림 『해바라기』(*Sunflowers*) 속 해바라기 꽃잎과 『고흐의 방』(*Bedroom in Aries*)에 놓인 침대, 『까마귀가 있는 밀밭』(*Wheatfield with Crows*)을 나는 까마귀가 있던 자리에는 윌리가 가장 좋아하는 바나나가 대신 그려져 있다. 이 그림들을 배경으로 화가의 모습을 한 윌리가 『밀로의 비너스』(*Vénus de Milo*) 상의 팔을 '색칠'한다. 색칠되는 비너스 상 뒤에는 길게 그림자가 뻗쳐있는 것으로 보아 비너스 상의 아래 부분은 조각임이 확실하다. 이 비너스 상이 그림인지 조각인지 모호한 상태는 마치 언어의 변형가능성이 그림의 변형을 만들어내는 것과 유사한 맥락이다. 조각은 입체적인 조형물이지만 브라운의 그림책에서 조각은 조각으로서의 존재의 틀, 입체성을 벗어나 오히려 평면화된다. 브라운은 이렇게 확정성 너머의 다른 세계, 조각이 그림이 되고 그림이 조각이 될 수 있는 경계선이 모호한 세계를 그려낸다. 발레리노가 된 윌리의 무대 역시 마찬가지다. 그림 속에서 강물이 흘러나와 장난감 병정을 종이배에 태우고 흘러간다. 브라운은 현실이 무수히 복제되고 변형될 수 있다는 것을 보여주고 그 복제와 변형 속에서 환상이 만들어진다는 것을 드러내면서 현실과 꿈의 모호한 경계를 무너뜨린다.

발을 딛고 있는 이 현실이 실은 우리의 무의식의 반영일지도 모른다는 브라운의 견해는 탐험가가 되고 싶다는 윌리의 꿈 장면을 통해 드러난다. 윌리가 탐험하는 장소는 물리적인 세계나 먼 이국의 공간이 아니라 어둡고 빽빽한 정글이다. 루소(Henri Rousseau)의 『꿈』(*The Dream*)이 패러디되어 있는 그 숲속에서 그는 소파에 앉아 자신을 바라보는 프로이트를 만난다. 프로이트와의 만남은 이 숲이 단지 외면적인 세계가 아니라 우리 자신의 무의식의 공간이라는 점을 보여준다. 무의식의 세계를 여행하는 것은 자신이 누구인가를 알려는 노력과도 맞닿아있다. 그 노력의 파편들은 그림 속에서 적나라하게 모습을 드러낸다. 땅에 나무뿌리처럼 박혀있는 발 때문에 달릴 수 없어 괴로워하거나 어두운 광장의 그림자에 놀라는 윌리는 공포감에 사로잡힌 우리의 무의식 저 아래를 보여준다. 때로는 달리(Salvador Dali)의 『기억의 고집』(*The Persistence of Memory*)

속 인물이 되어 초현실의 공간 속에 서 있기도 하고, 폭풍우 치는 바다에서 결코 낚을 수 없는 인어를 잡아 올리기 위해 고군분투하기도 한다. 브라운이 그리는 윌리의 꿈은 달리지 못하면서 하늘을 날고 왕이면서 거지가 되며 과거의 어린이이면서 미래의 어른이 되는 등 동시에 전혀 다른 방향을 향한다. 그러면서도 전혀 다른 두 극단의 끝에서 진정한 자기 자신을 만날 수 있도록 돕는다.

브라운은 액자, 즉 보이는 틀을 설정하고 다시 이를 깨뜨리고 침범함으로써 보이지 않는 틀에 대한 인식을 심어주려 한다. 다시 말하면 우리는 이미 보이지 않는 틀에 갇혀있는 존재들로, 브라운이 설정한 보이는 틀이란 우리 눈에 보이지 않는 틀을 가시화한 것이다. 지젝(Slavoj Žižek)은 "'현실'의 모든 영역(모든 '세계')은 언제나 이미 틀 안에 놓여있으며, 보이지 않는 틀을 통해서 보여지는 것이다"(29)라고 말한다. 브라운은 현실에서는 제대로 보이지 않는 틀을 그림 속에서 눈에 보이도록 그려놓고 이를 부수면서, 보이지 않는 틀을 깨뜨리고 침범하여 부서뜨려야 한다는 것을 역설한다. 이 틀을 부수는 브라운의 무기는 상상력이다. 액자의 바깥 너머로 침범할 수 없다는, 다시 말해서 액자는 그림을 가두는 틀이고 한정짓는 경계선이므로 이것을 넘어서는 안 된다는 일상적 사고를 브라운은 가볍게 뛰어넘는다. 그는 어린 시절에 꾸는 꿈들이 얼마나 다양하고 다채로운지를 글과 그림의 즐거운 유희를 통해 보여주면서 동시에 현실과 판타지의 경계선을 탐색하고 발만 내딛으면 그 경계선을 넘을 수 있다고 말하고 있는 것이다.[4)]

---

4) 『꿈꾸는 윌리』의 상상력은 미술작품의 패러디를 통해 자아를 탐구하는 윌리가 등장하는 『윌리의 미술관』(*Willy's Picture*)이나 마술연필 하나를 들고 그림을 그리면서 상황을 변화키는 곰의 이야기를 그린 『곰 사냥』(*Bear Hunt*), 마음의 상태에 따라 평범한 사물이 변화무쌍해질 수 있다는 것을 다룬 『변화』(*Changes*)와 같은 작품에서 더욱 확장되어 나타난다. 『마법거울 속으로』(*Through the Magic*

그러므로 거울을 들여다보고 있는 윌리의 얼굴은 지킬 박사(Dr Jekyll)와 하이드 씨(Mr Hyde)처럼 이중적이다. 거울 밖의 얼굴은 지극히 선하지만 거울 안의 얼굴은 괴물의 것이다. 이 두 개의 얼굴은 결국 한 사람의 얼굴이며 그 두 얼굴의 경계선은 명확하지 않다. 더 나아가 소파에 앉은 윌리의 모습이 투명해 보이는 마지막 페이지에 이르면 무엇이 꿈이고 무엇이 현실인지 모호해진다. 아기였던 과거를 꿈꾸면서 동시에 평화로운 미래를 꿈꾸는 현재의 윌리처럼 꿈과 현실, 과거와 현재, 혹은 미래라는 시간 개념조차 뒤섞여 있는 것이 바로 우리의 모습인 것이다. 다양한 꿈속을 헤매던 윌리는 변형을 거듭하다가 마침내 투명해져 사라진다. 이 마지막 장면은 마치 장자의 '호접몽'처럼 윌리가 꿈을 꾸었는지 독자가 꿈을 꾸었는지를 모호하게 만든다. 현실과 꿈의 경계선을 넘나들면서 그 간극의 심연으로 투명해져 사라진 윌리의 존재 여부를 결정짓는 일은 전적으로 독자의 선택으로 남겨진다.

2) 성역할에 대한 도전과 소외의 문제: 『돼지책』[5]

브라운이 다루는 주제 중 하나는 정형화된 성역할과 소외의 문제이다. 『돼지책』 역시 유사한 주제를 갖고 있는데 특히 이 작품에서는 단절되어 있는 가족 구성원의 모습을 통해 정형화된 성역할에 의문을 제기하고 가

Mirror)에서 소년이 지루한 현실을 벗어나 거울 속으로 한 발을 내딛자 모든 것이 뒤집어지고 역할이 뒤바뀐 이상한 세상에 닿게 된다. 이 작품들에서 현실과 판타지의 경계선은 주인공의 심리적 상태와 게임의 방법에 따라 쉽게 허물어진다. 이러한 상상력은 주어진 일정한 모양에 아이들 각자의 상상력을 더하여 그림을 만들어나가는 놀이를 바탕으로 한 최근 작품인 『모양 놀이』(*The Shape Game*)에서도 중요하게 다루어진다.

5) Anthony Browne. *Piggybook* (London: Walker, 1986). 이하 『돼지책』의 설명과 인용은 이 책을 사용한다.

정과 가족의 의미에 대해 진지한 성찰을 시도한다. '돼지책'(piggybook)이란 단어는 '업는다'(piggyback)는 말의 변형이기도 하고, '돼지'라는 동물의 일반적인 특성과 돼지가 등장하는 전래동화의 특성을 차용하기 위한 의도적인 단어조합이기도 하다. 돼지는 먹는 것을 좋아하고 게으르고 더러우며 어리석은 동물로, 『아기돼지 삼형제』(*The Three Pigs*)에서 첫째, 둘째 돼지는 이런 특성을 전부 지니고 있었기 때문에 늑대의 손아귀에서 벗어날 수 없었다. 브라운은 아빠와 두 아들을 돼지로 만들어 전래동화 속 돼지들과의 비교를 시도한다.

『꿈꾸는 윌리』와 마찬가지로 이 작품 역시 엄마가 아빠와 두 아들을 업고(piggyback) 있는 표지에서 작품이 무엇을 말하려고 하는지가 명백히 드러난다. 이 그림에서 아빠와 두 아들의 통통하게 살이 오른 장밋빛 뺨은 이들을 업고 있는 엄마의 무표정하고 생기 없는 얼굴과 효과적인 대조를 이룬다. 누군가를 업을 때 보통 업는 사람은 업히는 대상을 사랑하거나 혹은 도움을 주려는 마음을 갖는다. 아이를 업은 엄마의 행복이나 아픈 사람을 업어주는 사람의 연민 같은 감정들이 '업는다'는 말에 들어있다. 하지만 표지에서 브라운은 세 명의 건장하고 건강한 남자들을 등에 업은 전혀 행복해 보이지 않은 엄마와 그녀에게 업힌 '행복한' 세 남자들을 그려놓음으로써 엄마의 희생에 의해서 이 가정이 잘 유지되고 있다는 것을 상징적으로 보여준다.

멋진 정원과 멋진 차, 멋진 차고가 있는 멋진 집을 배경으로 피곳 씨(Mr. Piggot)와 두 아들이 활짝 미소를 띠며 서 있는 그림 아래에는 "집안에는 그의 아내가 있었다"는 글이 씌어져 있다(1).[6] 세 남자들이 "멋진" 모습을 유지할 수 있는 것은 바깥에서 보이지 않지만 "집안에서" 충실히

---

6) 그림책에는 페이지 표시가 없으므로 이야기가 시작되는 첫 페이지를 1페이지로 표기함을 밝혀둔다.

가사노동을 담당하는 여성 덕분이다. 피곳 부인(Mrs. Piggot)이 음식을 만들고 청소하고 빨래하고 다림질을 할 때 그들은 식탁 앞에서 "빨리 밥 줘!"(2)라고 소리치거나 소파에 늘어져 텔레비전을 본다.

> "여보, 빨리 아침밥 줘." 그는 매일 아침 매우 중요한 일을 하러 나가기 전에 소리쳤다.
> "엄마, 빨리 아침밥 줘요." 사이먼과 패트릭은 매우 중요한 학교에 가기 전에 소리쳤다. (*Piggybook* 2-3)

"매우 중요한" 직장과 학교에 다니는 세 남자들이 피곳 부인에게 원하는 것은 도움이나 소통이 아니라 희생과 봉사이다. 피곳 부인의 가사노동은 한 페이지 내에 여러 개로 분할된 직사각형 그림으로 구체화되어 그녀가 담당하는 일의 종류와 강도를 독자들이 느낄 수 있도록 그려져 있으며 시각적으로 답답함을 자아낸다. 게다가 거의 무채색으로 표현된 이런 작은 그림의 연속은 양쪽으로 펼쳐진 두 페이지 전체에 걸친 세 남자들의 식탁 장면이나 거실 장면과 대조를 이루는데, 세 남자들이 차지하는 영역은 상대적으로 크고 압도적이며 '휴식'이나 '재충전'의 의미가 강조되어 있다. 여성의 절대적이고 헌신적인 노동을 바탕으로 "매우 중요한" 바깥의 노동을 할 에너지를 얻음에도 불구하고, 그들은 엄마가 담당하는 가사노동이나 육아활동 등이 당연한 여성의 노동이며, 엄마란 가족을 위해 모든 것을 감수해야 하는 존재라고 여긴다.

> 부르조아 여성들은 아이들에게 양육적이고 도덕적인 모델로서, 또한 비도덕적이고 경쟁적 직업 세계에서 돌아온 남편들에게는 양육적 지지자와 도덕적 안내자로서 행동해야 했다. 도덕적 어머니라는 이데올로기는 빅토리아 시대의 엄격함이 다소 줄어들었지만, 전 사회로 퍼져나갔다. 모든 계층의 여

성들은 이제 음식과 깨끗한 집을 제공하는 것에 더해서 남편을 양육하고 지지하도록 요구받았다. (Chodorow 5)

사적인 노동의 영역에서 아이들의 양육을 담당하던 여성들은 사회의 변화와 발달에도 불구하고 오히려 공적 영역에서 일하는 남성들을 양육하는 일까지 도맡게 된 것이다. 사적 영역에서의 여성의 역할과 공적 영역에서의 남성의 역할이 다르다는 가부장적 사고방식을 지닌 피곳 씨와 아들들은 여성의 노동을 당연한 일로 요구하며 '왕'처럼 군림하고 명령한다.

작품 속에서 이러한 태도가 불합리하다는 것이 드러나는데 엄마는 오전의 가사노동을 모두 마친 후 우울한 표정으로 집을 나서 직장에 간다. 그녀는 가정이라는 사적 영역에서만 노동하는 사람이 아니며, 공적 영역에서의 직업인이기도 하다. 그럼에도 불구하고 엄마의 노동이 정당한 대가를 받을 수 없는 이유는 사적 영역에서의 노동은 재생산을 위한 토대가 되지만, 자본의 생산이나 순환 구조에 포함되지 않으며 생산 활동 그 자체가 아니기 때문인데, "유아와 아이를 돌보는 것은 생물학적 어머니의 배타적 영역이 되었으며, ... 임금 노동에 참여하는 것이 이를 변화시키지는 않는다. 여성이 집에 돌아오면 그녀는 여전히 아이들에 대해 거의 전적인 책임을 진다"(Chodorow 5). 피곳 씨와 아들들의 오만한 태도와 생기 없는 엄마의 모습을 그린 그림들은 이미 현대 사회에서 노동의 영역이 성별로 구분되지 않고 무한히 확장되고 있음에도 불구하고 여전히 여성의 노동을 사적인 공간에 묶어두고 공적 영역에서의 여성의 노동을 남성의 노동보다 생산성이 없다고 보는 가부장제 사회의 시각을 여실히 반영한다.

엄마가 집안과 사회, 사적 영역과 공적 영역에서 일정한 역할을 할 수 있는 것과 달리 아빠와 두 아들은 오로지 공적 영역에서만 자신의 존재가치를 입증할 수 있다. 그들은 엄마가 담당하던 사적 영역이 그녀의 가출로 인해 텅 비게 되자 아무것도 할 수 없는 무력한 존재가 된다. 지친 엄마는 편지 한 장을 남기고 사라진다.

> 엄마는 어디에도 없었다.
> 벽난로 위에는 봉투가 하나 있었다.
> 피곳 씨가 봉투를 열었다.
> 안에는 종이 한 장이 들어있었다.
> "너희들은 돼지야." (*Piggybook* 15)

엄마가 편지를 놓아 둔 벽난로 위에는 게인즈버러(Thomas Gainsborough)의 『앤드류 부부의 초상화』(*Mr and Mrs Andrews*)가 놓여 있는데, 화목한 가정의 모습을 담은 이 그림은 이미 다른 형태로 변해 있다. 돼지의 모습이 된 남편 옆 아내의 자리가 실루엣만 남긴 채 칼로 도려낸 듯이 하얗게 비어 있는 것이다.

엄마가 편지를 남겨두고 떠난 날부터 집안의 사물들과 세 남자들은 정말로 돼지처럼 변해간다. "너희들은 돼지야!"라고 명시되는 순간, 놀랍게도 언어가 사물을 규정한다. 엄마가 사라진 날 퇴근하던 아빠의 넥타이핀과 벽지의 그림이 돼지의 모습을 띠더니, 엄마의 편지를 움켜쥔 아빠의 손은 돼지의 앞발이 되어 있다. 심지어 문고리, 시계, 주전자, 수도꼭지에서부터 옷에 달린 단추까지 모두 분홍빛 돼지의 얼굴이 된다. 온갖 사물이 돼지의 모양을 띠게 된 집에서 세 남자는 얼굴과 몸이 진짜 돼지처럼 변하고, 먹을 것을 찾아 방바닥을 헤집는 등 돼지의 행태를 보인다. 요리할 줄 모르기 때문에 음식의 맛은 끔찍하고 설거지나 청소를 할 줄 모르기 때문에 싱크대에는 음식찌꺼기가 달라붙은 그릇들이 가득하다.

이렇게 더럽고 냄새나는 집에서 사는 세 남자돼지들은 어두운 창문 바깥을 어슬렁거리는 늑대의 그림자를 보며 불안에 떤다. 『아기돼지 삼형제』 속 늑대는 아기돼지들을 위협하여 잡아먹을 뿐 아니라 돼지들이 세상에서 살아남는 현명한 방법을 깨닫게 만들어주는 역할을 한다. 베이츠(Charles Bates)에 따르면 늑대는 "(세 마리)돼지 각각의 어두운 면을 재현"(14)하는 인물로 돼지들이 미숙한 상태를 벗어나 성장할 수 있도록 "자신의 교훈을 잘 가르쳐"(91) 준다. 그러나 『돼지책』에서는 늑대 대신 엄마의 부재가 세 남자돼지들을 성장의 길로 이끈다. 돼지들이 다시 사람이 되는 길은 자신들의 잘못을 깨닫고 엄마에게 용서를 구하는 것이다. 다시 돌아온 엄마는 생기 없고 무표정하던 예전 모습 대신 활짝 웃으며 당당한 표정을 하고 있다. 현관에 당당히 선 엄마 앞에 아빠와 두 아들 '돼지'는 무릎을 꿇으며 "제--발-- 돌아와줘요"(23)라고 꿀꿀거린다. 늑대의 존재보다 엄마의 부재가 훨씬 더 심각한 위협이라는 것을 절감한 뒤 가사노동의 가치와 고마움을 알게 된 세 남자들은 기꺼이 설거지와 다림질, 요리 등의 집안일을 나누어 하며, 엄마 역시 자동차를 고치면서 활짝 웃을 수 있게 된다.

피곳 부인이 편지 한 장을 남겨두고 집을 나설 때 그녀는 세 남자를 던져버릴 뿐 아니라 동시에 남성 위주의 가부장제 사회를 던져버린다. 벽난로 위의 그림에서 감쪽같이 사라져 버린 여성은 여성의 노동이 재생산의 토대가 된다는 것을 인정하면서도 그것을 가치 없게 바라보며 남성들의 노동보다 '덜 중요한' 것으로 여기는 사회에 경고의 메시지를 보낸다. '덜 중요한' 가사노동은 자본과 상품을 직접적으로 생산하는 "매우 중요한" 노동의 영역에 심대한 영향을 미친다. 늑대의 그림자는 균형이 깨어진 노동의 결과를 보여주는 불안함의 반영이다. "매우 중요한" 노동에 종사하는 사람들의 불안한 정서는 '덜 중요한' 노동의 결여로부터 비롯되는 것이다.

『아기돼지 삼형제』에서 돼지들은 부모로부터 독립할 때가 되자 엄마 돼지의 집을 떠나 자신만의 '집'을 지어야 하는데, 이때 '집'이란 독립적 거주지이며 인생의 완성을 의미한다. 그러나 『돼지책』에서 세 남자돼지들이 살고 있는 집은 인생의 완성과는 상관없는 빈껍데기에 불과하다. 엄마가 떠난 집에서 그 빈자리를 메우지 못한 채 엉망으로 살아가는 세 남자들을 통해 집 자체가 중요한 것이 아니라 누가 무엇을 위해 거주하는가를 중요한 문제로 제기한다. 즉 집이라는 물리적 공간이 아니라 인간애가 살아있는 '가정'의 중요성이 부각되는 것이다. 다른 사람에 대한 배려와 믿음, 공감의 능력이 정형화된 성역할과 소외의 문제를 해결할 수 있는 방법으로 제시된다.[7]

브라운은 이 작품에서 가족 내에서의 노동의 소외와 젠더의 문제를 남자들이 '돼지'로 변한다는 유머러스한 설정을 통해 매우 효과적으로 제기한다. 엄마의 말 한 마디에 돼지로 변한 뒤 어리석고 더러운 돼지들의 속성을 여지없이 보여주는 세 남자들의 행동은 독자들의 미소를 자아내며, 그들이 엄마 앞에 무릎 꿇는 장면에서는 충분한 공감을 끌어낸다. 그는

---

7) 브라운을 비롯한 많은 작가들이 새로운 젠더의 유형을 제시하기 위해 노력을 기울인다. 이런 작품들은 남성 중심의 가부장제 사회에서 왜곡되거나 억압받아 온 여성인물들을 재해석하려는 노력의 산물이며, 전형적인 인물 대신 현대 사회에서의 요구를 반영한 인물을 그린다. 먼치(Robert N. Munsch)의 『종이봉지 공주』(*The Paper Bag Princess*)에서는 용기 없고 천박하며 무례한 왕자가 아니라 씩씩한 공주가 모험을 하고 용과 싸우는데, 이야기의 주도권이 남성에게서 여성으로 옮겨가 있다. 콜(Babetter Cole)의 『똑똑이 공주』(*Princess Smartypants*)에서는 자신과 결혼하려는 왕자들을 따돌리기 위해 기상천외한 방법을 동원하는 공주가 독신으로 당당히 살아간다. 『아기 돼지 세 자매』는 늑대의 꾐에 빠지지 않고 오히려 늑대를 골탕 먹이고 사로잡는 당찬 돼지 아가씨의 이야기를 다룬다. 이들 작품 모두 『돼지책』과 마찬가지로 수동적이고 희생적인 여성에서 벗어나 자신의 삶을 적극적으로 개척하고 계획하는 여성을 담아낸다.

남성과 여성의 '모범'에 대한 고정관념 같은 소위 '전형'에서 비켜난 인물들을 그리려고 노력한다. 그의 초기 작품에서 보이던 권위적인 아버지는 가족을 사랑하는 자상하고 부드러운 모습으로 변화한다. 어머니 역시 여성적 역할, 다시 말해서 주부, 아내, 엄마로서 의무적으로 주어진 일들을 묵묵히 수행하고 침묵하는 수동적인 어머니에 머무르지 않는다. 『돼지책』에서 세 남자가 자신들이 직접 만든 요리를 자랑스럽게 들고 웃는 장면이나 엄마가 자동차를 고치며 행복한 미소를 짓는 장면은 남성과 여성의 성역할에 따른 노동이 따로 구분되어 있다는 고정관념과 편견을 뒤집어 보는 행위이다.[8)]

그러나 엄마의 부재를 깨닫고 자신들의 문제점을 인식하는 『돼지책』의 결말을 행복한 마무리라고 믿기는 어렵다. 구체적이고 근본적인 해결 방법이 제시되지 않기 때문인데, 세 남자들이 가사노동을 분담하거나 '돕는' 데서 비롯되는 엄마의 미소는 상당히 불안해 보인다. 일반적인 전래

---

8) 『돼지책』에서 다루고 있는, 가족 내에서의 젠더 역할의 문제와 의사소통의 부재에 대한 주제는 오랫동안 브라운이 관심을 기울여 왔던 것들이다. 『고릴라』(*Gorilla*)에서 딸 한나(Hannah)의 마음을 이해하려 하지 않는 아버지의 모습을 통해 의사소통의 문제를 다루었으며, 『동물원』(*Zoo*)에서는 권위적인 아버지와 공감능력이 부족한 사람들의 모습을 그린다. 네 개의 분할된 직사각형 속에 브라운은 아주 섬세한 필치로 고릴라를 그려 넣었는데, 직사각형은 철장을 형상화하며, 이 철장 속에 갇힌 채로 처연하게 사람들을 바라보는 고릴라는 다른 사람과 소통하지 못하고 그 감정에 공감하지 못하는 권위적인 아버지와 비인간적인 사람들에게 무언의 경고를 보낸다. 반면 후기 작품인 『우리 아빠』(*My Dad*)에서 아버지는 더 이상 남성적 역할, 가장으로서의 책임감과 권위를 지닌 딱딱하고 보수적인 인물이 아니며, 매우 다정하며 친구 같은 모습으로 등장한다. 가족 내의 의사소통의 문제를 사회 구성원 사이의 의사소통과 소외의 문제로 확장하여 다룬 『공원의 목소리들』(*Voices in the Park*)에서는 공원에서 만난 두 가족의 이야기를 네 명의 다른 시선을 통해 보여준다. 서로를 경계하고 불신하며 소통하려 하지 않는 이 목소리들을 브라운은 각기 다른 글씨체로 써 놓음으로써 그림뿐만 아니라 글씨체를 통해서도 시각적인 단절을 재현해 낸다.

동화의 결론을 따른다면, 그녀와 더불어 다른 가족들이 함께 모여 '영원히 행복하게 살았습니다'로 끝나야 하지만, 『돼지책』의 마지막 부분에서 아빠와 두 아들은 왼쪽 페이지에 나란히 선 채로 엄마를 보며 미소 짓고 엄마는 오른쪽 페이지에 홀로 따로 떨어져 빙긋이 웃는다. 이런 분리된 공간이 상징하는 것을 우리는 두 방향으로 해석해 볼 수 있을 것이다. 우선 엄마에게 독립된, 엄마만의 공간이 주어진다는 해석이 가능하다. 『돼지책』의 전반부에서 세 남자들이 엄마를 구석으로 밀어내면서 전체 페이지를 차지했다면, 이 마지막 페이지에서는 엄마가 온전히 자신의 몫이 된 페이지를 환한 미소로 장식한다. 세 남자들은 서로 연대하여 엄마와 더불어 공존하기를 바라며, 반면 엄마는 의존적이거나 종속된 인물이 아니라 독립적인 존재로 인정받는다. 그녀는 자신이 즐겁게 할 수 있는 새로운 일의 영역을 환한 미소로 받아들인다. 이렇게 행복한 결말로 해석할 수 있는 반면, 가족이 각각 다른 공간을 점유한다는 점에 초점을 맞추어, 연대가 깨어진 가족관계의 불안한 결말을 예측해 볼 수 있다. 다시 말해서 가족들이 각기 떨어져 있는 마지막 페이지는 이 가족이 온전히 서로 결합한 상태가 아니라 잠정적인 화해의 단계에 있으며, 따라서 언제든지 화해 혹은 갈등이라는 극단의 방향으로 새로운 이야기가 전개될 것이라는 가능성의 여백일 수 있는 것이다. 늑대를 물리친 셋째 돼지의 행복으로 끝나는 『아기돼지 삼형제』와 달리 브라운은 마지막 페이지에서 결코 확정된 결말을 보여주지 않는다. 그는 분명한 결론을 유보하고 그림의 해석을 독자들 각자의 몫으로 남겨둠으로써 독자들이 스스로 해석하고 더 나은 미래를 생각해보도록 만든다.

3) 무의식의 세계와 성장: 『터널』[9]

현실과 판타지가 긴장관계를 이루며 서로 침투하고 때로는 보완하는 브라운의 그림책 속에는 정형성을 파괴하고 새로운 시각을 제시하려는 브라운의 노력이 숨어있다. 그는 전래동화를 전유하고 비틀어 작품에 사용한 작가들보다 좀 더 과감한 발걸음을 내딛는다. 많은 인물과 사물을 자신만의 방법으로 변형하여 독창적인 그림으로 만드는 브라운의 그림책에서, 패러디된 대상물들은 단순한 차용의 대상이 아니라 새로운 특성을 부여받으며 재탄생한다.[10] 틸레는 "브라운의 그림책들을 가득 메우고 있는 상징, 암시, 인용들을 해독하며 그림과 텍스트를 함께 고찰할 경우 전혀 다른 그림이 나타날 것이다. 현대 그림책은 더 이상 확실한 장면이

---

9) Anthony Browne. *The Tunnel* (London: Walker, 1989). 이하 『터널』의 설명과 인용은 이 책을 사용한다.

10) 브라운뿐만 아니라 많은 그림책 작가들이 다양한 소재와 작품을 패러디한다. 영국의 그림책 작가인 앨버그(Allan Ahlberg)는 『복숭아 배 자두 각각』(*Each Peach Pear Plum*)이나 『즐거운 집배원』(*The Jolly Postman or Other People's Letters*) 같은 작품에서 전래동화와 전승동요를 패러디하여 다양한 인물들과 사건들을 자신들이 본래 속해있던 배경과 작품에서 벗어난 다른 상황 속에 놓아두고 독자들의 즐거움을 배가시킨다. 말 안 듣는 금발머리 소녀 골디락(Goldirocks)이나 전래동화에서 악역을 도맡아하는 늑대가 본래의 역할과는 다른 역할을 부여받는다. 셰스카(John Scieszka)와 스미스(Lane Smith)의 『냄새나는 치즈맨과 정말 바보 같은 이야기들』(*The Stinky Cheese Man and Other Fairly Stupid Tales*)은 다양한 전래동화를 비틀어 그려낸 패러디 모음집으로 각 인물들의 상황이 기막힌 반전을 제공하여 큰 즐거움을 준다. 『돼지 삼형제의 진짜 이야기』(*The True Story of the 3 Little Pigs*)는 늑대가 자신은 결코 의도적으로 돼지들을 잡아먹지 않았으며 오히려 셋째 돼지 때문에 억울한 누명을 뒤집어썼을 뿐이라고 주장하는 전래동화의 패러디이다. 늑대의 능청스러운 거짓말과 늑대의 입장에서 그려진 돼지들의 난폭한 성격에 대한 묘사 등은 작품을 바라보는 관점의 중요성과 화자에 대한 신뢰의 문제를 제기한다. 콜(Babette Cole)의 『재투성이 왕자』(*Prince Cinders*)나 『똑똑이 공주』(*Princess Smartypants*) 등은 전래동화를 바탕으로 인물의 성격과 상황을 비틀어 다양하게 해석할 수 있는 길을 열어놓는다.

나 또렷한 꿈들로만 이루어지지 않는다"(214)면서 브라운의 그림책이 갖는 독창성을 명쾌하게 설명한다. 브라운은 전래동화나 전승동요에서 부여된 성격이나 특질을 넘어서서 인물들을 새로운 이야기 구조 속에 놓고 기존의 틀에서 벗어난 관점을 부여하며 이야기를 비틀면서 숨어있는 의미를 드러내게 만든다. 독자들은 익숙한 인물과 이야기가 낯설어지는 순간을 경험하면서 이야기가 그려내는 무의식의 공간을 인식함과 동시에 그 인물들의 현실성과 동시대성을 깨닫게 된다.

『터널』의 경우 이야기의 기본구도는 『헨젤과 그레텔』(*Hansel and Gretel*)에서 모티프를 얻은 것으로 보인다. 가난한 살림살이 때문에 계모에 의해서 숲 속에 버려진 아이들이 마녀를 만나는 내용의 전래동화는 남매간의 불안한 관계, 즉 사소한 싸움 때문에 집 밖의 공터로 쫓겨나는 현대적인 이야기로 변형된다. 헨젤과 그레텔이 숲 속으로 쫓겨 갈 때 집으로 되돌아오기 위해 조약돌과 빵부스러기를 들고 갔던 것과 달리 남매는 '자신만을 위한' 물건을 들고 간다. 오빠는 공을, 여동생은 책을 들고 가는 것이다. 공과 책은 각각 서로 다른 사유와 놀이의 공간을 점유하고 있는 남매의 거리가 얼마나 먼가를 보여주는 장치이다. 놀이, 바깥, 활달함을 연상시키는 공과 달리 책은 집중이나 내부, 조용함과 관련이 있다. 이렇게 다른 생각을 하는 남매가 공터로 쫓겨난다고 해서 갑자기 다정해질리는 만무하다.

공터라는 공간의 '비어있음' 자체가 일종의 상상력의 토대가 된다. 이곳에서 더 깊은 무의식의 세계로 가는 여행이 시작되기 때문이다. 공터에서 남매는 오로지 '자신의 것'에만 관심을 보이는데, 그림 속에서 여동생은 오빠에게 등을 돌린 자세로 책을 읽고, 오빠는 공위에 한쪽 발을 올린 채 동생을 쳐다보지 않는다. 둘 사이의 땅바닥에는 경계선처럼 긴 막대가 하나 가로놓여 그려져 있다. 여동생의 공간 쪽에는 그녀가 앉아있는 상자와 벽돌, 작은 막대 하나가 전부이지만, 오빠의 공간에는 쓸모없어 버려진 온갖 물건들이 너저분하게 쌓여있다. 등 뒤로는 칠이 벗겨지고 낙서로 가득 찬 벽이 보인다. 취미와 관심사가 전혀 다른 이 둘을 끌어당기는 것은 공터의 한 쪽에 있는 터널이다.

흰 토끼를 따라 앨리스가 지하의 세계로 가는 것처럼 호기심에 가득 찬 오빠는 가지 말라고 말리는 동생을 뒤로 한 채 어두운 터널로 들어간다. 그가 무엇을 보고 겪었는지는 알 수 없다. 이야기는 오빠를 구하러 가는 여동생의 시선에 놓여있기 때문이다. 마녀에게 속아 우리에 갇힌 오빠를 구하던 그레텔처럼 여동생도 자신의 오빠를 구하기 위해 두려움을 이기고 터널로 들어간다. 여동생은 터널 바깥에 자신의 상징물인 책을 던져놓고 어두운 터널로 기어들어간다.

> 여동생은 터널이 두려웠기 때문에 오빠가 다시 나오기만을 기다렸다. 기다리고 기다렸지만 오빠는 나오지 않았다. 눈물이 날 것만 같았다. 어떻게 해야 하지? 여동생은 오빠를 쫓아 터널로 들어**가야만 했다**.
> 터널은 어둡고,
> 습하고, 질척거렸으며, 무서웠다. (*Tunnel* 11-14)

어둡고 습하고 질척거리는 터널은 마치 자궁을 통해 기원을 거슬러 올라가는 듯한 느낌을 준다. 무의식의 바닥까지 내려가야만 자신의 공포의 근원과 마주할 수 있으며 공포를 통과해야만 성장할 수 있다. 터널을 통과하는 여동생의 모습은 네 개의 분할된 그림으로 그려져 있다. 왼쪽 페이지와 오른쪽 페이지에 걸쳐있는 네 개의 그림은 여동생이 터널을 통과할 때 경과된 시간의 길이를 느끼게 만들어주며 동시에 그 시간 동안 그녀가 느낄 두려움을 생생히 전달해준다.

터널의 바깥은 현대 문명이 배출한 잡동사니가 여기저기 쌓인 황폐한 공간이었지만, 여동생이 도달한 숲은 그녀가 읽었던 많은 동화들 속에서처럼 수상하고 괴상한 자연의 형상들로 가득 차 있다. 빨간 망토를 입은 여동생의 모습은 거의 색감의 차이가 거의 없는 단색의 숲 속에서 더욱 도드라져 보인다. 여동생은 「빨간 망토」("Little Red Riding Hood")의 소녀처럼 어두운 숲 속에서 늑대의 위협과 두려움을 물리치고 자신에게 주어진 과업을 수행해야 한다. 나무의 그루터기는 쫓아오는 곰의 모습이거나 위협적인 늑대의 모습으로 흉하게 비틀려 있는데 이런 나무들 사이로 모닥불과 집, 출입구의 모습이 보인다. 모닥불은 헨젤과 그레텔이 부모를 기다릴 때 피워놓았던 불이고 집은 그들을 유혹한 마녀의 과자집이 분명하다. 여동생이 모닥불 앞에 멈추어 서거나 마녀의 과자집에 눈을 돌린다면 시간은 지연되어 오빠를 구할 수 있는 방법이 점점 멀어지면서 주인공들을 유혹하는 전래동화 속의 함정이 재연될 것이다. 느닷없이 숲 속 그림의 한가운데 그려진 출입문은 이 공간의 환상성을 극명하게 보여준다. 브라운은 이 두려운 숲이 현실과 멀리 떨어져 있는 것 같지만 실은 밀접히 관련되어 있으며, 의식의 다른 얼굴이라는 암시들을 그림 속에 심어놓는다.

계모가 자신들을 버리려고 한다는 것을 알았을 때 헨젤은 집으로 돌아올 길을 찾을 수 있도록 몰래 조약돌을 줍고 빵부스러기를 길에 떨어뜨린다. 그런데 이런 정직한 방법으로는 어두운 숲의 세계에서 살아남을 수 없다. 생존하기 위해서는 어둠의 힘에 대적할 다른 방법이 필요한데, 그것은 바로 속임수이다. 헨젤의 정직한 방법은 실패하지만, 그레텔이 헨젤을 구하기 위해 사용한 속임수는 실패하지 않는다. 그레텔은 마녀가 오빠를 잡아먹으려 할 때 오빠가 살이 찌지 않았다고 속이기 위해서 뼈다귀를 내밀었고, 마녀를 완전히 없애버리기 위해 화로에 불 피우는 법을 모른다고 거짓말하여 마녀를 밀어 넣었다. 반면 『터널』에서 여동생에게는 남을 이기기 위한 속임수 대신 자신의 두려움을 극복하고 오빠를 구할 용기가 필요하다. 용기를 낸 여동생이 마녀와 도깨비와 늑대가 있을 것만 같은 무섭게 뒤틀려 있는 어두운 숲 속을 달려 마침내 돌로 변한 오빠를 발견했을 때, 오빠를 살리는 방법은 감성과 공감력, 즉 오빠의 세계에 대한 이해와 사랑이다. 두려움을 극복하며 현실과 판타지를 아우르는 여동생의 포용력과 공감능력은 돌로 변한 오빠를 되돌아오게 만든다.

펼쳐진 두 페이지에 걸쳐 여동생이 오빠를 되살리는 장면이 네 조각의 그림으로 분할되어 그려져 있다. 각각의 그림들은 여동생의 감정 변화에 따라 돌 모양이 오빠로 변해가는 모습을 보여준다.

> 그녀는 차가운 돌에 팔을 두르고 눈물을 흘렸다. 아주 천천히, 돌은 색깔이 변하기 시작하면서 점점 부드러워지고 따뜻해졌다.
>
> 그리고 조금씩 조금씩 돌이 움직이기 시작했다. 오빠가 되살아난 것이었다. (*Tunnel* 21-22)

오빠의 첫 마디는 "로즈! 네가 올 줄 알았어"(22)이다. 그리고는 "함께"(22) 숲 속을 달려 터널을 빠져나온 뒤 집으로 돌아온다. 터널을 통과해 들어간 어둡고 낯선 숲은 부모의 부재, 고립, 유기, 호기심이 뒤섞여 있는 무의식의 세계이다. 부모는 아이들을 유기하거나 내쫓고 혹은 심부름을 핑계로 멀리 떠나보낸다. 부모의 역할이 아이들에게 보호, 안전, 사랑 등을 의미하더라도 특정한 시기가 오면 아이는 부모의 품을 떠나 성장하고 독립해야 하는데, 엄마는 아이들을 낯선 장소로 보내 어두운 "숲"을 통과하도록 선택권을 준다. 도움의 손길이 없는 깊은 숲 속에서 아이는 혼자서 두려움과 싸우면서 주어진 모험과 탐색을 완수해야 한다. 이 숲에서 살아남는 방법은 용기와 지략, 혹은 속임수이며, 무의식의 세계에 적합한 능력은 『터널』의 여동생이 그러했듯이 이성이 아니라 감성과 포용력이다.[11)]

여동생의 세계는 그녀의 등 뒤에 그려진 화사한 꽃무늬 벽지처럼 환상과 이야기로 가득 차 있다. 여동생이 읽는 책은 늑대와 마녀가 등장하는 동화이며, 이 세계를 비웃는 오빠는 늑대의 가면을 쓰고 잠든 동생을 놀라게 만든다. 여동생의 세계에 공감하지 않는 오빠는 벽돌처럼 단단하고 확정적인 세상만이 전부라고 생각한다. 그는 이야기의 세계가 만드는 어둡고 깊은 환상과 무의식의 세계를 알지 못한다. 그래서 '터널'이라는 알지 못하는 낯선 상상의 세계에서 아무 것도 하지 못한 채 돌이 되고 만다. 그를 구하는 이는 상상의 세계를 맛본 자, 그 상상의 세계에서 자신의 갈 길을 탐색해보던 여동생일 수밖에 없다. 오빠가 속하는 현실적인 세상 대신 자신의 공간만을 들여다보던 여동생은 돌아오지 않는 오빠를 구하기 위해 용기를 내어 터널로 뛰어든다. 그녀를 전진하게 만드는 힘은 사랑이며, 숲 속을 달려갈 수 있는 힘은 상상력에서 나온다. 여동생이 환상적 이야기 속에 건설되어 있는 자신의 세계만 고집한다면 굳건한 삶의 토대일 수도 있는 현실을 만날 수 없다. 여동생과 오빠가 터널의 바깥

11) 『터널』에서 남매의 관계변화를 통한 성장과 무의식의 세계에 대한 탐구는 『숲 속으로』(*Into the Forest*)와 같은 작품에서 그 깊이를 더한다. 『숲 속으로』는 「빨간 망토」의 구도를 이용하여 가족구성원 간의 관계와 성장, 그리고 무의식의 세계를 환상적으로 탐색한다. 할머니 댁을 방문하려는 소년은 숲 속을 가로지르는 위험한 지름길을 선택하는데, 숲 속에서는 전래동화의 주인공들이 그를 가로막는다. 소와 바구니 속의 케이크를 바꾸자는 아이는 『잭과 콩나무』(*Jack and the Beanstalk*)의 잭(Jack)이며, 케이크를 무례하게 요구하는 금발머리 소녀는 『골디락과 곰 세 마리』의 골디락이다. 나무 아래에서 모닥불을 피워놓고 무력하게 부모를 기다리는 창백한 아이들은 『헨젤과 그레텔』의 주인공들이다. 소년은 이들의 유혹을 뿌리치고 나무에 걸린 '빨간 코트'를 입은 채 낯설고 음산한 숲을 통과해 할머니 댁을 향해 달려간다.

과 터널의 안쪽, 즉 공놀이와 잡동사니가 있는 문명의 세계와 환상적 이야기와 어두움이 있는 무의식의 세계에서 같이 살아남을 수 있으려면, 각자 자신의 세계에 상대방의 세계를 받아들여야만 한다. 상대방이 속한 세상과의 화해, 판타지와 현실의 극적인 조우가 자신만의 세계에서 고립되어 있다고 느끼던 아이들을 끌어내 만나게 하고 성장시킨다.

집으로 무사히 돌아온 남매는 이제 서로의 얼굴을 마주볼 수 있다. 여동생은 화사한 꽃무늬를 배경으로, 오빠는 벽돌담을 배경으로 서 있는 첫 페이지에서 둘 사이의 차이가 극명하게 드러나 있었지만, 또 서로의 존재를 무시하고 서로 바라보지 않던 공터 장면에서도 분리되어 있는 공간만큼이나 가까워질 수 없는 거리감이 느껴졌지만, 이제 둘 사이의 관계는 달라져 보인다. 마지막 페이지에서 여동생은 오빠를 바라보며 다정하고 환한 미소를 띤다. 독자는 여동생의 미소 띤 얼굴을 볼 수 있지만, 오빠의 얼굴은 볼 수 없다. 그는 뒷모습만 보이기 때문이다. 독자로 하여금 거울을 들여다보듯이 여동생의 얼굴과 동일하게 오빠의 얼굴을 상상할 수 있도록 만든 것은 브라운의 전략일 것이다. 그는 둘 사이의 갈등이 해결되고 거리감이 좁혀진다는 것을 이 거울 장면 그림을 통해 상징적으로 보여주는 듯하다.

브라운의 그림을 통한 이야기 전략이 빛을 발하는 것은 바로 이 지점이다. 오빠의 표정에 대한 독자의 가정에 명확한 근거가 없기 때문이다. 즉 오빠의 얼굴을 들여다보며 웃는 여동생의 얼굴을 통해서 우리는 오빠의 얼굴을 유추하지만, 결코 그가 동생처럼 미소를 짓는지, 동생의 상상적 세계를 기꺼이 받아들이고 자신의 확정적 세계를 버렸는지, 혹시 이것은 역할의 변화에 불과한 것은 아니었는지, 이런 물음들 속에서 독자가 속고 있는 아닌지 대답할 수 없다. 이것은 여동생이 보여주는 미소와 보이지 않는 오빠의 얼굴 사이에 독자가 건널 수 없는, 작가도 건네줄 수 없는 간극이 존재하기 때문이다. 브라운은 이 모호함을 독자의 몫으로 남겨놓는다. 마지막 페이지를 덮으면서 독자들은 자신만의 해석, 자신의 삶과 주변의 삶을 텍스트의 결말과 씨줄과 날줄처럼 엮어보면서 스스로 내려야 하는 열린 결말의 다양한 가능성과 대면한다.

3. 그림책의 열린 결말, 열린 해석의 가능성

브라운이 그림책에서 다루는 주제는 동시대적이며 현실적이다. 그는 가족 구성원의 위태로운 공존과 갈등을 그리면서 어떻게 화해로 나아가는가를 보여주고, 의사소통이 되지 않는 세대간, 가족 간의 갈등을 포장없이 보여준다. 권위적인 남성상, 수동적인 여성상을 통해 불안한 주체의 모습을 그리며, 어린 시절의 성장의 불안과 무의식의 공포 등을 다룬다. 『꿈꾸는 윌리』에서 브라운은 판타지와 현실의 경계선을 흐리게 만들면서 그 밀접한 관련성을 보여주고, 언어의 약속과 그 가변성에 대한 도전을 통해 우리가 살고 있는 현실을 새롭게 바라볼 것을 요구한다. 『돼지책』에서는 현대 사회에서 제기되는 성 역할의 문제를 전래동화의 인물인 돼지로 변하는 아빠와 두 아들들을 통해서 다루고, 의사소통의 단절과 노동의 소외에 대해 진지하게 생각해볼 것을 주문한다. 『터널』에서는 여동생과 오빠의 관계 변화와 발전을 통해서 어린 시절에 갖는 성장에 대한 무의식적 공포감의 근원과 감정적 교류의 문제를 다룬다.

브라운의 그림책들은 수많은 다른 텍스트들과 교차하고 혼합되며 새로운 이야기를 형성한다. 전래 동화와 전승 동요뿐만 아니라 때로는 자신의 그림책 속 그림을 다른 작품 속에서 패러디하기도 한다. 이렇듯 그는 상호텍스트적으로 읽어야 하는 자신의 그림책을 통해서 판타지와 현실이 소통하는 방법을 보여준다. 그의 그림은 문자텍스트가 말하고 있는 것을 확장하며 배반하는데, 대개의 경우 문자텍스트는 평이한 현실을 다루지만, 그의 그림이 갖는 서사는 그 너머의 환상, 초현실까지 넓고 깊게 펴져나간다. 현실세계 너머의 상상적 세계는 그림이 말하는 이야기를 통해 다시 현실과 조우하면서 독자들에게 밀려든다. 액자틀을 넘어 바닷물이 넘쳐흐르고 말 한마디에 사람이 돼지가 되며 터널 저 편에 어두운 환상의 세계가 있는 등 독자의 일반적이고 상식적인 기대를 배반하는 그의 그림이 주는 통쾌함은 헤어날 수 없는 매력이다. 그림책을 읽을 때마다 매번 새로워지는 독서와 그 해석이야말로 브라운을 비롯한 많은 작가들이 원하는 목표일 것이다. 독자의 독서 경험과 능동적 해석을 바탕으로 숨은 이야기를 찾아내는 것이야말로 "결을 거스르며" 읽는 것이다 (Benjamin 257).

브라운의 그림책을 통해 경험했듯이, 그림책이 갖는 자유로운 해석의 가능성과 정서적 위안은 어린아이들에게만 속하지는 않는다. 그림책을 단지 유아들을 위한 일정한 시기에 국한된 문학적 경험이라고 생각하는 것이 오류인 이유는, 그림책이 유아를 위한 문학에서 출발했지만 점차 모든 연령을 초월한 문학작품으로 받아들여지고 있기 때문이다. 그림책은 다층적 해석이 가능하다는 점에서 아이와 어른이 동시에 즐길 수 있는 이상적 텍스트이다. 어린이뿐만 아니라 어른 역시 그림책이 주는 편안한 위안, 강요되지 않은 해석의 자유로움, 독자만의 능동적 해석의 가능성, 자신이 알고 있는 만큼 보고 자신의 상상력 너머를 탐색하는 놀라운 경험을 제공하는 책이 필요한 까닭이다.

브라운은 텍스트에 무수히 그려 넣은 그물망 같이 얽힌 서사를 읽어내고 찾아보라고 독자들을 독려한다. 독자의 능동적 해석만이 브라운이 만들어놓은 촘촘한 이야기의 결을 있는 그대로 혹은 거슬러 읽을 수 있는 힘이 된다. 그는 일상의 것을 새롭게 바라보고 일상의 것에서 수많은 이야기를 만들어낼 것을 요구한다. 바르트(Roland Barthes)가 말하듯이 "여러 다양한 글쓰기들이 서로 결합하며 반박하는 다차원적인 공간"인 "텍스트는 수많은 문화의 온상에서 온 인용들의 짜임"이다(32). 확정적인 결말과 단일한 이야기 대신 유동적이고 변화무쌍한 결말의 가능성을 중층의 이야기를 통해 들려주는 브라운의 놀라운 그림책들 속에서 독자들은 글과 그림의 안과 밖을 들여다보면서 텍스트의 촘촘히 짜인 서사와 헐거운 틈새를 따라 확장된 상상력과 창의력의 바다를 여행한다.

인용문헌

롤랑 바르트. 『텍스트의 즐거움: 롤랑 바르트』. 김희영 옮김. 서울: 동문선, 2002.

옌스 틸레 외. 『그림책의 새로운 서사형식』. 지광신 외 옮김. 서울: 마루벌, 1991.

프레데릭 스테르. 『아기 돼지 세 자매』. 최윤정 역. 서울: 최윤정, 2001.

Ahlberg, Janet, and Allan Ahlberg. *Each Peach Pear Plum*. New York: Scholastic, 1978.

______________________________. *The Jolly Postman or Other People's Letters*. Boston: Little, Brown and Company, 1986.

Bakhtin, M. M. *The Dialogic Imagination: Four Essays*. Ed. Michael Holquist. Trans. Caryl Emerson and Michael Holquist. Austin: U of Texas P, 1981.

Bates, Charles. *Pigs Eat Wolves: Going into Partnership with Your Dark Side*. Yes International P: St. Paul, 1991.

Benjamin, Walter. *Illuminations*. Ed. and introd. Hannah Arendt. Trans. Harry Zohn. New York: Schocken, 1969.

Brett, Jan. Retold. *Goldilocks and the Three Bears*. New York: Paperstar, 1987.
Browne, Anthony. *Bear Hunt*. London: Puffin, 1979.
_______________. *Changes*. New York: Farrar, Straus and Giroux, 1990.
_______________. *Gorilla*. London: Walker, 1983.
_______________. *Hansel and Gretel*. London: Walker, 1981.
_______________. *Into the Forest*. London: Walker, 2005.
_______________. *My Dad*. London: Picture Corgi, 2000.
_______________. *Piggybook*. London: Walker, 1986.
_______________. *The Shape Game*. London: Picture Corgi, 2003.
_______________. *The Tunnel*. London: Walker, 1989.
_______________. *Through the Magic Mirror*. London: Walker, 1976.
_______________. *Voices in the Park*. London: Picture Corgi, 1998.
_______________. *Willy the Dreamer*. London: Walker, 1997.
_______________. *Willy's Pictures*. London: Walker, 2001.
_______________. *Zoo*. London: Red Fox, 1992.
Carroll, Lewis. Alice's Adventures in Wonderland *and* Through the Looking-Glass and What Alice Found There. Ed. Roger Lancelyn Green. New York: Oxford UP, 1971.
Chodorow, Nancy J. *The Reproduction of Mothering: Psychoanalysis and the Sociology of Gender*. Berkeley: U of California P, 1978.
Cole, Babette. *Prince Cinders*. New York: Paperstar, 1987.
____________. *Princess Smartypants*. New York: Paperstar, 1986.
Comenius, Johann Amos. *Orbis Sensualium Pictus, Or the Visible World*. Detroit: Singing Tree P, 1968.
Dali, Salvador. *The Persistence of Memory*. The Museum of Modern Art, New York.
Gogh, Vincent Van. *Bedroom in Aries*. Van Gogh Museum, Amsterdam.
_________________. *Sunflowers*. Neue Pinakothek, Munich.

________________. *Wheatfield with Crows*. Van Gogh Museum, Amsterdam.

Hunt, Peter. "Introduction." *Understanding Children's Literature: Key essays from the second edition of* The International Companion Encyclopedia of Children's Literature. 2nd ed. Ed. Peter Hunt. London: Routledge, 1999. 1-14.

Kristeva, Julia. *The Revolution in Poetic Language*. Trans. Margaret Waller. New York: Columbia UP, 1984.

Lewis, David. *Reading Contemporary Picturebooks: Picturing Text*. London: Routledge, 2001.

Marshall, James. Retold. *Hansel and Gretel*. New York: Puffin, 1990.

_____________. Retold. *The Three Pigs*. New York: Puffin, 1989.

Munsch, Robert N. *The Paper Bag Princess*. Illust. Michael Martchenko. Toronto: Annick, 1980.

Nikolajeva, Maria. *Aesthetic Approaches to Children's Literature: An Introduction*. Lanham: Scarecrow, 2005.

Nikolajeva, Maria, and Carole Scott. *How Picturebooks Works*. New York: Routledge, 2006.

Ottolenghi, Carol. Retold. *Jack and the Beanstalk*. New York: McGraw-Hill, 2001.

Perrault, Charles. "Little Red Riding Hood." *The Complete Fairy Tales of Charles Perrault*. Trans. Neil Philip and Nicoletta Simborowski. New York: Clarion, 1993. 30-34.

Rousseau, Henri. *The Dream*. The Museum of Modern Art, New York.

Scieszka, Jon, and Lane Smith. *The Stinky Cheese Man and Other Fairly Stupid Tales*. New York: Viking, 1992.

________________________. *The True Story of the 3 Little Pigs*. New York: Puffin, 1989.

The Truman Show. Dir. Peter Weir. With Jim Carrey, Laura Linney and Noah Emmerich. Paramount Pictures, 1998.

Venus de Milo. Louvre Museum, Milos.

Wilkie-Stibbs, Christine. "Intertextuality and the Child Reader." Hunt 168-79.

Wittgenstein, Ludwig. *Philosophical Investigations*. Trans. G. E. M. Anscombe. 3rd ed. Oxford: Blackwell, 1968.

Žižek, Slavoj. *The Parallax View*. Cambridge: MIT P, 2009.

* 이 글은 『영미문학교육』 15집 2호(2011)에 실린 논문으로, 오류 및 문장을 다소 수정하였다.

달콤한 초콜릿과 씁쓸한 자본주의
달의 『찰리와 초콜릿 공장』

1. 로알드 달의 이야기 구도

로알드 달(Roald Dahl)은 독자의 예상을 뛰어넘는 놀랍고 기괴한 상상력 덕분에 어린이들에게 인기 있는 작가 중 한 사람으로 꼽힌다. 그는 아이들을 괴롭히는 어른들을 추하고 어리석은 존재로 묘사하는 반면, 이에 대적하는 어린이 주인공들을 영리하고 지혜로운 지략가로 그려낸다. 최근 영화로 개봉되었던 작품인 『멋쟁이 여우 선생』(*Fantastic Mr. Fox* [1970])이나 『얼간이들』(*The Twits* [1980]) 같은 이야기에서도 어른들은 대부분 탐욕스럽고 무례하며 종국에는 자신들의 탐욕과 어리석음에 대한 대가를 치른다. 현실 세계에서 자신보다 큰 존재에 대항하여 승리할 수 없는 어린이들이 달의 작품을 읽으면서 느끼는 즐거움은 어른들이 이해하기 어려운 것일지도 모른다. 달이 기본적으로 설정하는 연약하지만 영특한 어린이와 권위적이지만 어리석은 어른이라는 이분법적 혹은 대항적 구도는 그의 작품에 팽팽한 긴장감과 재미를 배가시킨다.

『찰리와 초콜릿 공장』(*Charlie and the Chocolate Factory* [1964])에서는 달이 즐겨 사용하는 어른과 아이의 대항적 구도를 표면에 드러내는 대신,

찰리 버킷(Charlie Bucket)이라는 착한 아이가 어떻게 윌리 웡카(Willy Wonka)의 놀라운 초콜릿 공장을 물려받게 되었는가를 환상적인 에피소드들을 통해 보여준다. 다 쓰러져가는 오두막에서 늙은 조부모 네 사람과 따뜻한 심성의 성실한 부모와 함께 사는 착하고 유순한 찰리의 믿을 수 없는 모험을 그리는 이 작품에서, 가족들을 괴롭히는 것은 지독한 가난이지만 가난을 핑계로 서로를 비난하거나 욕심을 부리지 않는다. 전래동화에서 흔히 등장하는 것처럼 부양하기 어려운 노인들이나 어린이를 유기하는 일 없이 찰리의 부모는 노동력이 없는 조부모들을 성심껏 돌보는데, 가난함이 오히려 그들을 결속시키는 듯 보인다. 달은 가난한 가족의 지극히 따뜻한 가족애를 통해서 세상의 저속함을 한꺼번에 비웃고, 예의바르고 순종적인 찰리를 통해서 무례하고 버릇없는 아이들과 그 부모들을 꾸짖는다. 그는 이렇게 가난하고 예의바른 가족과 부자이면서 무례한 가족을 대비시키는 이분법적 구도를 통해서 착한 이는 보상받고 악한 이는 처벌받는 전통적인 결말의 틀을 변함없이, 더욱 강렬한 방법으로 독자들에게 전달한다.

상상력을 자극하는 즐거운 모험 이야기인 『찰리와 초콜릿 공장』은 찰리네 가족의 행복한 결말을 그려내지만, 다른 한편으로 이 놀라운 행운 이면의 모순을 드러낸다. 거대하고 환상적인 초콜릿 공장, 웡카의 천재적 능력, 선한 행위로 보상받아 행복해지는 찰리의 성공담 등의 바깥 틀에는 탐욕에 길들여져 눈이 먼 사람들과 공장을 스물네 시간 가동시키는 알 수 없는 노동력의 실체가 숨겨져 있으며, 무서울 정도로 증식하는 자본과 유통의 신화가 드리워져 있기 때문이다.

이를 분석하기 위해 이 글에서는 초콜릿이라는 기호식품이 어떤 의도로 사용되고 있는가를 알아보면서, 초콜릿의 생산과 유통 과정에 숨어있는 비밀과 그 과정에서 노골적으로 소외되고 배제당하는 사람들에 대해 밝힌다. 웡카와 찰리의 행복한 성공담이 어떻게 다르게 해석될 수 있는가를 살피고, 특히 "공장"이라는 장소가 갖는 자본적 속성과 이를 지지, 확장시키는 웡카의 실체를 분석하면서, 달이 독자가 기대하고 있는 권선징악의 결말을 어떻게 강화시키는지를 고찰한다.

2. 달콤한 초콜릿과 웡카

어린이의 신체적 성장에서 중요한 요소 중 하나는 그가 섭취하는 음식일 것이다. 성장 시기에 영양소가 풍부한 음식을 적절히 섭취하지 못한다면 신체적 발육이 더딜 가능성이 높아지기 때문이다. 문학작품에서도 음식은 신체적, 정신적 충만함 혹은 결핍의 상태와 밀접한 관련을 갖는 경우가 많다. 『찰리와 초콜릿 공장』은 찰리와 다른 네 명의 어린이들이 음식과 초콜릿에 대해 상이한 태도를 보인다는 점을 부각시키면서, "상징적으로 충족되지 않은 욕구를 대리"하는 음식을 매개로 과식이나 탐닉 같은 지나친 욕망의 조절 능력을 시험해 볼 수 있다는 것을 보여준다 (Honeyman, "Gingerbread" 197). 기호품에 불과한 초콜릿은 이 작품에서 생존의 문제와 직결되는 중요한 음식으로 부상한다.

찰리와 그 가족들에게 음식이 중요한 이유는 그들이 빈곤한 가정형편 때문에 언제나 멀건 양배추 스프만을 질리도록 먹어야만 하기 때문이다. 게다가 찰리 아버지가 다니던 치약공장이 갑자기 문을 닫은 이후 더욱 부실해진 식사 때문에 고통을 받는다. 특히 찰리는 "점점 더 말라"가고 "살갗 아래 뼈 모양이 보일 정도로 빼이 홀쭉해"진다(40).[1] 항상 배부르

1) Roald Dahl. *Charlie and the Chocolate Factory*. (New York: Puffin, 1988) 이하 본문 인용은 이 책을 이용한다.

게 밥을 먹을 수 있고 원한다면 가게에서 사탕이나 초콜릿을 사 먹을 수 있는 다른 아이들과 달리 배고픈 찰리에게 초콜릿은 닿을 수 없는 꿈과 같은 대상물이다. 초콜릿이 본래 특권층의 기호품이었으며 귀족층처럼 선택된 사람들만이 접할 수 있었던 "신들의 음식"(코 20)이었듯이, 가난한 찰리에게도 초콜릿은 쉽게 구할 수 없는 특별한 음식인 것이다. 웡카의 초콜릿 공장에서 초콜릿 한 컵으로 기쁨을 느끼는 찰리의 모습은 초콜릿이 그에게는 단순한 기호품 이상이라는 것을 확실히 보여준다.

> 갑자기 찰리 옆에 앉아있던 웡카 씨가 보트 바닥으로 손을 뻗어서 커다란 컵을 꺼내서는 강 속으로 푹 담구더니 초콜릿으로 컵을 가득 채워 찰리에게 내밀었다. "이걸 마셔라, 너에게 정말 좋을 거야! 굶어죽을 것처럼 보이는구나!"...
>
> 찰리가 컵을 입에 대었다. 진하고 따뜻한 크림 같은 초콜릿이 목을 타고 텅 비어있는 위장으로 들어가자, 머리부터 발끝까지 몸 전체가 기쁨으로 울렁거리기 시작했고 충만한 행복의 느낌이 퍼져나갔다. (83-84)

웡카는 굶주린 찰리를 따뜻한 초콜릿으로 가득 채운다. 일년에 단 한 번 생일선물로 받는 초콜릿을 한 달 동안 조금씩 갉아먹는 데 만족해야 했던 찰리가 웡카의 초콜릿으로 순식간에 원기를 회복하고 행복해하는 이 장면에서 초콜릿은 신체적 빈곤을 채우는 영양식일 뿐만 아니라 보상으로 작동한다. 정신적 결핍에 대한 보상이거나 충족되지 않은 갈망의 은유인 초콜릿은 찰리에게는 굶주림을 해결하고 영양분을 공급해주는, 지속적인 배고픔을 단번에 채워줄 수 있는 음식이 된다.

영양가가 풍부한 음식을 지속적으로 공급받지 못하는 찰리가 자본주의 사회에서 가난으로부터 벗어나 초콜릿을 마음껏 먹을 수 있으려면 자본과 손을 잡는 방법 외에는 다른 길이 없다. "엄청나게 커다란 초콜릿 공장"(Enormous Chocolate Factory [7])이라는 판타지의 옷을 입고 나타난 자본은 가난한 찰리에게 손을 내밀면서 초콜릿이라는 물질에 부여된 의미를 확대 재생산한다. 초콜릿을 소유하고 먹는 자만이 웡카의 특별한 공간에 입문할 수 있게 되기 때문이다.

물론 웡카의 특별한 공간에 초대받았다고 해서 모두 웡카의 행운을 나누어 갖는 것은 아니다. 찰리는 자신이 쉽게 가질 수 없는 초콜릿에 대해서 특별한 감정, 즉 일종의 "경외감"을 갖고 있지만 다른 사람들의 태도는 전혀 다르다. 부유하기 때문에 배고픔이 무엇인지 모르는, 때로는 과도한 물질적 풍요로움에 노출되어 있는 네 명의 아이들에게 초콜릿은 또 다른 간식거리 혹은 탐닉의 대상일 뿐이다. 식탐에 가득 찬 오거스터스 글룹(Augustus Gloop)은 지나치게 많이 먹어대는데, "먹는 것이 취미"(22)인 그에게 초콜릿은 밥이나 빵 같은 주식 이외에 언제나 먹을 수 있는 간식거리에 불과하다. 원하는 것은 뭐든지 가져야만 직성이 풀리는 버루카 솔트(Veruca Salt)에게도 초콜릿이 특별한 의미를 갖지 않는다. 남들이 가지고 있는 것과 남들이 가지고 있지 않은 것을 다 가져야만 하는 소유욕과 그녀가 원한 것은 뭐든지 다 사주어야 행복하다고 믿는 솔트 씨 때문에 웡카의 황금 티켓(Golden Ticket)이 필요했던 것이다. 껌 하나를 몇 달씩 쉴 새 없이 씹어대는 바이올릿 뷰르가드(Violet Beauregarde)는 껌 씹기의 "세계기록"과 "웡카가 평생 동안 씹을 수 있는 껌을 줄 것"(32)이라는 점만을 중요하게 여긴다. 텔레비전 게임에 중독된 채 폭력적인 성향이 강해진 버릇없는 마이크 티비(Mike Teavee)는 하루 종일 텔레비전 앞을 떠나지 않은 채 게임을 방해하는 것을 참지 못하며 다른 사람들과 의사소통을 하지 못한다. 이들은 웡카의 초콜릿 공장을 방문하는 일을 부수적인 행운 정도로만 여긴다.

웡카가 발행한 황금 티켓이 다섯 장으로 제한되어 있다는 점에서 이것은 기본적으로 행운을 의미한다. 그러나 이 행운의 티켓은 찰리와 다른 네 명의 아이들에게서 달리 해석된다. 이미 물질적으로 풍족한 상태인 네 명의 아이들에게 황금 티켓은 잉여의 욕망과 관련되어 있으며, 음식의 문제가 아니라 소유와 갈망의 문제가 된다. 반면 찰리에게 황금 티켓이란 배고픔의 해결을 의미한다. 육체의 배고픔을 해결하고자 하는 찰리가 이미 정신적으로 풍족한 상태라는 것은 역설적이다. 자기 통제력이 강한 착한 아이인 찰리는 달이 작품 속에서 강조하는 덕목인 가족애 덕분에 정신적으로 풍족한데, 다른 아이들이 신체적으로 결코 배고프지 않고 지나치게 과잉의 상태이면서도 올바른 사랑이 없는 가족관계 속에서 헐벗고 병들어있다는 것과 대조를 이룬다.

아이들과 그 가족들은 웡카와 함께 구불구불한 길을 달려 땅 속의 공장으로 내려간다. "거대한 토끼 굴"(62) 같은 땅 속의 구불구불한 통로는 앨리스(Alice)가 떨어진 토끼 굴을 연상시키는데, 이런 유사성은 이상한 나라(Wonderland)와 초콜릿 공장의 공통적인 환상성을 강조한다. 앨리스나 찰리 일행이 들어간 지하의 환상적 세계는 "악한 자는 처벌받고 선한 자는 보상받는 장소"(Hamilton 40)로서 누구나 방문하고 돌아올 수 있는 곳이 아니라, 오로지 선택된 자, 즉 열쇠나 황금 티켓을 가진 사람만이 들어갈 수 있는 공간이다. 하트의 여왕(the Queen of Hearts)이 다스리는 이상한 나라가 무질서하고 혼돈에 가득 찬 광기 어린 장소이며 체셔 고양이(Cheshire Cat)의 말처럼 "여기 있는 사람들은 모두 미쳤어"(*Alice* 58)라고 단언되는 세상이듯이, 웡카의 지하 공간 역시 비현실적인 세계임이 틀림없다.

> 그 곳은 온갖 방향으로 이리저리 통로가 이어져있는 거대한 토끼 굴 같았다....

> "이 모든 통로는 아래로 향해 있다는 점을 알아두세요!" 웡카 씨가 말했다. "우리는 지금 지하로 내려가고 있는 겁니다. 내 공장에서 가장 중요한 방들은 **모두** 지하 깊숙이 자리 잡고 있습니다!"… "여기 땅 아래, 내가 원하는 **모든** 공간을 갖고 있지요. 내가 파 낼 수 있는 한 한계란 없답니다." (62)

지상의 초콜릿 공장이 언제나 문이 닫힌 채로 단 한 사람의 출입도 없는 것과 달리, 지하의 초콜릿 세계는 온갖 기발한 발명품들과 왕성한 노동력으로 가득 차 있다. 공간적 제약을 받지 않고 무한정 확장할 수 있는 지하의 초콜릿 공장의 판타지가 지상, 즉 현실 세계와는 다른 공간을 점유하고 있음이 확실해진다. 상상을 초월하는 초콜릿 제품의 연구와 생산이 이루어지는 지하의 초콜릿 공장은 이상한 나라처럼 광기에 가득 차 있는 혼돈의 공간이지만, 동시에 네버랜드(Neverland)처럼 결코 사라지지 않는 꿈의 공간이다. 이상한 나라에 도착한 앨리스가 다양한 인물들과의 만남 속에서 자신의 정체성을 찾기 위해 노력했던 것과 마찬가지로, 찰리와 아이들은 자신이 누구인가를 증명하고 웡카의 시험을 통과해야 한다. 다른 아이들이 무절제한 요구와 적극적인 욕망의 표현을 통해 자신을 드러내 보인다면, 찰리는 수동적으로 욕망을 통제하고 절제함으로써 초콜릿 공장을 물려받을 적절한 적자임을 입증한다.

3. 씁쓸한 자본주의와 웡카

웡카의 공장을 밤낮없이 가동시키는 비밀 인력은 카카오 열매를 다른 무엇보다 좋아하는 움파룸파 족(Oompa-Loompas)이다. 초판본에서 움파룸파 족을 검은 피부에 곱슬머리인, 식민지 노예의 모습으로 그렸다가

"인종차별주의자"(racist) 혹은 "성차별주의자"(sexist)라는 비난을 받았던 달은 수정을 거쳐 이들을 밝은 피부를 가진 작은 키의 인종으로 바꾸었다. 그러나 움파룸파 족에 대한 달의 묘사는 여전히 문제가 많아 보인다. 달은 웡카가 움파룸파 족을 발견한 정글을 "세계에서 가장 위험한 맹수들로 들끓고" 도저히 사람이 먹을 수 없는 형편없는 음식으로 가득 찬 빈곤한 지역으로 그려낸다(69). 먹을 것이 없어 맛없는 애벌레를 으깨먹는 비참한 환경에 놓인 움파룸파 족에게 웡카가 풍부한 카카오 열매와 편안한 노동환경을 제공한 것은 인도주의적 결정처럼 읽힌다. 그러나 그가 움파룸파 족들을 "룸파랜드(Loompaland)로부터 직접 수입했"(68)으며 "커다란 포장 상자에 구멍을 뚫어 움파룸파 족들을 담아 배에 실어 몰래 밀수입했다"(71)고 설명하는 것으로 미루어 보아 정당한 계약을 기대할 수 없는 비인도적인 방법으로 그들을 데려와 노동인력을 충당했다는 것을 알 수 있다.

실제로 카카오가 이득을 낼 수 있는 상품이라는 것이 알려지게 된 이후 카카오 농장은 기후조건이 적합한 열대지방에 건설되었으며 부족한 노동력을 아프리카 노예들로 충당했는데, 작업환경은 몹시 비인간적이었다. 사탕수수나 카카오 재배는 다른 어떤 농장보다도 더 많은 인력을 필요로 했으므로 아프리카 지역의 노예를 수입하고 매매하는 것이 당연시되었는데, "농장을 만들기 위해 투자를 하고 그곳에서 일할 엄청나게 많은 사람들을 쇠사슬에 묶어 타지에서 수입해 들여온 유럽인들"(Mintz xxiv)과, 커다란 상자에 어른 아이 할 것 없이 화물처럼 담아 공장까지 운반한 웡카의 태도가 유사하다는 점을 감안하면 움파룸파 족의 밀입국은 웡카가 행한 노예 매매일 가능성이 높아 보인다.

> 이 삼각무역의 중요한 특징은 그 거래에서 인간 화물들이 중요하게 나타난다는 것이다.... 대서양을 넘나들던 삼각무역 둘 다에서 유일한 "불법 상품"(false commodity)은—하지만 그 제도에서 절대적으로 핵심적인 것이었는데—인간들이었다. 노예들은 "불법 상품"이었는데, 왜냐하면 인간이란 상품으로 취급되는 때조차도 상품일 수 없기 때문이다. (Mintz 43)

결코 상품일 수 없는 사람들을 상품처럼 수입한 웡카의 태도에 문제가 있다는 것은 노동의 대가로 그들에게 카카오 열매나 초콜릿을 제공하는 데에서도 드러난다. "카카오 열매는 워낙 가치가 컸던 데다 희소성까지 있어 화폐로도 사용되었다"(171)는 포머란츠(Kenneth Pomeranz)와 토픽(Steven Topik)의 설명에 따르면 카카오 열매는 단지 음식이나 기호품에 그치지 않고 경제의 순환에 중요한 역할을 담당했다. 웡카가 공장을 벗어나지 않는 움파룸파 족에게 카카오 열매를 제공하는 것이 그들의 의식주 해결에는 도움이 되겠지만, 카카오 열매가 갖는 경제성, 즉 카카오 열매의 교환을 통해서 얻을 수 있는 부수적인 이윤을 아예 배제하는 것으로, 움파룸파 족의 의존성을 더욱 심화시킨다.

공장 운영의 핵심노동인력인 움파룸파 족은 개별적 특성을 갖는 인물로 그려지지 않는다. 앨리스가 이상한 나라의 장미정원에서 카드들을 만났을 때 이들이 바닥에 엎드리자 전혀 구분하지 못하는 것처럼 움파룸파 족들 각각의 특성은 거의 드러나지 않는데, 심지어 웡카는 움파룸파 족을 구분하려는 시도조차 하지 않는다. 초콜릿 개발 실험과 생산을 담당하는 이 사람들은 그냥 "움파룸파"로 불릴 뿐 이름이나 특징 혹은 성격의 차이가 없다. 웡카에게 움파룸파 족은 그저 노동력 이상이 아닌 것이다. 움파룸파의 생활을 묘사하는 웡카의 말에 따르면 그들은 여전히 정글에서의 원시성을 띠고 있다.

"그들은 놀라운 일꾼들입니다. 이제는 모두 영어로 말할 줄 알지요.... 정글에서 입던 것과 똑같은 옷을 여전히 입고 있습니다. 그렇게 하겠다고 주장하거든요. 강 저편에서 여러분이 볼 수 있듯이 남자들은 사슴가죽만을 걸칠 뿐이지요. 여자들은 나뭇잎을 입고 아이들은 아무것도 입지 않아요." (71)

웡카는 움파룸파 족들의 문화를 존중해 주는 듯 말하지만, 실제로는 그의(결국 달의) 인종차별적 시각을 드러낸다. 사이드(Edward Said)는 "고전적인 19세기 제국주의 문화는 '열등한', '종속 인종', '복종하는 사람들', '의존', '확장' 그리고 '권위' 같은 개념과 용어들로 가득 차 있다"고 설명한다(56). 20세기의 달 역시 이런 개념으로부터 결코 자유롭지 않은데, 그는 웡카를 통해 움파룸파 족의 비문명성에 대해서 설명하면서 의도적으로 그들이 "열등한" "복종하는 사람들"일 수밖에 없다는 것을 내비친다. 더구나 움파룸파 족이 "영어를 말할 수 있다"는 웡카의 설명에 따르면 이들은 자신들의 언어인 "움파룸파어"(Oompa-Loompish [70])를 새로운 삶의 터전에서 더 이상 사용하지 않는다. 이는 단순한 언어 사용의 문제를 넘어서서 종족의 유지와 심각한 연관성을 갖는데, 룸파랜드를 떠나 이곳에 이주하면서 정신을 담는 그릇이자 문화의 도구인 자신들의 "언어"를 상실함으로써 움파룸파 족의 독자적 문화가 위험에 처했으며, 웡카가 대변하는 지배적 언어인 "영어"와 자본에 의해 잠식당할지도 모른다는 우려를 낳는다.

"정신 나간 인도인 왕자"(12)라고 지칭되는 폰디체리 왕자(Prince Pondicherry)의 이야기 역시 이의 연장선에 있다. 쉽게 녹는 초콜릿으로 거대한 궁전을 지어 달라고 요구하고 어서 먹으라는 웡카의 충고를 거부한 채 초콜릿 침대에서 잠을 자다가 녹아내리는 초콜릿 궁전에서 익사할 뻔 했던 어리석은 폰디체리 왕자의 이야기는 동양에 대한 서양의 일반적이고 노골적인 편협한 시각을 그대로 드러낸다. "가장 오래된 문명의 발상지"이자 "오랜 역사를 가지고 지속적으로 번창해 온" 인도에 대한 묘사는 언제나 소위 "동양화"의 범주를 벗어나지 못한다(월퍼트 31-33). 심지어 인도 대륙의 자연적 특징인 무더위조차 인도인들과 그 문명에 대한 지표로 사용된다. 『비밀의 정원』(*The Secret Garden*)에서 "인도에서는 언제나 너무 덥고 나른하고 골골해서 무슨 일에든 그다지 신경 쓰지 않았"(59)다던 메리(Mary)를 통해 인도의 무더위가 상대적으로 서늘한 영국의 날씨와 달리 부정적으로 묘사되는 것도 이와 관련된 한 예일 것이다.

한 지역의 날씨는 단지 기후적 조건일 뿐인데, 이것이 마치 그 지역의 문화와 삶을 평가하는 지표인 듯 사용된다. 움파룸파 족에 대한 달의 초판본 묘사를 생각해본다면 그가 인도인 왕자를 등장시키는 것이 단순한 우연이라고만 보기 어렵다. 폰디체리 왕자의 초콜릿 궁전은 그 자체로 이미 웃음거리이지만, 더운 날씨에 녹아내린 초콜릿에 익사할 뻔한 상황을 만듦으로써 한 나라의 귀족인 인물을 어린이보다 판단력이 부족한 인물로 희화화한다. 웡카가 초콜릿으로 거대한 궁전을 만든다는 설정은 그의 능력을 한껏 돋보이게 하는 장치인데, 동시에 쉽게 녹는 초콜릿으로 궁전을 만들어 달라고 요구한 인도인 왕자의 어리석음이 이를 통해 상대적으로 강조된다. 이로써 달은 움파룸파 족뿐만 아니라 인도인들도 역시 판단력이 부족한 독자적이지 못한 미개한 사람들로 그려낸다.

웡카가 움파룸파 족에게 단순한 노동력 이상의 가치를 부여할 줄 모른다는 것은 그들을 초콜릿 신제품 개발에 실험대상으로 쓴다는 점에서도 드러난다. 웡카는 "머리카락 캔디"(Hair Toffee)를 움파룸파에게 테스트해 보았더니 순식간에 두터운 털 카페트처럼 털이 자라나 잔디 깎는 기계로 털을 잘라야만 했다고 말한다(90-91). 바이올릿 뷰르가드가 허락 없이 기계에서 막 만들어진 "세계에서 가장 놀랍고 멋지고 세상을 떠들썩하게 만들 껌"(94)을 씹다가 점점 몸이 보라색으로 변하면서 부풀어 오를 때, 웡카는 일상적으로 일어나는 일이라는 듯 한숨을 내쉰다.

> "**언제나** 저런 일이 일어나죠." 웡카 씨가 한숨을 쉬었다. "실험실에서 스무 명의 움파룸파들에게 스무 번 시험을 해 봤답니다. 모두 결국 블루베리처럼 되고 말았지요. 정말 성가신 일이에요. 이해할 수가 없다니까요." (98-99)

"정말 성가신 일"이라는 웡카의 표현에서 실험대상이 된 움파룸파 족의 심리나 건강상태에 대해 걱정하는 마음은 찾아볼 수 없다. 배려심이 없는 그에게는 실험의 성공과 실패만이 중요한 문제일 뿐이다. 『찰리와 초콜릿 공장』의 다음 이야기인 『찰리와 거대한 유리 엘리베이터』(*Charlie and the Great Glass Elevator*)에서도 움파룸파 족을 상대로 한 실험이 계속된다. 웡카가 개발한 젊어지는 약(rejuvenator)인 웡카비트(Wonka-Vite)의 실험에는 131명의 움파룸파 족이 실험대상이 되는데 모두 실패하고, 132번째의 "용감한"(*Glass Elevator* 97) 늙은 움파룸파 족에 와서야 마침내 성공을 거둔다. 웡카는 이때도 성공한 132번째의 움파룸파에 대해서만 설명할 뿐이다. 131번째까지의 움파룸파들에게 무슨 일이 일어났는지 묻는 찰리와 그 가족들에게 그는 "글쎄... 우유를 쏟았다고 울어봤자 아무 소용없겠지요?"라며 정확한 설명을 회피한다(*Glass Elevator* 93).

움파룸파 족의 처지에 신경 쓰지 않는 무심한 웡카의 태도는 달이 지닌 관점의 반영일 수밖에 없다. 홀(Stuart Hall)에 따르면 "인종은 생물학적 범주가 아니라 담론적 범주이다. 다시 말해 그것은 말하는 방식을 구성하는 범주이며, 하나의 집단과 다른 집단을 사회적으로 차별화시키기 위해 불명확하고 때로는 특정화되지 않은 신체적 특징들(피부색, 머리털 조직, 신체적 특징 등)을 상징적인 표식으로 사용하는 재현 체계와 사회적 실천들(담론들)이다"(298). 달은 움파룸파 족의 신체적, 문화적 특성과 차이를 부각시킴으로써 유럽인들과의 차별성을 강조한다. 차별성은 강조되지만 그들의 인격과 인권에 대한 언급은 없다. 수년간 공장노동자로 근무하면서도 개인으로서 인정받지도, 이름을 부여받지도 못한 몰개성적인 움파룸파 족이 팀 버튼(Tim Burton)감독이 만든 영화에서 복제인간으로 묘사되는 것은 이런 의미에서 의미심장한데, 단 한 배우의 연기가 컴퓨터의 힘을 빌려 수많은 움파룸파 족들로 재탄생하는 모습을 보고 있으면 팀 버튼이 오히려 달이 무의식적으로 그리고 있던 움파룸파 족의 실체를 밝혀낸 것처럼 보인다.

굶주리고 헐벗은 움파룸파 족을 위험에 가득 찬 정글에서 구해냈다고 설명하는 웡카를 통해 "달은 부재와 가난에 의해 특성화된 장소로서 식민지의 고향을 구성한다"(Bradford 199). 가난하지만 자신들의 뿌리가 있는 고향을 떠난 움파룸파 족이 웡카와 맺은 계약이 평등하지 않을 가능성이 높다. 왜냐하면 움파룸파 족들에게는 자신들의 몸, 노동력 이외에는 팔 것이 없었기 때문이다.

> 노동력의 소유자가 그것을 상품으로 판매하려면 그는 그것을 자유롭게 처분할 수 있어야 하며, 따라서 자신의 노동능력이나 인격에 대해 자유로운 소유자여야 한다.... 이런 관계가 지속되려면 노동력의 소유자는 항상 자기 노동력을 일정한 시간 동안만 판매해야 할 필요가 있다. 왜냐하면 만일 그가 노동력을 일관해서 한꺼번에 판매해버린다면 그는 그 자신을 판매한 것이 되어 자기를 자유인에서 노예로, 상품소유자에서 상품으로 전화시켜버리게 되기 때문이다. 그는 인격체로서 자신의 노동력을 늘 자신의 소유물이자 자신의 상품으로 취급해야 한다. (마르크스 251-52)

마르크스(Karl Marx)의 설명에 따르면 자유로운 노동자로 남기 위해서는

"반드시 자신의 노동력을 일시적으로만" 판매해야 하며 "노동력을 양도하기만 할 뿐 그 소유권은 포기하지 않아야" 한다.

하지만 움파룸파 족에게 이런 조건은 가능하지 않다. "특히 늦은 밤, 불이 켜져 있을 때"(18) 공장 창문으로 공장에서 일하는 비밀스러운 노동자들의 그림자가 비친다는 조 할아버지(Grandpa Joe)의 말로 미루어 그들은 스물네 시간 공장에 거주하며 생산시설을 가동하고 있는 것으로 보인다. 웡카는 그들이 언제나 행복해하고 늘 즐거운 노래를 만들어 부른다면서 공장 내의 생활에 매우 만족하고 있다고 말하는데, 이것은 공장을 운영하는 운영자의 말에 불과하다. 그는 집 없는 움파룸파 족이 거주할 수 있는 장소를 제공하지만, 이 거주지는 곧 그들의 노동현장이기 때문에 진정한 '집'—쉬고 충전한다는 측면에서—이 될 수 없다. 움파룸파 족은 절대적인 빈곤의 룸파랜드를 떠나 초콜릿을 무한하게 제공받을 수 있는 웡카의 초콜릿 공장으로 이주해왔지만, 노동력의 소유권을 포기한 그들에게는 더 이상 팔 것이 남아있지 않다. 만일 움파룸파 족이 웡카의 초콜릿 공장을 떠나 새로운 삶을 시작하기를 원한다면 다시 빈곤의 상태가 시작될 것이다. 이미 그들이 웡카에게 "영원한" 노동력을 약속했으며 공장이라는 제한된 공간 내의 생활을 완벽한 것으로 여기기 때문인데, 웡카에게 노동력을 한꺼번에 판매해 버린 움파룸파 족은 마르크스의 주장처럼 "자유인에서 노예로, 상품판매자에서 상품으로" 취급되는, 웡카의 보이지 않는 족쇄에 걸린 노예일 뿐이다(252).

4. 황금 티켓과 웡카

움파룸파 족이 웡카의 초콜릿 공장을 운영하는 실체였다면, 그의 초콜릿 공장을 광고하는 이는 찰리이다. 웡카의 초콜릿 공장은 “비밀과 마법”(20)으로 가득 차 있으며, “언제나 닫혀 있는”(14) 공장의 문은 결코 열리지 않는데, 닫힌 비밀의 문 앞에서 대기를 가득 채우는 초콜릿의 짙은 향기에 매료된 채로 사람들은 호기심에 불타오른다.

> “네가 너에게 진실 하나를 말해주마.” 조 할아버지가 말하면서 찰리에게 가까이 몸을 구부리고는 목소리를 낮추어 조용하고 비밀스럽게 속삭였다. **“아무도 ... 단 한 번도 ... 바깥으로 ... 나온 적이 없어!”**
>
> “어디 바깥으로요?” 찰리가 물었다.
>
> **“아무도 ... 단 한 번도 ... 안으로 ... 들어간 적도 없어!”**
>
> “**어디** 안으로요?” 찰리가 외쳤다.
>
> “물론 웡카의 공장이지!” (13-14)

아무나 들어갈 수 없고 심지어 단 한 명도 왕래하는 것을 볼 수 없는 비밀의 공간이라는 점 외에 적절한 광고 전략이 웡카의 초콜릿 공장을 더욱 유명하게 만든다. 그는 놀랍고 창의적인 초콜릿 신제품 개발에서뿐만 아니라 기발한 방법으로 광고하고 자본을 유통시키는 데에서도 능력을 발휘한다. “평범한 초콜릿 다섯 개의 평범한 포장지 아래 숨겨둔”(20) 황금 티켓을 발견하는 아이들이 초콜릿 공장을 방문할 수 있을 것이라는 웡카의 신문 광고를 보자마자 조 할아버지는 “전 세계가 황금 티켓을 찾기 시작할 거야!... 웡카 씨는 전보다 훨씬 더 많은 초콜릿을 팔게 되는 거지!”(20)라고 외치며 그의 비상함에 감탄한다. 웡카의 뛰어난 자본가적 속성이 유감없이 발휘된다. 그가 황금 티켓을 발행한 것은 자신의 공장을 운영할 어린이를 찾기 위한 것이지만, 이것을 수없이 생산된 초콜릿 안에 숨겨놓음으로써 이 흔하지 않은 행운을 잡아보려는 사람들의 시선과 돈을 집중시킨다. 그의 상업적 전략에 사람들은 맹목적으로 시간과 돈을 소비한다. 가게마다 사람들이 몰려들어 먹지도 않을 초콜릿을 잔뜩 사서는 황금 티켓이 있는지 보기 위해 포장지를 뜯는다. 버루카 솔트의 아버지인 솔트 씨(Mr. Salt)는 황금 티켓을 찾고자 자신의 공장 직원들을 총동원해 어마어마한 양의 초콜릿 포장을 뜯어본다. 이 광고 전략을 통해 웡카는 경제적 이득 뿐 아니라 자신의 공장에서 생산되는 초콜릿의 인지도를 높이는 효과까지 덤으로 얻는다.

웡카의 허락 없이는 아무도 공장 안에 들어갈 수 없다. 다시 말해서 안으로 들어갈 수 있는 열쇠는 웡카가 발행하고 허가한 황금 티켓뿐이다. 황금 티켓을 얻으려면 그것이 들어있는 초콜릿을 살 돈이 필요하다. 돈이라는 매개물은 작품의 전반을 관통하면서 결코 인물들을 자신의 손아귀에서 놓치지 않는다. 일 년에 단 한 번 생일선물로 초콜릿을 받을 수 있는 가난한 찰리에게 "희망이 없다"(21)는 게 당연한데, 오로지 우연에 의해서, 누군가 떨어뜨린 돈을 주워서만이 기회 획득이 가능해진다. 찰리가 길에서 주운 돈은 초콜릿에 접근할 수 있는 수단일 뿐 아니라 그 이상의 의미를 지닌다. 브로델(Fernand Braudel)은 시장경제에서 돈이란 투자능력 이상의 것이라고 설명한다.

> 하지만 돈이란 투자할 수 있는 능력 이외에도 많은 것을 의미했다. 그것은 사회적 위신을 의미했으며, 보증과 특권, 관계, 보호 등의 전체 범주를 의미했다. 유효한 사건이나 기회 사이에서 선택할 수 있다는 것을 의미했으며—선택한다는 것은 유혹이자 특권이었다—저항하는 순회망 속으로 뚫고 들어갈 수 있으며, 위협받는 이익을 방어하고, 손해를 보전하며, 경쟁자들을 피할 수 있다는 것을 의미했다. 느리기는 하지만 약속되어 있는 이익을 기다릴 수 있고, 지배자의 호의와 특전을 얻을 수 있는 위치에 있다는 것을 의미했다. (Braudel 384)

찰리는 돈을 손에 쥐게 되면서 돈이 의미하는 "선택"과 선택의 결과물인 "특권"을 획득하게 된 것이다. 상품의 생산과 유통, 소비의 순환과정의 중심에 상품의 가치를 결정하는 화폐가 존재한다는 것은 화폐가 이 순환과정의 중요한 부분이라는 의미이다. 만일 화폐를 지니지 않는다면 상품을 생산하거나 유통시키거나 소비하는 과정에 참여할 수 없다. 따라서 찰리의 가난은 화폐에 대한 접근을 차단하며, 화폐를 소유하지 않는 이상 초콜릿을 구매할 수 없다. 그가 이 생산과 소비의 흐름에 유입될 수 있는 방법은 단 하나, 이 순환과정에서 비껴나 있는, 즉 길바닥에 떨어진 화폐 한 장을 줍는 일이다. 그가 주운 돈이 닫힌 문 안으로 들어가는 마법의 열쇠가 된다. 이런 비정상적인 방법을 통해서 비로소 찰리는 견고한 상품 순환의 과정에 끼어든다. 신데렐라에게 유리 구두와 호박마차를 선사해 준 요정처럼 전래동화의 우연하고도 놀라운 마법의 방법이 아니고서는 찰리가 "세계에서 가장 멋진 장소"(150)인 "아름다운" 초콜릿 궁전의 주인공이 될 수 없다.

찰리는 스스로를 변형시키거나 난제를 풀어서 열쇠를 획득하지 않는다. 닫힌 문을 열고 들어가려고 하는 자의 적극적인 노력으로 열쇠를 쟁취하는 것이 어린이 주인공이 거쳐 가야 할 통과의례로 다른 작품들에서 제시되는 것과 달리, 이 텍스트에서는 오로지 자본을 소유한 자만이 황금 티켓을 살 수 있는 기회를 갖는다. 이상한 나라에 떨어진 앨리스는 자신의 몸을 줄였다 늘렸다 하는 여러 번의 과정 끝에 탁자 위에 놓인 열쇠를 획득하여 마침내 아름다운 장미정원으로 들어갈 수 있게 된다(*Alice* 68). 비밀의 방에 들어가기 위해서 해리 포터(Harry Potter)는 지옥문 앞을 지키는 케르베루스(Cerberus)의 다른 모습인 머리 셋 달린 플러피(Fluffy)를 지나 열쇠새(key-birds)들의 공격을 피한 뒤 육중하게 닫힌 문을 열 수 있는 열쇠를 획득해야만 한다(*Harry Potter* 200-204). 앨리스나 해리가 열쇠를 획득하려고 노력할 때 이들에게는 스스로의 신체를 조절할 수 있는 능력이나 감정을 조절할 수 있는 자기 통제력, 보다 어려운 문제들을 해결하기 위한 용기와 현명한 판단력과 지혜 등이 필요하다. 하지만 찰리가 넘어서야 할 것은 자신의 의지나 힘을 시험하는 고전적인 의미의 장애물이 아니라 자본이 만들어 낸 가난이다. 이것은 어린아이인 찰리 혼자서 넘어설 수 없는 벽이며 성실함이나 근면성과 같은 덕목으로도 극복하기 어려운 것인데, 누구보다도 성실하게 일을 하던 찰리 아버지가 공장이 문을 닫자마자 가족들을 굶주리게 만드는 무능한 사람이 되는 것을 볼 때 이 점이 확실해진다. 이런 장치는 이야기의 구조 내에서 찰리가 오롯이 자신만의 힘으로 장애물을 넘어설 수는 없는, 수동적인 인물로 설정되어 있다는 것을 보여준다.

웡카의 초콜릿 공장으로 초대된 아이들과 그 가족들은 공장의 구석구석을 방문하지만, 웡카는 동시에 절대로 손대서는 안 될 것을 명시함으로써 금지된 것에의 욕망을 부추긴다. 푸른 수염(Bluebeard)이 아내에게 거대한 성의 열쇠꾸러미를 던져주고 단 하나의 방만은 열어서는 안 된다고 말하는 것처럼("Bluebeard" 36), 웡카도 아이들을 동일한 방법으로 시험한다. 모든 것이 다 초콜릿으로 되어있는 초콜릿 방(The Chocolate Room)에서 웡카는 "매우 아름다운"(63) 이 방에서 땅바닥에 깔린 잔디까지도 먹을 수 있다고 말하면서도 초콜릿 강은 "인간의 손이 닿아서는 안 된다"(72)고 경고한다. 아무리 씹어도 줄어들거나 맛이 사라지지 않는 껌 모양의 발명품을 보여줄 때 "만지지도 말고 건드리지도 말고 맛보지도 말 것!"(87)을 주문하며, "제발 조심해! 아무 것도 넘어뜨리면 안 된다! 물러서!"(92)라고 외친다. 모든 것을 다 구경시켜 주겠다는 웡카의 약속은 참을 수 없는 유혹의 덫인 금지를 포함한 것이다. 호기심을 이겨내지 못하고 욕망에 굴복한 아이들은 시험에 실패한다. 오로지 찰리만이 멀찍이 떨어져 관망하는데, 조 할아버지와 그는 구경하고 감탄하고 대답하고 웡카의 지시에 충실히 따른다.

찰리는 조력자인 조 할아버지의 도움을 받아 절제의 미덕을 지키며, 심지어 굶주린 상태임에도 불구하고 허락 없이는 아무 것도 먹지 않는다. 허락을 구하고 비로소 조심스럽게 행동하는, 교훈문학의 이상적인 착한 어린이에 가까워 보이는 찰리의 미덕은 "가난과 자아열등감, 수동성"이라는 것이 드러난다(Bosmajian 44). 결정적으로 그는 무례하고 탐욕스러운 다른 아이들과 달리 무절제와 식탐의 노예가 되지 않음으로써 덫을 피하여 승리하는 것이다. 순응하는 착한 아이는 보상받고 그렇지 않은 경우에 벌을 받는다는 권선징악의 전통적 가치가 여기에서 다시 강조된다.

물론 찰리가 완벽히 식탐에서부터 자유로운 것은 아니다. 그가 눈 속에 파묻힌 돈을 주워서 제일 먼저 한 일은 초콜릿을 하나 사서 입 안 가득 베어 무는 것이었다.

> 찰리는 초콜릿을 움켜쥐고 재빨리 포장지를 찢어서는 커다랗게 한 입 베어 물었다. 그리고 한 번 더 ... 다시 한 번 ... 그리고, 아, 입 안에 달콤하고 단단한 커다란 초콜릿 조각을 채워 넣을 수 있는 기쁨이란! ...
>
> 찰리는 초콜릿을 게걸스럽게 먹었다. 멈출 수가 없었다. 눈 깜짝할 사이에 초콜릿 하나가 그의 목구멍 속으로 사라졌다. 찰리는 거의 숨이 막힐 지경이었지만 놀라울 만큼 엄청나게 행복하다는 것을 느꼈다. (43-44)

초콜릿을 "게걸스럽게" 먹어치우는 찰리는 굶어죽기 직전에 과자집을 발견하여 그 집을 뜯어먹은 헨젤(Hansel)과 그레텔(Gretel)과 닮아 보인다. 그러나 찰리가 주운 돈의 주인과 헨젤과 그레텔이 허겁지겁 먹었던 과자집의 주인은 다르다. 찰리의 돈은 "누군가" 떨어뜨린 행운의 마법 같은 것이지만, 과자집의 주인은 "명백하게" 마녀이다. 따라서 찰리가 보여주는 단 한 번의 폭식은 굶주림에 대한 보상일 뿐 처벌되지 않는다. 게다가 그는 웡카의 초콜릿 공장에서 반복적으로 초콜릿과 웡카의 발명품을 향해 "정말 아름답고 따뜻해"(61), "정말 놀라워요"(84), "최고예요! 이건 세상을 바꿀 꺼예요"(129)라고 칭찬하며 언제나 순응적으로 행동함으로써 웡카로부터 받을지도 모르는 폭식에 대한 벌을 비껴간다.

다른 아이들이 하나씩 잘못을 저지르면서 탈락하게 되자 홀로 남은 찰리는 "네가 이겼다는 말이구나!"(142)라는 웡카의 선언으로 마침내 승자가 된다. 그러나 그가 능동적인 의미에서 초콜릿 공장을 '획득'했다고 말할 수 없다. 그는 경쟁다운 경쟁을 하지 않은 상태에서 경기의 운 좋은 대진표처럼 다른 경쟁자가 탈락함으로써 승리한다. 찰리와 아이들 사이에 진정한 경쟁이나 싸움이 없는 것은 웡카가 그를 대신해서 싸워주기 때문이다. 그리하여 찰리는 가장 수동적인 주인공이 된다. 굳건하게 닫힌 초콜릿 공장의 문을 들어가도록 '허락받기' 위해서 찰리는 우연히 길에 떨어진 돈을 주웠으며 그 우연이 행운을 가져왔을 뿐인데, 공장 내에서 일어난 일련의 사건들에서도 관찰자나 순응자 이상의 역할을 하지 않는다. 찰리는 그의 수동적 성향과 "소비자 미덕(예를 들어 웡카의 달콤한 음식을 욕망하고 이해하는 것) 덕분에 보상받는다"(Honeyman, "Trick" 85).

헨젤과 그레텔이 숲 속에 버려져서 굶어죽게 생겼을 때 그들 눈앞에 나타난 과자집은 간절한 바램의 결과적 대상물이었을 것이다. 그러나 그들이 그 과자집에 손을 댄 순간 피할 수 없는 함정이 입을 벌리고 그들을 집어삼킨다. 웡카의 초콜릿 공장이 마녀의 과자집과 결코 다르지 않은 점이 바로 여기에 있다. 아이들을 과자집(초콜릿 공장)으로 유인하여 절대로 넘어서는 안 될 덫을 설정해놓고 그들이 마음대로 행동하도록 함으로써 스스로 덫에 걸려들도록 만든 웡카는 마녀에 다름 아니다. 과자집으로 꾀어서 우리에 가두고 살찌워서 잡아먹는 마녀와 유사한 웡카가 전래동화의 마녀와 다른 점이 있다면 그가 훨씬 영악하다는 점이다.

음식으로서의 초콜릿에만 초점을 맞춘다면, 이 작품은 결국 배고픔을 어떤 방법으로 해결하느냐와 관련된 이야기이다. 굶주림에서 벗어나기 위해 움파룸파 족은 카카오 열매가 필요하며, 찰리 역시 초콜릿이 필요하다. 문제는 웡카가 그들에게 주는 초콜릿이 단순한 초콜릿이 아니라는 데 있다. 그는 움파룸파 족에게는 노동력을, 찰리에게는 자신의 적자가 되어 공장을 운영할 것을 요구한다. 이 거래가 움파룸파 족이나 찰리에게 대단한 이득인 이유는 그들이 원래 가진 것이 없어서 잃을 것도 거의 없기 때문이다. 따라서 이 표면적인 사실을 받아들인다면 웡카는 그들에게 신과 같은 존재가 된다. 배고픔의 기도에 응답하는 신, 초콜릿이라는 영양분이 철철 넘치는 달콤한 사랑으로 보답하는 신이 바로 웡카인 것이다.

그러나 초콜릿을 건네주는 손 말고 다른 손에 웡카가 감추고 있는 것이 평생의 노예계약에 대한 문서일 것이라고 짐작하는 것은 지나친 억측만이 아닐 것이다. "아무 것도 팔 것이 없었기 때문에 노동력을 팔아야 했던 사람들, 그들이 주요하게 소비하지 않을 물건들을 생산하는 사람들"(Mintz xxiv)인 이들은 자본주의 하에서 자본가와 노동자 사이의 넘을 수 없는 계급의 차이를 만들어 낸다. 찰리에게는 초콜릿 공장이, 움파룸파 족에게는 카카오 열매가 자신들의 자유와 독립적 의지를 팔아버린 대가로 주어진다. 찰리는 새로운 자본가 계급으로 급부상한 것처럼 보이지만 움파룸파 족처럼 찰리가 공장 내에 거주하게 되는 순간부터 이들 사이의 차별성은 사라진다. 찰리와 움파룸파 족은 평생 동안 웡카의 초콜릿 공장에서 벗어날 수 없는 노동에 붙잡히게 된 것이다.

5. 찰리와 웡카

『찰리와 초콜릿 공장』을 영화화한 팀 버튼은 찰리 가족에게 주어지는 엄청난 물질적 부에의 약속을 가족들의 단란한 식탁 위에 겹쳐 덧씌움으로써 '가족'이라는 주제를 훨씬 부각시킨다. 이로써 원작에서 드러나는 노골적인 자본의 통제가 순화되는데, 특히 영화는 찰리가 폐쇄적인 공장으로 들어가 웡카의 적자가 되는 대신 웡카가 개방된 공간으로 나와 찰리를 동반자로 삼는 결말을 보여준다.

반면 달은 자신의 이야기를 초콜릿 공장 안에 가둔다. 아무도 들어가거나 나오지 않는 공장이라는 공간 내에 폐쇄된 이야기는 초콜릿이라는 도관을 통해서 전 세계로 퍼져나간다. 생산된 초콜릿은 트럭에 실려 전 세계로 배달되고 자본을 싣고 되돌아오지만 공장의 다른 것들은 결코 움직이지 않는다. 웡카가 쌓아놓은 성벽은 견고하기만 한데, 그가 밖으로 나오는 대신 찰리와 그 가족들이 폐쇄된 이야기의 공간 속으로 들어간다. 초콜릿 공장의 비밀과 웡카의 자본은 더욱 굳건히 지켜진다.

웡카가 선택한 단 한 사람만이 이 자본의 흐름에 관여하게 될 것이다. 그렇지만 공장을 물려받는 상속자가 지나치게 개성이 강할 필요는 없다. 웡카의 방법 그대로 공장을 운영하기 위해서는 웡카가 원하는 틀에 잘 들어맞는 사람이어야 한다. 가족이 없는 웡카가 선택한 상속자는 머리가 비상하거나 상업적 능력이 있는 어른들이 아니라, 다시 말하면 "말을 들으려 하지 않는... 배우려 하지도 않고 내[웡카의] 방식이 아니라 자기 방식대로 일을 하려고" 하는 어른들이 아니라 "마음씨 착하고 현명하며 사랑스러운 아이"이다(151). 예의바른 어린 찰리를 선택하는 웡카의 모습은 권위적이고 경직된 어른에게서 상처받았기 때문에 어른을 싫어하는 어린이의 모습과 닮아있다. 만일 그를 어른의 모습을 한 덜 자란 어린이로 본다면, 그것은 웡카가 서로를 배신하는 어른들의 위선과 거짓을 견디지 못하며 어린이의 때 묻지 않은 순수함과 겸손함을 사랑했기 때문일 것이다. 물론 그가 순수하고 겸손한 어린이에 가까운 내면을 지니고 있느냐는 별개의 문제가 된다.

다른 한편으로 웡카가 아이들과 그 부모들에게 훈계하고 처벌하는 모습은 그를 폐쇄적이고 권위적인 어른으로 보이게 만든다. 그는 자신이 세워놓은 체계를 흔들거나 위협하는 것을 참지 못한다. 아름답게 건설한 것에 더러운 것이 들어와서는 안 된다는 것이 그의 철칙이다. 그의 명령을 따르지 않으면 모두 가혹한 벌을 받는데, 파이프를 통과하거나 몸이 풍선처럼 보라색이 되어 부풀어오르고 불량품이 되어 쓰레기더미에 버려지기도 하며 목소리가 들리지 않을 만큼 작아져 버린다. 그에게 말 안 듣는 아이들이란 모두 "비정상"이기 때문이다.

웡카가 비밀을 중시하는 사업가이자 자본가라는 점 또한 공장을 폐쇄적으로 만드는 또 다른 이유이다. 초콜릿 생산의 비밀을 훔쳐간 스파이들 때문에 충격을 받은 웡카가 정글에서 찾아낸 움파룸파 족은 그의 목적에 딱 들어맞는다. 이들은 의사소통이 자유롭지 못하므로 초콜릿의 비밀을 팔 수 없고, 원시적인 습성을 버리지 않기 때문에 산업사회의 문명에 물들 염려도 없다. 게다가 노동력의 대가로 지불하는 것은 공장에 쌓아놓은 카카오 열매이거나 움파룸파 족 스스로가 생산해 내는 초콜릿이다. 이들을 공장의 지하 공간에 영원히 내버려둔다고 해도 아무도 웡카를 비난하지 않을 것이다. 잠긴 공장의 문을 열지 않고도 노동력이 해결되는, 철저한 비밀이 보장되는 이런 상황이 자본가인 웡카가 가장 이상적으로 생각한 공장의 모습인 것이다.

찰리는 웡카의 적자가 되어 그의 공장을 물려받는다. 다 쓰러져가는 오두막에서 끼니를 거르던 찰리네 가족들은 지붕을 뚫고 내려온 투명한 유리 엘리베이터를 타고 웡카의 공장으로 이사한다. 유리 엘리베이터가 떠난 자리에 남는 것은 지독한 가난의 흔적이다. 그들에게는 새로운 출발이 시작된 것이다. 거대한 갑부인 웡카가 제공하는 물질적인 행복과 초콜릿이 주는 심리적인 행복을, 가난하지만 서로 아끼고 사랑하는 이 단란한 가족이 획득한다는 행복한 결말로 텍스트는 끝을 맺는다. "정말 안전한" 곳이며 "세상에서 가장 멋진 곳"인 웡카의 초콜릿 공장으로 가는 이 가족들이 굶어죽을 염려는 없다(155). 초콜릿 공장은 먹을 것으로 가득 차 있으며, 그 곳에서 만들어지는 이익은 찰리와 그 가족들의 몫일 수 있기 때문이다. 그러나 물질의 풍요로움이 보다 더 충만한 정신의 행복을 약속하지는 않는다.

찰리의 "행복한" 결말이 오히려 심각한 모순을 드러낸다고 보는 이유는 지극히 자본주의적이며 이데올로기적이기 때문이다. 초콜릿 공장은 정직하고 겸손하며 가난한 찰리의 것이 되지만, "이상적인 가족 공동체"를 강조하며 찰리를 승리자로 만든 웡카는 가족들을 물질적 결핍에서 자유롭게 하는 대신 오히려 폐쇄적인 공장의 내부로, 자본의 굴레 속으로 끌어들인다. 가족들은 기꺼이 공장의 덫, 자본의 품속으로 빨려 들어간다. 자본의 증식은 멈추지 않으며, 자본이 갖는 파괴력도 멈추지 않는다. 자본은 감히 뚫고 들어갈 수 없다고 생각하는 지붕도 뚫고 들어갈 수 있다. "불가능이란 없다"는 웡카의 자신감이 이를 증명한다(152).

> 엘리베이터는 버킷 네의 작은 집 지붕 위를 빙빙 돌고 있었다.
> "뭘 하실 건데요?" 찰리가 물었다.
> "안으로 들어가서 가족들을 데리고 오려고." 웡카 씨가 말했다.
> "어떻게 말입니까?" 조 할아버지가 물었다.
> "지붕을 뚫어서요." 웡카 씨가 말하면서 버튼을 하나 눌렀다.

"안 돼요!" 찰리가 소리쳤다.

"멈추시오!" 조 할아버지도 소리쳤다.

꽝 소리를 내면서 엘리베이터 곧장 지붕을 뚫고 아래로 내려가 노인들의 침실로 들어갔다. 흙먼지와 타일 조각, 나무 조각, 바퀴벌레와 거미, 벽돌과 시멘트가 침대에 누워있던 세 명의 노인들 위로 비처럼 쏟아졌다. 할아버지, 할머니들은 세상의 끝이 왔다고 생각했다. (153)

자본이 그들의 공간을 침해해 들어올 때 가족들은 모두 세상이 끝났다고 생각한다. 가족들을 비바람으로부터 막아주는 가장 중요한 구조 중 하나인 지붕을 뚫어버리는 파괴적인 힘 앞에서 당당하고 당황하지 않을 사람은 없다. 굶주렸지만 단란한 근대적 공동체는 종말을 맞는다. 그들은 자본이 지배하는 물질적으로 보다 풍요한 세상에서 새롭게 적응해가야만 한다.

근대적 공동체에 익숙한 노인들에게 이러한 변화는 급작스러운 것이다. 닫혀있는 거대한 마법의 궁전에서 어쩌면 현명한 노인들은 가난하지만 한 침대에 오순도순 앉아 초콜릿 한 조각씩 나누어 먹던 가난한 시절을 훨씬 더 행복하다고 생각할지도 모른다. 황금티켓을 발견한 아이에게 평생 동안 먹을 초콜릿을 제공한다는 웡카의 광고에 "생각만 해도 메슥거린다"(20)고 했던 조세핀 할머니(Grandma Josephine)는 "난 차라리 내 침대에서 죽으련다"(155)면서 집을 떠나려고 하지 않는다. 그러나 이미 초콜릿 공장의 달콤한 약속에 푹 빠진 찰리와 조 할아버지는 당황스러워하는 가족들을 무조건 유리 엘리베이터에 밀어 넣는다. 놀란 노인들의 비명은 엘리베이터의 문이 닫히자 하나도 들리지 않는데, "엘리베이터는 마룻바닥을 박차고 솟아올라 지붕에 난 구멍을 통해 넓은 하늘로 치솟았다"(155). 빈곤한 현실을 박차고 하늘로 솟아오른 유리 엘리베이터와 같이 처음은 아주 행복했을지도 모른다. 하지만 자신의 것은 하나도 남겨두지 않고 모든 것을 다 팔아버리고 계약서에 서명해버린 노동자처럼 찰리와 그 가족들의 삶은 웡카의 폐쇄된 삶과 마찬가지로 닫힌 공장 안에서 고립될 가능성이 높아 보인다. 이들이 웡카와 동등한 위치에서 초콜릿 공장을 운영하고 그 이익을 나누어 가진다기보다 오히려 웡카의 의도에 따라 초콜릿 공장을 운영하는 대리 자본가가 될 가능성이 더 큰 것이다.

유동적인 자본만이 힘을 지닌 채 다른 사람을 움직이며 몸을 불린다. 움파룸파를 초콜릿 공장에 데려온 것도 자본의 힘이며, 찰리와 다른 아이들을 초대한 것도, 독점적으로 초콜릿만을 팔 수 있는 능력도 자본이 그 토대를 받쳐주지 않으면 불가능하다.

> 엘리베이터가 멈추었다. 멈추어서는 헬리콥터처럼 공중에 그대로 떠 있었다. 공중에서 그림엽서의 그림처럼 발아래 펼쳐져 있는 공장과 마을 위에 떠 있는 것이다! 찰리가 자기가 서 있는 유리 바닥을 통해서 아래를 내려다보자, 멀리 작은 집들과 거리, 모든 것 위에 수북하게 쌓여있는 눈을 볼 수 있었다. (145)

놀라운 자본의 힘은 투명한 유리 엘리베이터처럼 사람들의 눈에 명확히 보이지 않으면서도 모든 것 위에 군림한다. 유리 엘리베이터에 타서 공중에 떠 있을 수 있는 자만이 아래를 내려다보고 전체를 조망할 수 있게 된 것이다.

뿌리칠 수 없는 달콤함의 대상인 초콜릿을 생산하는 웡카의 공장은 거대한 산업사회의 산물이다. 찰리에게 초콜릿이 단지 탐닉의 대상이나 잉여의 즐거운 간식 이상의 것이었듯이, 움파룸파 족에게도 생존의 문제, 종족의 존속 여부를 결정짓는 심각하고 진지한 매개물이며 고단한 노동의 대가이다. 빈곤한 찰리의 삶을 보다 윤택하게 만들어주고 움파룸파 족을 먹여 살리는, 비약적으로 말하자면 보다 인간적인 생활을 할 수 있도록 도와주는 웡카의 공장이 비인간적이라는 점은 매우 역설적이다. 이곳은 극복할 수 없는 인종과 계급의 격차, 빈부의 극명한 차이, 노골적인 선악의 구도가 표면화되는 장소이다. 자본의 유통자인 웡카와 노동인력인 움파룸파 족 사이에는 인종과 신분의 차이가 가로놓여 있다. 찰리네 가족 이외의 다른 가족들은 모두 천박한 산업문명에 의해 가치판단을 하지 못할 정도로 타락해 있다. 반면 예의바르게 행동하고 절제하는 미덕을 지닌 찰리네 가족은 엄청난 부로써 그들의 겸손을 보상받는다. 웡카는 말 잘 듣는 순응적인 아이인 찰리에게 믿을 수 없는 물질적 행운을 안기면서 자신의 체제를 더욱 확고히 한다. 웡카가 찰리와 그 가족에게 주는 엄청난 행운을 통해 권선징악의 결말과 "착한 아이"의 미덕이 더욱 강조된다. 또한 웡카는 통제와 지배를 통해 수많은 복제품을 생산하며 부를 축적한다. 그가 축적하는 부의 뒷면에는 결코 이름 붙여지지 않는 무수한 노동인력이 있다. 먹을수록 먹고 싶어지는 매혹적인 초콜릿이 거대한 폭포와 강을 이루는 판타지의 공간으로서의 초콜릿 공장은 벗어날 수 없는 인간의 끈끈한 욕망, 채울 수 없는 갈망의 거울이 되어 현실의 비루함을 단번에 벗어날 수 있는 '황금 티켓'의 꿈을 우리의 귀에 쏟아 붓는다.

인용문헌

소피 D. 코, 마이클 D. 코.『초콜릿: 신들의 열매』. 서성철 옮김. 서울: 지호, 2000.

스탠리 월퍼트.『인디아, 그 역사와 문화』. 이창식, 신현승 옮김. 서울: 가람기획, 1999.

카를 마르크스. 『자본 1-1』. 강신준 옮김. 서울: 길, 2008.
케네스 포메란츠, 스티븐 토픽. 『설탕, 커피, 그리고 폭력』. 박광식 옮김. 서울: 심산, 2003.
Bosmajian, Hamida. "*Charlie and the Chocolate Factory* and Other Excremental Visions." *The Lion and the Unicorn* 9 (1985): 36-49.
Bradford, Clare. "The End of Empire? Colonial and Postcolonial Journeys in Children's Books." *Children's Literature* 29 (2001): 196-218.
Braudel, Fernand. *Civilization and Capitalism 15th-18th Century: The Wheels of Commerce*. Vol 2. Trans. Siân Reynolds. New York: Harper, 1986.
Burnett, Frances Hodgson. *The Secret Garden*. New York: Penguin, 1999.
Carroll, Lewis. Alice's Adventures in Wonderland *and* Through the Looking-Glass and What Alice Found There. Ed. Roger Lancelyn Green. New York: Oxford UP, 1971.
Dahl, Roald. *Charlie and the Chocolate Factory*. New York: Puffin, 1964.
__________. *Charlie and the Great Glass Elevator*. New York: Puffin, 1972.
Grimm, Jacob and Wilhelm Grimm. "Hansel and Gretel." *The Norton Anthology of Children's Literature: The Traditions in English*. Eds. Jack Zipes, et al., New York: Norton, 2005. 210-14.
Hall, Stuart, Tony McGrew, and David Held, eds. *Modernity and Its Futures: Understanding Modern Societies*. Cambridge: Polite, 1992.
Hamilton, Edith. *Mythology: Timeless Tales of Gods and Heroes*. New York: Warner, 1969.
Honeyman, Susan. "Gingerbread Wishes and Candy(land) Dreams: The lure of Food in Cautionary Tales of Consumpion." *Marvels and Tales: Journal of Fairy-Tale Studies* 21.2 (2007): 195-215.
_______________. "Trick or Treat?: Halloween Lore, Passive Consumerism, and the Candy Industry." *The Lion and the Unicorn* 32 (2008): 82-108.
Mintz, Sidney W. *Sweetness and Power: The Place of Sugar in Modern History*. New York: Viking, 1985.

Perrault, Charles. "Bluebeard." *The Complete Fairy Tales of Charles Perrault*. Trans. Neil Philip and Nicoletta Simborowski. New York: Clarion, 1993. 35-44.

Rowling, J. K. *Harry Potter and the Philosopher's Stone*. London: Bloomsbury, 1997.

Said, Edward. *Culture and Imperialism*. New York: Vintage, 1993.

Charlie and the Chocolate Factory. Dir. Tim Burton. Perf. Johnny Depp and Freddie Highmore. Warner Bros, 2005. Film.

* 이 글은 『영미문학교육』 14집 1호(2010)에 「달콤한 초콜릿과 씁쓸한 자본주의: 『찰리와 초콜릿 공장』」이라는 제목으로 실린 논문이며, 오류 및 문장을 다소 수정하였다.

경계와 선택에 대한 은유
롤링의 『해리 포터』

1. 해리 포터, 마법의 마침표를 찍다

롤링(J. K. Rowling)이 『해리 포터』(*Harry Potter*)의 첫 번째 작품 『해리 포터와 현자의 돌』(*Harry Potter and the Philosopher's Stone* [1997])을 펴낸 이후 벌써 10년여가 지났다.[1] 그리고 2007년 여름, 그 시리즈의 완결판인 제 7편 『해리 포터와 죽음의 성물』(*Harry Potter and the Deathly Hallows*)이 출간되었다. 전 세계적으로 열풍에 가까운 인기를 얻으며 청소년들뿐만 아니라 어른들까지 새벽부터 서점 앞에 줄을 서도록 만든 『해리 포터』의 놀라운 힘은 2000년을 전후로 수많은 문화적, 문학적 분석과 철학적 탐구거리를 담은 비평서와 논문들을 낳았다. 그렇지만 영국이나 미국에서 긍정적이든 부정적이든 『해리 포터』에 대한 다양한 분석이 이루어지고 있는 것과는 달리, 한국에서는 청소년을 위한 대중적인 소설 이상의 평가를 받지 못하고 있다.

이것은 판타지(fantasy)라는 하위 장르 형식과 "청소년용" 문학이라는

1) 1997년부터 2007년까지 씌어진 일곱 권의 해리 포터 책들을 함께 언급할 때는 『해리 포터』라고 칭한다.

범주의 구분이 『해리 포터』에 대한 진지한 학문적 접근을 제한하기 때문이다. 여기에는 이러한 책들은 성장의 한 시기에 잠깐 읽고 지나가는 책에 불과하며 학문적 탐구대상이 될 수 없다는 생각들이 전제되어 있다. 옛 이야기들의 경우, 어린이만을 위한 이야기가 아니며 노동이 끝나고 화롯가에 둘러앉은 어른들을 위한 이야기이기도 한데, 어린이를 위한 이야기라는 의미의 "동화"라는 단어에 묶여 그 지평이 현저히 좁아져 있다. 어떤 작품에 어린이용, 청소년용, 성인용이라는 딱지를 붙여놓은 것은 물론 교육적 측면에서 출발했겠지만, 특별한 경우를 제외하고는 매우 부적절한 것이다. 맨러브(Colin Manlove)에 따르면 "어린이와 어른 사이에는 신분에 있어서 어떤 차이도 없다. 오로지 무지만이 이들을 갈라놓는다"(9). 따라서 "동화"의 범주에 들어있는 책들이 어린이들뿐만 아니라 어른들에게도 다양한 사유의 틀을 제공할 수 있으며, "청소년용" 문학이라는 범주에 편협하고 부당하게 묶여 있는 『해리 포터』가 다양한 관점의 읽기를 통해 충분히 성인독자들을 흡수하는 것 역시 가능한 일이다. 십대의 청소년이 주인공인 이 소설에서 청소년이나 어른들 모두 자신들의 관심사와 사고 영역에 어울리는 의미와 가치를 찾아내고 있기 때문이다.

해리 포터(Harry Potter)의 성장 과정을 중심으로 마법 세계라는 판타지 공간 속에서 벌어지는 모험을 그리는 이 시리즈는 출판 당시부터 많은 논쟁을 불러일으켰다. 특히 보수적인 기독교인들은 마법이나 악의 세력 등을 다루는 『해리 포터』가 반종교적이기 때문에 어린이에게 부적절한 책이라고 공격했으며, 교사들과 학부모단체들 역시 학교에서 아이들에게 이런 책을 읽으라고 허용하는 것이 적절한가에 대해 심각한 토론을 벌였다. 심지어 영국의 몇몇 도서관에서는 『해리 포터』를 비치하는 것을 거부하기도 했다(Whited 3). 『현자의 돌』이 처음 씌어졌을 당시 여러 군데의 출판사가 출판을 거절했는데, 이 소설의 주요 줄거리가 마법 같은 비현실적인 소재 등으로 구성되어 있어 청소년이나 성인들의 관심을 끌지 못할 것이라는 생각 때문이었다. 또한 민담이나 전래동화에서 흔히 나타나는 여러 가지 요소들을 효과적으로 조합해서 사용했을 뿐 창조적인 플롯이나 인물을 전혀 만들어내지 못했다는 비판 역시 제기되고 있다. 그러나 이런 논쟁과 소동에도 불구하고 『해리 포터』가 이십세기 최고의 베스트셀러임을 부인할 수 없다.

이 글에서는 해리 포터라는 인물과 그가 겪는 모험들이 모두 경계 혹은 경계선에 대한 은유를 통해 독자들에게 선택과 진실의 문제 같은 보편적인 삶의 가치를 되짚어보게 만든다는 점을 살핀다. 이를 위해서 해리가 마법사로서의 자신의 정체성을 찾는 과정 속에서 필연적으로 직면하는 모험에 어떻게 대처하는가, 즉 마법이라는 초자연적인 힘 이외에 이 모험의 승패를 좌우하는 것이 무엇인가를 알아보며, 이것이 현실의 독자들에게 어떤 의미를 갖는가를 분석한다.

2. 경계에 대한 은유, "9와4분의3 승강장"

레이코프(George Lakoff)와 존슨(Mark Johnson)에 따르면 "은유는 ... 시적 상상력과 수사적 장식의 장치"임과 동시에 "언어뿐만 아니라 사고와 행동 같은 일상의 삶에 스며들어있다"(3). 인식하지 못하는 사이에 일상생활에 스며들어 우리의 사고를 관통하는 은유는 하나의 사물에 빗대어 다른 사물로의 접근을 가능하게 만들어 준다. 이 때 논의의 중심에 있는 사물은 물리적이고 구체적인 형태를 가진 사물일 수도 있고, 보다 확장된 포괄적인 개념일 수도 있다.

어떤 문학작품에서건 작가는 다양한 주제를 은유적으로 드러내며 독자의 시선을 사로잡고 그 시야를 확장시킬 수 있도록 애쓴다. 롤링 역시 사춘기에 접어든 십대 청소년의 불안정한 심리를 다스리고 고통스러운 고뇌의 시간들을 극복하는 단계마다 지침이 될 만한 은유들을 『해리 포터』에 적절히 흩뿌려 놓는다.

그 중에서 가장 빈번히 은유의 대상이 되는 것은 "경계"이다. "경계"란 단순히 하나의 선, 울타리, 담벼락과 같은 물리적인 경계선에 그치는 것이 아니라 이쪽과 저쪽을 구분하는 선, 안과 밖을 만드는 선, 내 편과 남의 편을 가르는 선으로 작용하며 나아가 동화될 수 없는 이질적인 것을 구분 짓는 심리적이고 상징적인 구분선으로 확장된다. 해리는 호그와츠(Hogwarts) 행 기차를 타기 위해 9와4분의3 승강장(Platform Nine and three-quarters)으로 가야만 한다. 현실세계에서 9번 승강장과 10번 승강장 사이에는 그저 벽이 있을 뿐, 새로운 통로는 보이지 않는다. 오로지 9번 승강장과 10번 승강장 사이의 벽을 통과해야만 9와4분의3 승강장이라는 비현실적인 마법의 공간에 도달할 수 있다. 벽을 통과한다는 것은 다시 말해서 경계선을 돌파한다는 의미이다. 경계선을 돌파한다는 것은 현실 세계와 판타지 세계의 경계선, 넘을 수 없고 깨뜨릴 수 없는 견고하게 실재하는 벽을 깨뜨리고 넘어서는 것이다. 경계 넘기는 이렇게 새로운 관점의 획득, 한 단계의 발전, 혹은 고통스러운 성장통의 통과와 같은 의미로 사용된다.

"해리 포터"라는 인물 자체가 갖는 은유성 역시 작품 전체를 관통한다. 그는 현실 세계와 마법 세계를 나누는 경계선 이쪽의 인물이면서 동시에 경계선 저쪽의 인물이기 때문이다. 즉 해리라는 존재는 경계선을 위반하고 허무는 은유이자 상징이다. 그는 언제나 금지된 것을 탐하는데, 금지된 것에 도달하기 위해서는 그 주변을 둘러싼 보이지 않는 장벽을 넘어야만 한다. "투명 망토"(the invisibility cloak)를 사용할 때 해리는 보이는 세계에서 보이지 않는 존재가 될 수 있지만, 그렇다고 이 세계에서 영원히 사라진 것이 아니다. 그는 존재하지만 동시에 존재하지 않는 채로 현실 세계와 마법 세계를 아우른다.

『현자의 돌』의 첫 부분에서 독자들은 스스로를 완벽하게 정상적이라고 믿고 살아가는 더즐리(Dusley) 가족을 만나게 된다. 그들은 특이한 것이나 괴상한 것에는 전혀 관심이 없는 사람들이다. 하지만 이들의 "완벽한" 정상성 뒤에는 페튜니아(Petunia)의 여동생 릴리(Lily)가 마법사였다는 말 못할 비밀이 숨겨져 있다. 정상성을 최고의 선으로 여기면서 살아가는 이들에게 이것은 부인할 수 없는 치욕적인 결점이다.

> 프리벳 가 4번지에 살고 있는 더즐리 씨와 더즐리 부인은 자신들이 너무나 감사하게도 완벽하게 정상적이라고 자랑스럽게 말했다. 그들은 이상한 것이나 신비한 것에는 조금도 관련되지 않기를 원했는데, 그들이 그런 넌센스를 결코 참을 수 없기 때문이었다. (*PS* 7)[2]

평범하고도 지극히 "정상적"인 생활을 영위하고자 하는 더즐리 씨는 지도를 읽는 고양이라든가, 이상한 망토를 입은 사람들, 갑자기 대낮에 날아오르는 부엉이, 그리고 재수 없게도 엿듣게 된 "해리"라는 이름 때문에

---

2) J. K. Rowling, *Harry Potter and the Philosopher's Stone*. (London: Bloomsbury, 1997). 이후 『현자의 돌』로 부르며, 이 작품의 다른 후속편들과의 구분을 위하여 *PS*라는 약어를 붙임을 밝힌다. 본문 인용의 경우, 『해리 포터와 비밀의 방』(*Harry Potter and the Chamber of Secret*)은 『비밀의 방』, *CS*로, 『해리 포터와 아즈카반의 죄수』(*Harry Potter and the Prisoner of Azkaban*)는 『아즈카반』, *PA*로, 『해리 포터와 불의 잔』(*Harry Potter and the Goblet of Fire*)은 『불의 잔』, *GF*로, 『해리 포터와 불사조 기사단』(*Harry Potter and the Order of the Phoenix*)은 『불사조 기사단』, *OP*로, 『해리 포터와 혼혈왕자』(*Harry Potter and the Half-Blood Prince*)는 『혼혈왕자』, *HP*로, 『해리 포터와 죽음의 성물』(*Harry Potter and the Deathly Hallows*)은 『죽음의 성물』, *DH*로 약칭한다.

불안하고 초조해한다(*PS* 8-10). 이 불안감은 곧 현실이 되는데, 릴리의 죽음으로 그녀의 아들인 해리를 키워야 할 처지에 놓이기 때문이다.

가장 "정상적"으로 살고 싶던 더즐리 가족은 마법사의 아들인 "비정상적"인 소년 해리를 통해 비정상적인 세계와 필연적인 연관을 맺게 된다. 그러나 더즐리 가족이 믿는 "정상성"이 무엇인가에 대한 대답은 매우 모호할 수밖에 없다. 그들이 믿는 정상성이란 자신들의 범주 안에서만 가능한, 지극히 일상적이고 표면적인 사실(fact) 이상의 것일 수 없기 때문이다. 그들은 빈곤한 상상력과 포용력으로 지나치게 많은 "비정상"을 만들어 낸다. 즉 더즐리 가족의 "정상성"은 이미 "비정상성"을 가정한 단계에서 자의적으로 설정된 것이다. 정상성을 지향한다고 할 때, 정상성의 범주가 이미 비정상을 전제하고 있다는 점에서 정상성이란 곧 경계에 대한 은유이다. 판단하는 사람의 관점이 어느 쪽에 속해 있느냐에 따라 정상은 비정상이 될 수 있다는 점에서 "정상"과 "비정상"을 나누는 구분은 임의로 만들어지는 경계선에 불과하다. 정상인임을 자랑으로 여기고 비정상을 멀리 하려는 더즐리 가족의 태도는 정상이 보다 좋은 것, 비정상은 통제되어야 하는 것, 비정상은 야만적이고 위협적이며 정상은 이성적이고 합리적인 것이라는 함의를 담는다.

해리가 기원을 모르고 자라다가 자신의 내면에 숨은 숨겨진 힘을 깨닫고 계발하는 이야기는 많은 전래동화나 설화 속 주인공의 이야기와 다르지 않다. 그럼에도 불구하고 그가 자신의 기원에 대한 비밀을 풀어가는 과정은 많은 독자들을 흡인력 있게 끌어당긴다. 해리가 겪는 현실에서의 고통은 특히 어린 청소년 독자들이 늘 겪는 일이다. 그들 역시 마법과 같은 놀라운 사건을 통해 답답한 일상에서 탈출하거나 힘든 현실을 벗어나 새로운 세계에서 자신의 존재감을 세우고 정체성을 찾는 상상을 해 보았을 것이다. 루리(Alison Lurie)는 "해리의 이야기는 같이 살고 있는 어리석은 어른들과 형제자매들이 진짜 가족이 아니라는 어린시절의 흔한 판타지를 드러내고 있다"고 설명한다(114). 실은 고귀한 신분이지만 버려진 채로 자라나 진짜 아버지를 찾고 자신의 본래 지위를 확립하는 신화적 가정 속에서, 독자들은 자신 역시 해리 포터처럼 특별한 혈통의 고귀한 인물이지만 잠시 이런 비참한 처지에 놓여있다고 상상한다.

> 더들리의 생일. 그가 어떻게 잊어버리겠는가? 해리는 천천히 침대에서 나와 양말을 찾기 시작했다. 그는 침대 아래에서 양말을 찾아서는 거미를 밀어 털어내고 양말을 신었다. 해리는 거미에 익숙해져 있었는데, 계단 아래의 벽장은 거미로 가득 차 있었고 그의 잠자리가 바로 그 곳이었기 때문이다. (*PS* 20)

생일 때마다 수십 개의 선물을 받는 더들리(Dudley)에 비해, 어둡고 비좁은 계단 아래 방에서 사는 해리의 생일을 기억하는 사람은 아무도 없다. 현실에서 기성세대로부터 전폭적인 지지와 믿음을 받지 못하며, 아직 성인으로 발돋움하지는 못했지만 그렇다고 해서 어린이도 아닌 중간 단계에서 순종적인 어린이일 수도, 힘과 권력이 있는 어른일 수도 없는 청소년들은 현실의 주류에 속하지 못하는 해리에게서 자기 자신의 모습을 본다. 물론 현실 세계에서 살고 있는 평범한 대다수의 독자들과 달리 해리는 마법 세계의 어느 누구보다도 천부적인 마법의 재능을 가지고 있음에 틀림없다. 그렇지만 현실 세계의 독자들은 해리의 "특별한" 태생이나 재능 때문이 아니라, 일상적인 평범한 모습을 그에게서 보기 때문에 동질감을 느낀다. 해리는 우리가 가진 결핍, 동일성에의 유혹, 승리에의 갈망 등을 나누어 가진 인물이기 때문이다.

낯익고 평범한 현실 세계는 해리가 살게 될 놀라운 마법의 세계와 비교된다. 경이로운 마법의 세계와 대비되는 현실 세계에는 "주변의 마법을 이해할 상상력도 능력도 없는 인간 존재들로 구성된, 독자들의 낯익은 세계에 사는 일상의 거주자들이 있다”(Lanes 234). 지극히 “정상적”이기를 원하는 더즐리 가족들에게 상상력을 발휘하지 않고서는 만날 수 없는 마법 세계와 마법사들은 자신들을 위협하는 존재이다.

> “마법어를 말해야지.” 해리가 참지 못하고 말했다.
>
> 이 간단한 문장이 다른 가족들에게 미친 영향은 상상을 초월했다. 더들리는 입을 떡 벌리고는 부엌이 울릴 만큼 쾅 하면서 의자에서 떨어졌다. 더즐리 부인은 날카롭게 소리를 지르고는 손으로 입을 막았다. 더즐리 씨는 벌떡 일어섰는데, 그의 관자놀이로 피가 몰렸다.
>
> “‘부탁합니다’라는 뜻이었는데요!” 해리가 재빨리 말했다. “그런 뜻이…”
>
> “내가 말했었지.” 삼촌이 버럭 소리를 질렀다. 탁자를 뒤엎을 것 같았다….
>
> “경고했다! 이 지붕 아래서 네 비정상적인 말들은 더 이상 못 참아!” (*CS* 7-8)

“부탁합니다”(please)라는 말을 포함한 “마법어”(magic words)는 순식간에 “마법의 주문”(spell)으로 왜곡된다. “마법어”란 “고맙습니다”, “미안합니다”, “부탁합니다”를 말하는 것으로, 어린아이들이 예절을 배우고 말을 익힐 때 이 표현의 중요성을 강조하기 위해서 통상적으로 사용하는 말이다. 그러나 이미 해리를 정상적인 자신들과 다른 인물로 간주하는 가족들에게 “비정상적”인 해리의 충고가 곧이곧대로 받아들여질 리 없다. 정상적인 사람들은 자신들이 만들어 놓은 경계선을 확고하고 변치 않는 것으로 만든다. “비정상”의 범주에 놓인 사람의 말과 행동은 어떤 경우에서든 비정상으로만 인식된다.

더즐리 가족이 마법사와 마법 세계에 지나친 거부감을 보이는 것과 달리 독자들은 오히려 해리를 비롯한 등장인물들에게 친근감을 갖는데, 그 이유는 작품 속에서 우리가 살고 있는 현실 세계와 마법 세계의 근접성을 어렵지 않게 발견하는 까닭이다. 『해리 포터』에서 마법 세계의 입구와 출구는 현실과 단절된 시공간에 놓여있지 않다. 해리와 마법사들의 세계는 현실 세계와 동떨어진 독립적인 공간의 판타지 세계가 아니라 현실과 뒤섞여 있어서 쉽게 다가갈 수 있을 것 같은, 한층 더 흥미진진한 공간이다. 판타지 문학에서 사건이 발생하는 장소는 톨킨(J. R. R. Tolkien)의 주장처럼 대부분 "이차 세계"(Secondary World)이다(60). 현실 세계를 "일차 세계"(Primary World)라고 할 때 이차 세계란 현실의 시공간과는 다르게 설정된 시공간을 말한다. 루이스(C. S. Lewis)의 『나니아 연대기』(*The Chronicles of Narnia*)의 『사자와 마녀와 옷장』(*The Lion, the Witch and the Wardrobe*)에서 나니아(Narnia)라는 판타지 세계는 옷장을 통해서 들어가야만 접하게 되는 공간이다(5). 나니아로 들어가는 입구는 현실 세계의 옷장 속에 있지만, 이 세계는 현실과 어떤 접점도 갖지 않는다. 나니아의 시간은 현실 세계의 시간의 흐름과 연관성이 없는데, 다시 말해서 판타지 세계로의 통로가 현실에 있다고 하더라도 현실과 환상의 세계가 얽히는 지점은 없다.

해리의 마법 세계는 나니아의 세계와 다르다. 『해리 포터』에서는 비현실적인 세계를 상정하거나 혹은 현실의 인물들이 비현실적인 세계로 들어가 전혀 다른 시공간에서 사는 것이 아니다. 오히려 현실의 인물들이 현실 세계와 어떤 식으로든 연관성을 지닌 판타지의 시공간에서 모험을 하게 된다. 호그와츠를 비롯해서 마법사들이 살고 있는 세계는 현실의 균열 혹은 숨은 공간의 세계이다. 판타지 세계의 사건들은 현실 세계에 영향을 미치고 판타지 세세의 마법사들이 현실 세계의 사건들에 관여한다. 볼드모트(Voldemort)가 사라졌다는 소식에 기뻐하는 마법사들은 대낮에 도시 곳곳에서 부엉이를 날리며 축포를 터뜨리고(*PS* 9-14), 디멘터들(Dementers)은 현실 세계까지 나타나 사람들을 위협한다(*OP* 20-23). 마법부 소속의 위즐리 씨(Mr. Weasley)는 현실 세계의 사람들에게서 마법 세계와 관련된 기억을 지우거나 마법 세계가 현실 세계에 영향을 미쳐 일으키는 사건을 처리하는 일을 한다(*OP* 112-25). 『해리 포터』에서는 판타지가 현실과 뒤섞이며 마법사들은 평범한 현실 세계의 사람들인 "머글"(Muggles)과 공존한다. 현실 세계와 마법 세계의 경계선은 흐려지고 해체된다. 따라서 더즐리 가족이 믿는 "정상성", 현실 세계의 눈에 보이는 사실 같은 것들은 언제든지 뒤집어질 수 있는 것이 된다.

호그와츠에서 필요한 물품들을 사기 위해 해리와 해그리드(Hagrid)가 찾아가는 다이애건 앨리(Diagon Alley)의 입구는 현실의 공간에 있다. 어느 도시에서나 쉽게 볼 수 있는 허름한 술집이 표면적으로 드러난 모습이라면, 특별한 방법으로 이 술집의 벽을 열고 만나는 공간은 숨겨진 판타지 세계이다. 술집의 벽은 나니아 세계로 들어가는 입구인 옷장과 동일한 역할을 하는데, 나니아 세계가 시간의 흐름이 전혀 다른, 현실과 동떨어진 곳인 것과는 달리, 벽 너머에 있는 다이애건 앨리에서의 시간의 흐름은 현실과 동일하게 설정되어 있다. "투명 망토"처럼 현실에서는 보이지 않으나 실재하는 공간인 다이애건 앨리는 현실 세계와 판타지 세계의 근접성을 보여준다.

현실과 판타지의 접점을 보여주는 보다 놀라운 공간은 킹스 크로스 역(King's Cross Station)의 9번 승강장과 10번 승강장 사이에 있는 벽이다. 이곳은 현실 세계와 판타지 세계 사이에 생긴 틈이 분명한데, 머글들의 눈에는 보이지 않는다. 더즐리 씨는 호그와츠로 가는 승강장이 9와4분의 3 승강장이라는 것을 듣자마자 코웃음을 친다. 지극히 현실적인 그는 표면적인 사실 이외의 것을 볼 수 없기 때문이다. 그러나 롤링이 만들어 낸 세계, 마법의 세계는 현실 세계 저편에 존재하며 "[그 세계는] 그림자의 세계이다. 지하세계, 거의 음모적이고 몇 몇의 머글들만이 알아챌 수 있는 그 곳은 '사실'(real)의 틈에 존재한다"(Behr 122). 현실과 판타지는 동일한 시공간에서 놓여있지만 서로에게 모습을 감춘 채로 존재한다.

다이애건 앨리나 호그와츠로 가는 9와4분의3 승강장은 현실 세계에서 판타지 세계로 진입하는 입구와 통로인 셈인데, 이것을 믿거나 볼 수 있는 사람에게만 인식된다. 실재하지만 실재하지 않는 것처럼 여겨지는 것을 믿는 것은 달리 말하면 믿음과 선택의 문제이기도 하다. 해리 역시 처음에는 이 공간 앞에서 주저한다. 그에게 갑자기 날아온 호그와츠의 입학통지서처럼, 9와4분의3 승강장의 실재를 믿는 것, 그리고 그 승강장을 향해 걸어가는 것은 낯설고 두려운 세계로의 첫발이 된다. 주저하는 해리를 격려하면서 위즐리 부인(Mrs. Weasley)은 그에게 믿음을 가지라고 충고한다.

> 넌 9번과 10번 승강장 사이에 있는 벽으로 똑바로 걸어가기만 하면 된단다. 거기에 부딪힐까 봐 멈춰 서서 두려워하지는 마렴. 그게 제일 중요한 거야. 떨리면 조금 뛰는 것도 도움이 되겠지. 어서 가, 론보다 먼저 가렴. (*PS* 70)

만일 주저한다면 벽에 부딪히고 말 것이다. 그렇지만 믿음을 갖고 똑바로 걸어간다면, 9와4분의3 승강장으로 들어갈 수 있다. 9번 승강장과 10번 승강장이라는 실재하는 세계 사이에 새로운 세계로 가는 입구 혹은 출구가 있다. 상상력과 믿음을 지닌 사람들만이 그 틈을 인지하며 이용할 수 있다.

해리 포터의 세계는 현실 세계의 낯선 일면과 같다. 친숙한 사물, 습관적인 행동들의 틀에서 벗어나는 것들이 매우 낯설어지는 그 순간에 사람들은 보통 어리둥절함이나 거부감을 느끼게 된다. 그 지점이 바로 마법의 공간과 현실이 조우하는 지점이다. 잭슨(Rosemary Jackson)은 판타지가 갖는 환상적인 속성을 다음과 같이 설명한다.

> 환상적인 서사는 독자를 잘 알려진 일상 세계의 친숙성과 안정성으로부터 끌어내어, 보다 낯선 어떤 것, 일반적으로 경이로운 것과 관련된 영역에 더 가까운 비개연성의 세계로 이동시킨다.... "실재적인" 것으로 보이는 것과 기록된 것의 지위는 끊임없이 문제시된다. 이러한 서사의 불안정성은 하나의 양식으로서의 환상적인 것의 핵심을 이룬다. (34)

늘 걸어 다니던 공간의 변모나 일상적인 사물의 놀랄만한 변신은 흥미를 느끼게 하지만 동시에 주저하게 만든다. 마법사인 위즐리 씨는 현실의 사람들이 사용하는 자동차나 물건들에 끊임없이 흥미를 보이며 작동하는 방법을 알고 싶어 하는데, 이것은 마치 독자들이 길에서 만나는 평범한 얼굴의 사람들이 마법부 소속의 마법사들일 수 있으며, 차가운 표정을 지닌 낯선 인물들이 디멘터일 수도 있다고 생각하거나, 이해할 수 없는 자연 현상의 급격한 움직임을 마법 세계의 영향력으로 상상해 보는 것과 같은 맥락이다.

해리의 여정을 따라가기 위해서는 이차 세계에 대한 상상력이 필요하며, 이 상상력에 대한 믿음은 서사를 더욱 충실하게 빛나도록 떠받친다. 독을 마신 팅커 벨(Tinker Bell)을 살리기 위해 어린이 독자들에게 "요정을 믿나요? 그럼 박수를 쳐 주세요"라며 말을 거는 피터 팬(Peter Pan)은 이야기 속의 인물이면서 동시에 어린이들의 현실적인 친구이다(Barrie 114). 해리가 이와 동일하게 상상력에 대한 믿음을 갖지 않았다면 9번 승강장과 10번 승강장 사이의 벽으로 돌진할 수 없었을 것이다. 새로운 세계로 가는 선택의 힘은 과감하게 경계를 향해 돌진해 가는 상상력이 충만한 사람에게만 주어진다. 새로운 세계에 대한 상상력과 다름을 인정하는 포용력을 가진 해리가 정상과 비정상의 경계, 현실 세계와 마법 세계의 경계를 넘고 이것을 허물 수 있었던 것은 경계에 대한 은유를 인식하고 그 경계의 자의성을 파악할 수 있었기 때문이다.

3. 선택과 진실에 대한 은유, "소망의 거울"

사람들은 누구나 선택의 순간에 직면하며, 이 때 보통 "선택의 기로에 선다"고 말한다. 물리적으로 실재하지 않는 두 갈래의 길을 상정한 뒤 "갈림길에 서 있다"거나, "하나의 길을 선택한다"거나 혹은 "다른 길을 간다"고 표현한다. 레이코프와 존슨은 이러한 심리적인 과정이 어떤 개념을 보다 구체적으로 이해하기 위한 것이라고 말한다.

> 첫째, 우리는 은유에 방향성이 있다는 것, 즉 우리가 한 개념을 다른 관점에서 이해한다는 것을 제안했다. 구체적으로 말하면 우리는 (감정에 대한 개념처럼) 덜 구체적이며 본래적으로 더 애매한 개념을, 우리의 경험 속에서 보다 더 명확하게 묘사되는, 더 구체적인 개념의 관점에서 구조화하는 경향이 있다. (112)

선택의 심리적인 과정이나 결단은 구체적으로 물질화된다. 길이라든가 전환점, 혹은 장애물을 나타내는 언덕이나 강 같은 자연의 가시적인 것들이 심리적인 과정을 보다 잘 표현하기 위해 사용된다. 실재하는 사물들은 심리적인 과정의 은유가 된다. 이와 더불어 "발을 내딛는다"나 "한 걸음 진진한다" 같은 표현들은 몸을 이용한 심리 상태의 은유이다. "죽느냐 사느냐의 기로에 선다"거나 "선택은 너에게 달려있다" 등의 언어 표현들이 모두 은유라는 점에서 해리의 모험은 은유적이다. 해리는 항상 "선택의 기로에 서서" "발을 내딛느냐 마느냐"를 선택해야 하기 때문이다.

선택을 하기 위해서는 "경계"의 자의성에 대한 인식, 즉 진실에 대한 인식이 필요하다. 이를 위한 장치로 해리 앞에 등장하는 것은 "소망의 거울"(the Mirror of Erised)이다.[3] 거울에는 "Erised stra ehru oyt ube cafru oyt on wohsi"라는 이상한 글자가 있으며, 이것은 "나는 너의 얼굴이 아니라 네 마음 속 욕망을 비춘다"(I show not your face but your heart's desire)는 문장이 거꾸로 쓰인 것이다(*PS* 152). 소망의 거울 속에서 해리는 자신의 모습뿐만 아니라 죽은 부모의 모습도 같이 보게 되는데, 그것이 단지 거울 속의 영상, 혹은 허상에 지나지 않는다는 것을 알고 난 후에도 거울 앞을 떠나지 못한다. 어린시절에 죽은 부모를 다시 만나고 싶은 열망, 그리운 부모와 함께 있고 싶다는 그의 열망이 마치 실재처럼 거울 속에 생생하게 그려지지 때문이다. 이를 알게 된 덤블도어(Dumbledore)는 해리에게 소망의 거울에 담긴 비밀을 들려준다. 그것은 왜곡된 욕망과 진실 사이의 간극과 구분이다.

> 거울은 우리 마음속의 깊고도 열렬한 소망을 비추어준단다. 가족을 한 번도 본 적이 없는 너는 네 주변에 네 가족이 있는 것을 보는 거야. 언제나 형들에게 압도당하고 있는 로날드 위즐리는 혼자서, 누구보다도 최고가 되어 서 있는 자신을 보게 되는 거지. 그렇지만 이 거울은 우리에게 지식도 진실도 주지 않는다. 사람들은 자신들이 본 것에 홀려서, 정신이 나간 채로 그 앞에서 시간을 낭비한단다. 거울이 보여주는 것이 진짜인지 심지어는 가능한 것인지 결코 알려고 하지도 않은 채로 말이지. (*PS* 157)

---

3) "소망의 거울"이라는 번역은 원문의 의도를 그대로 살리지 못한 것으로 보인다. 철자를 거꾸로 써서 마법의 주문처럼 보이게 만든 롤링의 의도를 살리자면 '소망'의 각 음절들을 뒤집어 써야 옳을 것이다. 하지만 이미 출판사 문학수첩을 통해 나온 번역본(최인자 역)을 통해 "소망의 거울"이 대중적으로 받아들여지고 있으므로 이 글에서도 이를 사용한다.

거울이 보여주는 것은 단지 마음 속 깊은 곳의 욕망에 지나지 않는다. 덤블도어는 거울이 결코 "지식도 진실도 주지 않는다"고 강조한다. 오른쪽 눈을 거울로 바라볼 때 실재로는 왼쪽 눈이 되는 것처럼, 거울로 들여다보는 모습이 좌우가 바뀐 형태라는 점에서 근본적으로 거울은 왜곡된 상을 되비춘다. 라캉의 "거울 단계"(mirror stage)에 따르면, 거울 속에 비친 자신의 이미지나 혹은 어머니의 모습을 자신의 것으로 동일시하는 유아는 자아와 타자를 구분하지 못한다(2-3). 거울이 되돌려주는 이미지는 결코 실제의 자신일 수 없는데, 거울 속에서 보는 이미지는 이미 왜곡되어 있기 때문이다. 거울을 통해서 해리가 자신의 모습을 볼 때, 해리라는 대상은 실재이며 이미지는 비실재이다. 대상과 이미지 사이에는 왜곡이 생겨난다. 거울이 비추는 것은 우리의 결핍이며, 이 결핍은 곧 욕망의 표현이다. 거울에서 우리는 우리의 욕망이 투사되어 있는, 실재가 아닌 그림자를 본다.

특히 소망의 거울이 보통의 거울과 다른 점은 좌우가 뒤바뀐 영상을 비교적 충실하게 반영하는 일반적인 거울과는 달리 결코 대상을 그대로 비추지 않는다는 점이다. 비춰진 대상에 다른 모습 혹은 영상이 덧씌워진다. 즉 이미 비실재인 이미지에 다시 환상이 덧씌워져 훨씬 더 비실재적인 이미지가 생겨난다. 실물과 거울에 비춰지는 이미지 사이의 간극에는 이 거울을 바라보는 주체의 욕망이 투사되고, 실재와 가상이 뒤얽힌다. 거울의 나와 현실의 내가 하나일 수 없기 때문에 우리가 보고 있는 것은 파편에 불과하다. 나의 욕망에 의해서 이미 이지러져 있는 그림자의 실체를 깨달아야만 주체는 새로운 단계로 도약할 수 있다.

부모와의 공존, 특히 자신을 위해 목숨을 버린 어머니의 품을 다시 찾고 싶은 해리의 마음은 소망의 거울을 통해 드러난다. 그러나 해리는 자신을 위해 희생한 어머니의 사랑 속에 영원히 존재할 수는 없다. "해리를 신체적으로 감정적으로 지지"(Westman, "'The Weapon'" 194)하는 것이 부모의 사랑이기는 하지만, 사랑은 마치 양날의 칼처럼 작동할 수 있다. 해리가 부모에 대한 감정적 고착상태에 머물러 있을 경우 사랑은 그를 베고 상처 내는 칼이 된다. 하지만 해리가 이를 넘어설 경우 사랑은 그를 도약시키는 역할을 한다.

다시 말해서 해리는 어머니의 세계를 떠나야만 성장할 수 있다. 해리에게는 어머니와의 분리를 자연스럽게 만들어주는 "상상의 아버지"(Kristeva 13)가 없을 뿐만 아니라, 아버지의 역할을 하는 존재는 선과 악으로 극명하게 구분되어 있다.[4] 선의 아버지는 그의 정신적 지주이자 호그와츠의 교장인 덤블도어이며, 악의 아버지는 역설적이게도 그를 죽이려 하는 볼드모트이다. 해리는 덤블도어와 볼드모트를 넘어서지 않는 한 상징계에서 자신의 질서를 세울 수 없다. 덤블도어는 해리의 또 다른 자아라고 볼 수 있는데, 그 역시 젊은 시절에 해리처럼 무모하고 열정적인 싸움에 휘말렸으며 사람들과의 관계와 사건 처리에 감정적으로 대응하기도 했고 그로 인해 여동생의 목숨을 잃었다. 여동생을 비롯한 선한 사람들의 희생을 헛되이 하지 않기 위해 노력하며 살아온 덤블도어는 볼드모트와 대적할 수 있는 최고의 마법사임이 분명하다. 하지만 볼드모트를 완전히 패배시키거나 사라지게 할 수 없으며, 볼드모트의 호크룩스(horcrux)를 없애려다 오히려 그의 사악한 속임수에 빠져 자신의 목숨을 내놓게 된다. 덤블도어가 죽는다는 사실은 우선적으로 해리에게, 나아가 독자들에게 받아들이기 힘든 사실이지만, 선의 아버지인 덤블도어가 사라져야만 해리의 진정한 홀로서기가 시작될 수 있다. 덤블도어의 도움

4) "상상의 아버지"는 크리스테바(Julia Kristeva)의 용어로서, 아이가 어머니의 영역인 기호계에서 법과 질서의 세계이자 아버지의 영역인 상징계로 넘어오는 문지방을 건너도록 돕는, 어머니의 다정함을 지닌 아버지를 일컫는다.

없이 혼자서 볼드모트와 맞서야만 비로소 해리는 어머니의 세계, 상상계를 떠나 아버지의 세계, 즉 상징계에서 자신의 영역과 질서를 구축할 수 있는 것이다. 덤블도어와 볼드모트는 동일하게 해리가 극복해야 할 아버지들이지만, 해리의 실제 적수는 덤블도어가 아니라 볼드모트이기 때문이다.

소망의 거울은 주체가 소망하는 것을 보여주는 듯하지만, 실제로는 그것이 탐욕에서 생긴 소망인지 진실을 찾아가는 과정에서 얻는 소망인지 구별하게 만들어 준다. 다시 말해서 소망의 거울은 보이는 현상만이 진실이 아니라는 것, 자신의 욕망에 의해서 진실이 왜곡될 수 있다는 것을 알려주는 진실에 대한 은유이다. 거울 속의 영상에 이미지를 입히고 내면의 욕망을 더해서 우리는 거울 속의 "나"를 다른 인물, 다른 욕망의 소유자, 다른 정신을 감추고 있는 자로 바라본다. 소망의 거울을 통해서 해리는 진실과 욕망에 대한 은유들을 발견한다. 거울 속에 비친 이미지가 자신의 반영이기는 하지만 결코 자신일 수 없기 때문에, 부모와 자신을 동일시하는 단계를 넘어서지 않으면 질서체계로 진입할 수 없다. 해리가 자신의 어깨 위에 올려진 손이 실재하는 것이 아니며 부모와 같은 시공간에 있을 수 없다는 것을 뼈아프게 자각하는 순간, 해리는 상징계의 질서에 진입한다. 상징계는 법과 질서의 세계이다. 해리는 자신이 맞서 싸워야 하는 대상들이 이 상징계의 질서를 무너뜨리는 존재들이라는 것을 새삼 깨달으며 거울 밖의 세계에 직면한다.

소망의 거울은 텅 빈 방에 놓여있는 실물인데, 해리가 맞서 싸우는 세계 자체가 소망의 거울이기도 하다. 즉 거울 앞에서 욕망의 투사체인 이미지와 심리적으로 힘겨운 싸움을 했던 것처럼, 현실 세계와 마법 세계를 동시에 안전하게 지켜내기 위해서는 왜곡된 욕망과 이미지에 미혹된 이들과 싸움을 되풀이해야 한다. 해리는 이 과정에서 끊임없이 선택과 진실의 문제에 천착하고 자신의 정체성을 탐구하게 된다. 그는 무엇이 진실이고 허상인지, 누가 선의 편이고 악의 세력에 물들었는지를 가려내야 한다. 겉모습은 몹시 유약하고 친절해 보이지만 실은 자신의 뒷머리에 볼드모트의 기생을 허락한 이중적인 퀴렐(Quirrell) 교수는 "부와 불멸"을 가져다준다는 연금술사의 돌, 즉 현자의 돌(Philosopher's Stone)을 손에 넣어 볼드모트의 몸을 되찾아 주려 한다(Colbert 19).[5] 뿐만 아니라 유명인사로 행세하며 해리를 자신의 명예욕에 이용하려는 질데로이 록허트(Gilderoy Lockhart) 교수, 비밀스러운 대화로 해리를 끌어들이는 톰 리들(Tom Riddle)의 일기장, 볼드모트의 하수인으로 드러난 어둠의 방어술 교수인 가짜 무디(Moody), 모든 마법술과 마법약의 비밀을 담고 있는 혼혈왕자(Half-blood Prince)의 책 등 선과 악의 뒤섞임 속에서 실재와 허상을 구분한다는 것은 늘 쉽지 않다. 게다가 통제하기 어려운 왕성한 호기심과 편견이 그의 이성적인 판단능력보다 훨씬 강하기 때문에 상대방의 본모습을 제대로 간파하지 못한다. 그는 덤블도어와 해그리드의 충고, 헤르미온느(Hermione)의 조언을 여러 번 무시함으로써 곤경에 처하기 일쑤이다. 한때 볼드모트의 하수인이었으며 죽음을 먹는 자(Death Eater)였던 스네이프(Snape) 교수에 대한 맹목적인 반감은 해리로 하여금 이성적인 판단을 하지 못하도록 만드는데, 이 역시 해리가 가진 편견과 감정적인 충동에서 비롯된 것이다. 이런 미숙한 판단력은 청소년기의 특징이기도 하지만, 소망의 거울을 통해서 얻은 해리의 깨달음이 완성된 것이 아니며 진실을 인식하는 과정 자체가 지극히 어렵다는 것을 반증해준다.

현실에서 부딪히는 여러 가지 사건들 속에서 청소년들이 고통을 겪으

5) 『해리 포터』의 첫 번째 편인 『해리 포터와 현자의 돌』은 미국에서 『해리 포터와 마법사의 돌』(*Harry Potter and the Sorcerer's Stone*)로 출간되었다. 미국인들이 "현자"(혹은 "철학")이라는 용어를 낯설어할 것이라는 게 그 이유였다.

며 성장하는 것처럼, 해리는 볼드모트와의 대결을 통해서 점차 자신의 내적인 힘을 발견한다. 이 내적인 힘은 해리가 "살아남은 소년"(*PS* 18)이라는 특별한 존재이기 때문이 아니라 오히려 감당할 수 없을 만큼 버거운 두려움을 이겨내고 풀기 어려운 문제들에 맞서 싸우면서 획득하는 힘이다. 그는 "현명하게 공통의 선을 위해서" 자신의 힘을 사용해야 하기 때문에 필연적으로 선택의 문제에 직면한다(O'Har 864). 『아즈카반』에서 과거로 돌아간 해리는 디멘터들에게 쫓기고 있는 현재의 자기 자신과 시리우스(Sirius)를 구하기 위해 패트로누스(Patronus)를 불러낸다.

> 그렇지만 아무도 오지 않았다. 해리는 손을 들어 호수 저편 디멘터 무리들이 원을 그리고 있는 것을 보았다. 그들 중 하나가 두건을 아래로 내리고 있었다. 이제 구원자가 나타날 시간이었다. 그렇지만 이번에는 아무도 도우러 오지 않았다.
>
> 그 때 그는 깨달았다. 이해한 것이다. 그는 자신의 아버지를 본 것이 아니었다. 그는 자기 자신을 본 것이었다. 해리는 덤불 뒤에서 달려 나와 지팡이를 꺼내 들었다.
>
> "엑스펙토 팩트로눔!" 그는 소리쳤다.
>
> 그러자 지팡이의 끝에서 형체 없는 안개 구름 대신 눈부실 만큼 반짝거리는 은빛 동물이 뿜어져 나왔다. (*PA* 300)

처음에 해리는 시리우스와 자신이 디멘터들에게 영혼을 빼앗길 위기에 처했을 때, 호수 저편에 나타나 패트로누스를 보내준 형상이 죽은 아버지였다고 믿었다. 그러나 시간을 되돌려 다시 호수에 가 보았을 때 그 형상이 아버지가 아니라 바로 자기 자신이었다는 것을 깨닫는다. 해리는 의존적인 어린 아들로서의 모습을 넘어서야만 한다. 아버지를 마냥 기다리는 것이 아니라 자신이 행동해야 할 때라는 것을 안 순간, 그는 주저

없이 마술지팡이를 꺼내든다. 만일 선택의 결단이 필요한 순간에도 여전히 아버지를 기다리고 있었다면, 자신과 시리우스는 목숨을 잃었을 것이다. 해리가 아버지로부터 감정적으로 독립하며 아버지의 자리를 대신할 수 있는 능력을 부여받는 지점이 바로 여기이다. 소망의 거울 앞에서 어머니와의 분리를 인정하고 거울단계를 통과했다면, 이제 패트로누스의 형상을 스스로 만들어 내는 특별한 마법적 능력을 통해서 아버지로부터의 독립을 획득하며 상징계로의 발걸음을 뗀다.

소망의 거울이 지식이나 진실을 직접적으로 보여주지 못하는 것과 달리, 현재와 과거의 연관성, 금지와 열망의 경계, 죽음과 삶의 경계를 다시 생각해 보면서 진실에 접근하도록 도와주는 또 하나의 장치가 있는데, 그것은 기억을 담아두는 펜시브(Pensieve)이다.

> "이것 말이냐? 펜시브란다." 덤블도어가 말했다. "너도 이런 기분을 알고 있을 테지. 마음 속에 너무나 많은 생각과 기억이 잔뜩 쌓여져 있는 기분 말이야."...
>
> 덤블도어는 돌대야를 가리키면서 말했다. "요새는 펜시브를 사용하지. 그저 머리 속에 넘쳐나는 생각들을 빨아들인 다음, 대야에 붓기만 하면 되는 거야. 그리고는 시간이 날 때 다시 들여다보지. 이런 식으로 놓아두면 유형이나 연관성을 파악하기가 더 쉬워지거든." (*GF* 518-19)

펜시브의 역할은 어떤 사건에 대해 한 걸음 떨어져서 객관적으로 생각할 수 있는 기회를 제공하는 데 있다. 또한 다양한 관점을 적용해서 사건이 일어나던 당시에는 미처 생각하거나 살펴보지 못했던 것들을 정리하게 만들어준다. 해리는 펜시브를 통해서 자신이 직면한 어려운 상황을 여러 가지 관점으로 생각해 볼 수 있게 되는데, "펜시브는 수용력을 확장시키고 다른 관점에서 경험할 수 있도록 만들어 준다"(Westman, "Perspective"

160). 과거를 돌아볼 수 있다면 현재에 대한 판단을 훨씬 잘 할 수 있게 된다. 과거의 비밀과 잘잘못이 현재의 거울로 작동하면서 선택이나 결정을 보다 용이하게 만들어 줄 것이기 때문이다.

소망의 거울이 이루어질 수 없는 마음 깊은 곳의 소망을 드러내 보여주는 것이라면, 펜시브는 이미 이루어졌던 것들이나 발생했던 사건들을 다른 각도에서 바라볼 수 있게 만드는 또 하나의 거울이다. 소망의 거울은 "지식도 진실도 주지 못하지"만, 펜시브는 지식과 진실을 찾아낼 수 있는 길을 열어준다. 나토브(Roni Natov)에 의하면 우리가 "다른 사람의 역사를 이해하기 위해서 ... 구분할 수 없는 문제 상황에 의해서 재현되는 자아와 타자 사이에 만들어져 있는 경계를 넘어 움직여야만 한다"(324). 덤블도어를 죽이고 볼드모트를 다시 섬기는 듯 보이던 스네이프의 진실은, 죽어가면서 해리에게 남긴 펜시브를 통해 드러난다. 과거를 들여다보고 역사를 이야기해 주는 펜시브가 없었다면 과거는 현재의 거짓에 의해 묻혀지고 왜곡되었을 것이다. 이렇게 과거가 묻혀지고 현재가 거짓으로 왜곡된다면 결코 더 나은 미래를 만들어 낼 수 없다.

치열한 모험의 단계마다 해리가 직면하는 선택의 문제란 결국 삶과 죽음의 문제이다. 덤블도어는 "잘 단련된 마음에게는, 죽음이란 것도 또 다른 위대한 모험이다"고 해리에게 말한다(*PS* 215). 삶이 무엇인가를 아는 사람에게 죽음은 끝이 아니라 또 다른 시작이다. 제대로 사는 방법을 몰랐던 볼드모트는 "죽음보다 비참한 것은 없다"고 여기고 다른 이들을 희생물로 삼아 어떻게든 죽음을 피해보려고 애쓰지만, 그 삶은 죽음보다 더 비참하고 두려운 것에 불과하다(*OP* 718). 삶과 죽음의 방식을 모르는 볼드모트와는 달리, 해리는 어떻게 살고 어떻게 죽어야 하는지 알고 있다. 그는 자신이 볼드모트의 생명을 유지하는 호크룩스 중 하나이며, 호크룩스가 파괴되지 않는 한 볼드모트가 죽지 않는다는 사실을 알아내고 다른 사람들의 희생을 막기 위해 스스로 죽음을 선택한다.

> "그럼 ... 저도 죽은 거군요?"
>
> "아," 더 활짝 웃으면서 덤블도어가 말했다. "그게 문제로구나. 그렇지? 전체적으로 보자면, 얘야, 나는 아니라고 생각한단다."...
>
> "그렇지만 ..." 해리가 본능적으로 번개 모양의 흉터 쪽으로 손을 들었다. 흉터가 거기 있는 것 같지 않았다. "저는 죽었어야만 해요. 전 방어하지 않았거든요! 그가 저를 죽이도록 내버려 두었어요."
>
> "바로 그게 모든 것을 다르게 만들게 될 거라는 생각이 드는구나." 덤블도어가 말했다. (*DH* 567)

"금지된 숲"(the Forbidden Forest)으로 자발적으로 들어온 해리는 죽음의 저주를 피하지 않고 받아들여 죽게 되는데, 볼드모트는 이 승리를 즐기지 못한다. 프로프(Vladimir Propp)에 따르면 "이야기의 숲은, 한편으로는 제의의 장소로서, 다른 한편으로는 죽은 자들의 나라에로의 입구"이다(87). 해리는 스스로 제의의 희생물이 되어 능동적으로 "자신의 죽음"을 선택함으로써 "다른 사람의 삶"을 선택한다. 해리에게는 무고한 사람들의 희생과 선(善)의 패배가 죽음보다 더 두려운 일이다. 하지만 볼드모트는 자신이 가장 두려워하는 죽음을 해리가 기꺼이 선택했다는 사실을 이해할 수 없다. 그가 신체가 없는 상태로도 생명을 유지할 수 있었던 것은 사랑의 힘이 아니라 증오의 힘, 권력에의 욕망이 만들어 낸 힘 덕분이다. 그는 오로지 자신만을 위한, 자신을 중심으로 한 삶을 추구하며, 따라서 "그의 삶의 방식은 사랑과 완전히 반대되어 있다. 다른 사람을 위하여 그 자신을 기꺼이 희생하는 대신, 그는 자기 자신의 이기적인 목적을 위하여 순수한 존재를 기꺼이 희생시킨다"(Walls 75). 사랑이 없는 삶을 살며 다른 사람을 위해 죽는다는 것이 무엇인지 알지 못하는 볼드모트는 결코 올바른 선택을 하지 못한다. 트라이츠(Roberta Seelinger Trites)는 "덤블도어의 자기 통제력은 그의 성숙성을 나타낸다"(481)고 설명하는데, 해리가 스스로 희생물이 되기를 선택하면서 자기 통제력을 얻는 것과 달리 볼드모트는 권력에의 욕망과 삶에의 집착으로 말미암아 자신의 감정을 절제하지 못하는 모습을 보이면서 결코 승리자가 될 수 없다는 점을 분명히 한다.

금지된 숲에서 죽음을 맞이한 해리는 킹스 크로스 역에서 깨어난다. 현실 세계에서 마법 세계로 가는 통로이자 마법사로서의 해리의 새로운 생활이 시작되는 지점인 킹스 크로스 역의 9와4분의3 승강장은, 삶과 죽음의 경계선이자 선택의 갈림길이며 믿음과 불신, 굳건한 진실과 허망한 거짓이 밝혀지는 공간이다. 마법 세계로의 출발과 도착을 담당하는 "사이의"(in-between) 공간으로서의 역할을 하는 이 역에서 출발과 도착, 만남과 헤어짐, 시작과 끝은 해리를 비롯한 모든 등장인물들의 인생에 대한 은유이다.

> "저는 돌아가야만 하는 건가요?"
> "그건 너에게 달렸단다."
> "제가 선택할 수 있다구요?"
> "그럼." 덤블도어가 그에게 미소지었다. "네 말대로 우리는 킹스 크로스 역에 있지. 만일 돌아가지 않겠다고 결정한다면, 넌 ... 그냥 ... 기차에 오르면 되는 거야." (*DH* 578)

해리는 다시 삶의 길을 갈 것인가, 이대로 고통 없는 저 너머의 세계로 갈 것인가를 선택해야만 한다. 살기를 포기하고 기차에 오른다면 해리는 평화와 안정을 누릴 수 있다. 반면 해리가 살기로 결정하고 금지된 숲으로 되돌아간다면 그것은 마법 세계를 악의 세력으로부터 지켜내기 위한 고통스러운 싸움을 계속해야 한다는 의미이다. 자신에 대한 믿음과 타인에 대한 사랑으로 마법 세계를 지켜낼 수 있다는 것을 깨닫게 된 해리는 더 많은 상실과 슬픔을 겪을 것을 각오하며 다시 금지된 숲으로 되돌아간다.

보다 강력한 마법사가 되어 마법으로 많은 것을 변화시키는 방법이 있겠지만, “해리와 독자들은 마법의 본질적인 한계를 밝히는 보다 넓은 관점을 발전시키기 시작한다.... 마법은 도덕적 선택을 하는 데 있어서 해리나 다른 사람을 도울 수 없다”(Chevalier 409). 기숙사를 배정하는 분류 모자(the Sorting Hat)의 제안을 거부하는 해리는 슬리데린(Slytherin) 기숙사가 보장하는 막강한 권력보다는 그리핀도르(Griffindore) 기숙사, 즉 정의의 편, 아버지의 편에 선다. 중요한 것은 선택을 할 수 있는 선한 자아와 자유 의지의 문제인데, “해리는 도덕적으로 옳은 것을 궁극적으로 선택하기 때문에 승리한다”(Deavel 62). 덤블도어는 “우리의 진정한 모습은 우리의 능력이 아니라 선택을 통해서 나타난다”(*CS* 245)고 말하면서, 도덕적 판단과 올바른 선택을 할 수 없다면 태어날 때부터 타고난 능력이 있다고 하더라도 결코 싸움에서 승리할 수 없다는 중요한 삶의 지표를 던져준다.

해리 포터의 치열한 모험을 함께 겪는 독자들은 놀라운 마법 능력을 지녔다고 해도 모든 어려운 문제들을 쉽게 해결하지는 못한다는 것을 알게 된다. 모리스(Tom Morris)는 “해리의 세계는 마법으로 가득 찬 세계이지만 그 세계에서 살아가는 사람들도 우리와 똑같이 힘겨운 문제를 안고 있다”고 말한다(9). 포트키(Port key)를 이용해서 공간 이동을 한다거나 보이지 않는 망토를 입고 몰래 돌아다닌다거나 혹은 자동차를 타고 하늘을 날 수 있는 등 눈이 휘둥그레질 마술들이 있기는 하지만, 이 마법의 능력들은 삶을 뒤바꿀 만한 어려움 앞에서는 결코 도움이 되지 않는다.

마법사들 역시 우리들처럼 자신 앞에 놓인 난제를 풀기 위해 고통스러워하고 온갖 방법을 동원하며 애를 쓴다. 마법 세계의 가장 위대한 마법사인 덤블도어는 볼드모트의 호크룩스를 파괴하려다가 치명적인 저주에 걸려 이를 풀지 못한 채 결국 죽음을 맞는다. 볼드모트는 강력한 악의 힘을 지녔지만 쉽사리 본모습을 되찾지 못한다. 결국 문제는 원점으로 다시 돌아온다. 얼마나 강력한 마법의 힘을 지니느냐가 아니라 그 마법을 사용할 수 있는 판단과 절제의 힘, 즉 인간의 가치 판단과 행동이 중요한 것이 된다. 그리고 이 가치 판단과 행동의 문제에는 선과 악에 대한 논리적 판단과 선택의 문제가 결부되어 있다.

4. 해리 포터, 새로운 마법에의 꿈을 꾸다

레이코프와 존슨은 "사물이 명확하게 구분되거나 경계 지어지지 않을 때, 우리는 여전히 그것을 산이나 길모퉁이, 울타리 같은 것으로 범주화한다"고 지적한다(25). 인간의 사고란 가장 간편하고 명료한 이분법을 지향하기 마련이어서 이편과 저편, 나의 것과 남의 것, 우리와 저들을 나누는 데 익숙하다. 게다가 알지 못한 것에 대한 두려움은 곧 위협으로 느껴져서 내가 살고 있는 범주로부터 그것들을 몰아내야만 안정을 찾는다. 더즐리 가족이 불안해하면서 끊임없이 해리를 미워하고 쫓아내고 가두려는 것은 낯선 것을 거부하고 동일성을 지향하는 바로 우리 자신의 모습이다. 볼드모트가 자신의 편이 되려 하지 않는 해리를 죽이려는 것 역시 해리가 자신이 이해할 수 없는 힘인 사랑의 표식을 가진 자이기 때문이다. 해리는 극단적인 이 두 집단, 즉 정상성을 자의적으로 설정하는 더즐리 가족과 모든 것을 뜻대로 통제하고 반대자들을 없애려는 볼드모트와 그 하수인들에게 모두 위협적인 인물이자 자신들의 범주에 들지 않는 이질적인 존재로 취급됨으로써 그의 존재가 갖는 경계에 대한 은유를 더욱 극대화한다.

해리는 자신을 '비정상적'인 아이로 취급하는 더즐리 가족들에게서 벗어나 마법사들의 세계인 호그와츠로 가지만, 이마에 있는 번개 모양의 흉터로 인해 그곳에서도 '특별한' 존재로 여겨진다. 게다가 그는 늘 따라다니는 위험과 죽음의 그림자로부터 자기 자신과 친구들, 마법 세계를 지켜야 한다. 해리의 뛰어난 마법은 태생적으로 주어진 것이라기보다 모험과 시련을 통해서 단련된 것이다. 마술지팡이가 모든 것을 해결해 주지 않기 때문에, 자기 자신을 끊임없이 단련하지 않는다면 해리는 볼드모트의 세력에 지고 말 것이다. 어려움과 장애물을 극복할 수 있는 힘은 해리가 연마하는 마법 능력뿐만 아니라 왜곡되지 않은 진실을 대면하려는 끝없는 노력과 정의에 대한 믿음에서도 비롯된다. 해리가 선악에 상관없이 자신의 승리만을 원했다면, 볼드모트와 다른 점이 없었을 것이다. 해리는 지난한 모험과 싸움을 통해 다양한 가치를 습득하면서 그의 앞을 가로막는 장애물을 넘어서고 분명하게 그어진 듯 보이는 경계를 깨뜨린다.

롤링은 시리즈의 마지막 권인 『죽음의 성물』에서 힘든 싸움을 이겨내고 마침내 현실 세계와 마법 세계를 동시에 지켜낸 해리가 어른으로 훌쩍 자라난 모습을 그린다. 이 두 세계를 지키려는 해리의 치열한 노력은 전래 동화에서 흔히 보듯이 "영원히 행복하게 살았습니다" 같은 동화적 결말로 보상받는다. 선과 악의 싸움과 선의 승리, 우정과 사랑, 진실의 덕목과 같은 보편적인 가치 이상의 것을 제시하지 못한 채, 행복한 아버지로 살아가는 해리의 모습을 그려낸 이런 전래 동화적 결말이 오히려 독자들의 상상력을 제한하는 것은 사실이다. 자잎스(Jack Zipes)는 최근의 작가들이 고전적인 전래동화를 다시쓰기 하거나 전복시키려는 움직임을 보이는 것과 달리 롤링은 민담이나 전래동화의 틀을 거의 벗어나지 않는다고 말하면서 "그녀는 전래동화 작가들이 사용하는 예측 가능한 해피엔드 학파(happy-end school) 안에 머물러 있다. 우리는 해리가 악을 이기고 승리할 것이라는 것을 처음부터 끝까지 알고 있다"고 지적한다(182). 매우 건실하고 도덕적인 인물인 해리를 일곱 편의 시리즈 속에서 성장시킨 롤링이 비극적이거나 전복적인 결말에 부담을 가졌을 가능성이 없지 않다. 그녀는 "예측 가능하게도" 십대의 청소년을 비롯한 어른 독자들이 길고도 고통스러운 성장통을 해리와 함께 겪으면서 현실의 어려움을 이겨내고 긍정적인 희망, 낭만적인 "해피 엔드"를 얻기 원하는 듯 하다. 『죽음의 성물』의 마지막 장인 「19년 후」("Nineteen Years Later")는 해리와 그 친구들이 9와4분의3 승강장에 서서 호그와츠 행 열차를 타는 자식들을 배웅하는 장면으로 끝나는데, 이것은 롤링이 이 승강장의 상징성을 부각시키면서 현실 세계와 마법 세계의 평화로운 공존, 현실과 판타지의 자연스러운 뒤섞임을 통해 경계의 흐려짐과 무너짐, 상상력과 믿음에 기반한 현명한 선택의 문제 등을 담으려 했기 때문이다.

해리의 이마에 새겨진 번개 모양의 흉터는 결코 지워지지 않는 고통에 대한 상징이면서 동시에 해리의 부모가 보여주는 무한한 사랑의 상징이다. 소망의 거울은 왜곡된 꿈과 왜곡되어서는 안 될 진실을, 킹스 크로스역의 9와4분의3 승강장은 삶과 죽음, 판타지와 현실 세계, 그리고 경계와 선택을 은유한다. 대상을 양분하고 경계를 더욱 확고히 하느냐 아니면 경계를 흐리게 만들고 극복하느냐의 문제, 그리고 이 경계를 인식하는 주인공들의 태도와 어떻게 이것에 대처하는가에 대한 분석은 『해리 포터』를 바라보는 다양한 시각을 더욱 확장시킨다. 해리 포터는 "19년 후" 이미 장성한 어른이 되었기 때문에 모험과 격렬한 전투의 시간들로 다시

되돌아 갈 리 없지만, 독자들은 여전히 『해리 포터』의 복합적인 상징과 은유를 통해 규범이 강조되는 권위적인 현실 세계를 벗어나 보다 자유롭게 확장된 판타지 세계에 대한 꿈을 꾼다. 그것은 지난한 현실의 틀을 특별한 '마법'적 방법으로 와해하고 전복하여 마침내 확장시킬 수 있기를 바라는 꿈이다.

인용문헌

V. Y. 프로프. 『민담의 역사적 기원』. 최애리 역. 서울: 문학과지성사, 1990.

Baggett, David, and Shawn E. Klein, ed. *Harry Potter and Philosophy: If Aristotle Ran Hogwarts.* Chicago: Open Court, 2004.

Barrie, James M. Peter Pan: Peter and Wendy *and* Peter Pan in Kensington Gardens. New York: Penguin, 2004.

Behr, Kate. " 'Same-as-Difference': Narrative Transformations and Intersecting Cultures in Harry Potter." *Journal of Narrative Theory* 35.1 (2005): 112-32.

Chevalier, Noel. "The Liberty Tree and the Whomping Willow: Political Justice, Magical Science, and Harry Potter." *The Lion and the Unicorn* 29 (2005): 397-415.

Colbert, David. *The Magical World of Harry Potter: A Treasury of Myths, Legends, and Fascinating Facts.* Wrightsville Beach: Lumina P, 2001.

Deavel, Catherine Jack, and David Paul Deavel. "Character, Choice, and Harry Potter." *Logos* 5.4 (2002): 49-64.

Jackson, Rosemary. *Fantasy: The Literature of Subversion.* London: Routledge, 1988.

Kristeva, Julia. *The Black Sun: Depression and Melancholia.* Trans. Leon S. Roudiez. New York: Columbia UP, 1989.

Lacan, Jacques. *Écrits: A Selection.* Trans. Alan Sheridan. New York: Norton, 1977.

Lakoff, George, and Mark Johnson. *Metaphors We Live By.* Chicago: U of Chicago P, 2003.

Lanes, Selma G. *Through the Looking Glass: Further Adventures and Misadventures in the Realm of Children's Literature.* Boston: David R. Godine, 2004.

Lewis, C. S. *The Chronicles of Narnia: The Lion, the Witch and the Wardrobe.* New York: Harper Trophy, 1950.

Lurie, Alison. *Boys and Girls Forever: Children's Classics from Cinderella to Harry Potter.* New York: Penguin, 2003.

Manlove, Colin. *From Alice To Harry Potter: Children's Fantasy in England.* Christchurch: Cybereditions, 2003.

Morris, Tom. "The Courageous Harry Potter." Baggett 9-21.

Natov, Roni. "Harry Potter and the Extraordinariness of the Ordinary." *The Lion and the Unicorn* 25 (2001): 310-27.

O'Har, George M. "Magic in the Machine Age." *The Society for the History of Technology* 41 (2000): 862-64.

Rowling, J. K. *Harry Potter and the Chamber of Secret.* London: Bloomsbury, 1998.

____________. *Harry Potter and the Deathly Hallows.* London: Bloomsbury, 2007.

____________. *Harry Potter and the Half-Blood Prince.* London: Bloomsbury, 2005.

____________. *Harry Potter and the Goblet of Fire.* London: Bloomsbury, 2000.

____________. *Harry Potter and the Order of the Phoenix.* London: Bloomsbury, 2003.

____________. *Harry Potter and the Philosopher's Stone.* London: Bloomsbury, 1997.

____________. *Harry Potter and the Prisoner of Azkaban.* London: Bloomsbury, 1999.

Trites, Roberta Seelinger. "The Harry Potter Novels as a Test Case for Adolescent Literature." *Style* 35.3 (2001): 472-85.

Tolkien, J. R. R. "On Fairy-Stories." *The Tolkien Reader*. New York: Ballantine, 1966. 33-99.

Walls, Jerry L. "Heaven, Hell, and Harry Potter." Baggett 63-76.

Westman, Karin E. "Perspective, Memory, and Moral Authority: The Legacy of Jane Austen in J. K. Rowling's *Harry Potter*." *Children's Literature* 35 (2007): 145-65.

________________. "'The Weapon We Have Is Love.'" *Children's Literature Association Quarterly* 33.2 (2008): 193-99.

Whited, Luna A, ed. *The Ivory Tower and Harry Potter: Perspectives on a Literary Phenomenon*. Columbia: U of Missouri P, 2002.

Zipes, Jack. *Sticks and Stones: The Troublesome Success of Children's Literature from Slovenly Peter to Harry Potter*. London: Routledge, 2001.

※ 이 글은 『현대영미소설』 16권 1호(2009)에 「경계와 선택에 대한 은유: 『해리 포터』」라는 제목으로 실린 논문이며, 오류 및 문장을 다소 수정하였다.

"동일함"의 절망과 "차이"의 희망

로리의 『수여자』

1. "동일함", 혹은 절망

질병과 죽음, 살인, 기만, 인종 차별, 유태인 대학살 등 아동이나 청소년들에게 다소 심각하다고 여겨질 수 있는 주제를 날카롭게 다루어 온 미국의 청소년문학 작가 로이스 로리(Lois Lowry, 1937-)는 『별을 세다』(*Number the Stars* [1990])와 『푸른빛을 모으며』(*Gathering Blue* [2000]), 『메신저』(*Messanger* [2004]) 등의 작품을 통해 직접적인 폭력을 비유적 상황으로 대치하거나 의도적으로 모호한 상황들을 열거함으로써 작품의 주제에 대해 진지한 성찰을 하도록 독자를 유도한다.

그녀는 『수여자』(*The Giver* [1993])에서 갈등이 최소화되고 효율은 극대화되어 있는 평화로운 유토피아적 세계를 배경으로 인류의 보편적 열망인 평등하고 편리한 이상적 사회의 어두운 이면을 충격적으로 제시한다. 이 작품 속에서 그려지는, 차별이 없고 계급이 소멸된 사회, 고통과 병이 없는 이상적인 유토피아는 실상 그 매끄러운 완벽함 뒤에 추악한 진실을 숨기고 있다. 『수여자』의 이상적 세계에 속한 사람들은 안전하고 편안한 일상을 매우 만족스럽게 살아가며, 지속적인 통제와 규율을 아무런 문제의식 없이 받아들이고, 무질서와 혼란을 없애는 법과 질서의 강화를 당연한 일로 여긴다. 차이(difference) 없는 사회를 목표로 삼고 있는 이곳 사람들은 차이가 없다면 소모적이거나 실용적이지 않은 많은 것들이 사라지고 평등하고 행복한 사회가 될 것이라는 확실한 믿음을 지니고 있다. 이들은 차이가 차별을 만드는 것이라고 여기면서 차이를 없앰으로써 곧 이 사회의 최고 가치인 "동일함"(Sameness [95])을 완성시키며 사회의 안정성을 유지할 수 있다고 믿는다.[1)]

개개인의 차이가 차별로 이어진다면, 차이를 없애 모든 사람들에게 평등한 기회를 부여하는 것이야말로 매우 공정한 일이 될 것이다. 하지만 모든 차이와 차별을 없애려는 이 사회의 '동일함'에는 결정적인 결함이 있다. 이곳의 동일함은 개인과 사회의 일상을 완벽히 통제하고 제어하는 과정에서 달성되었기 때문이다. 전체주의 사회는 강화되고 강제된 교육을 통해 개개인을 지우려 하며, 개별적 특성과 개성을 인정하는 대신 복제품을 생산하듯이 동일한 것을 찍어내려는 의도를 지니고 있다. 이와 마찬가지로 『수여자』의 사회에서는 모든 사람들의 생활이 빈틈없이 조직되어 그 일정표에 따라 정확히 진행되며, 개인의 일상생활뿐만 아니라 생각들까지도 숨김없이 낱낱이 드러내야만 한다. 사람들은 동일한 생활 조건 속에서 동일한 교육을 받으며 똑같은 옷을 입고 똑같은 음식을 먹는다. 게다가 과거에 대한 기억이 전혀 없는 채로 주어진 현재가 가장 이상적이라고 여기면서 살아간다. 이들에게는 지금 살고 있는 이곳과 현재의 시간 외에는 아무런 의미와 가치를 지니지 못한다.

과거의 기억이 사라진 채 현재만을 살아가는 이 사회에서는 특별한 능력을 지닌 단 한 사람만이 과거에 대한 기억을 물려받고 인류의 지나간

1) Lois Lowry, *The Giver* (New York: Laurel-Leaf, 1993). 이하 원문 인용은 이 책을 사용한다.

역사에 접근할 수 있는 권위를 부여받는다. 열두 살 소년 조너스(Jonas)는 평범한 사람들에게는 없는 특별한 능력인 "사물 너머를 보는 능력"(Capacity to See Beyond [63])을 지녔다는 것을 알게 되면서 "기억 수용자"(Receiver of Memory)로 선택되어 기억을 전달받을 막중한 책임을 지게 된다. 그가 전해 받는 인류의 과거에 대한 기억은 아름답지만 동시에 충격적인데, 기억을 전달받는 과정을 통해 조너스는 자신이 살고 있는 이상적 공동체의 허구성을 깨닫고, 기억과 역사의 통제가 개인의 경험과 감정의 통제와 밀접하게 얽혀있으며 이런 통제의 고리를 깨뜨리지 않는 한 사회의 변화는 없을 것이라는 점을 인식한다.

이 글에서는 담론과 지배 권력에 대한 미셸 푸코(Michel Foucault)의 견해와 희생양에 대한 르네 지라르(René Girard)의 언급을 빌려 와 동일함을 지향하는 이 사회의 무차별적인 감시와 통제가 무엇을 지워버리는가를 밝힌다. 개인의 과거와 인류의 역사를 의도적으로 말소시키고 기록으로도 남기지 않으려 하며, 사람들이 사용하는 언어를 정확하게 사용하도록 강요하면서 통제하고, 공동체의 질서유지에 도움이 되지 않는 사람들을 아무런 죄의식 없이 죽이는 등 '동일함'을 지키려는 이 공동체의 폭력적 제도들을 살피고, 지워진 기억들과 '차이'를 되살리려는 노력 속에서 조너스가 겪는 고통의 감정이 진정한 희망이 될 수 있다는 것을 고찰한다.

2. 기억의 말소와 "동일함"

기억을 통해 인류의 역사가 전달되고, 그 바탕 위에서 새로운 역사가 쓰인다는 점에서 기억은 생산의 씨앗이자 뿌리이고 그 열매이다. 기억은 경험되고 축적되고 전달되면서 하나의 이야기가 되고 다시 기록이 되어 인류의 장구한 역사의 흔적을 지워지지 않도록 만들어준다. 그러나 기억의 생산적인 힘을 오히려 위협으로 여기며 그것을 파괴하려는 시각 역시 공존한다. 기억을 지우고 조작하며 심지어 새로 주입하는 내용을 다루는 작품과 영화들은 이런 시각을 극대화한 것이다. 유리관 안에서 태아 상태부터 특정한 교육을 통해 일률적인 기억을 주입받는 『멋진 신세계』(*Brave New World*), 조작된 기억이 진실일 것이라고 믿으면서도 기억의 진위를 놓고 혼란을 겪는 앤드로이드들(androids)이 등장하는 『앤드로이드는 전기양을 꿈꾸는가』(*Do Androids Dream of Electric Sheep?*) 같은 작품들은 기억의 조작을 중요한 키워드로 사용한다.

조너스의 사회는 기억의 긍정적인 측면 대신 부정적인 측면, 그것의 위협적인 면만을 부각하여 개개인으로부터 기억을 박탈한다. 사회의 구성원들에게는 '지금'이라는 현재 이외의 기억은 없으며, 지금 이외의 다른 시간이 존재했거나 존재할 것이라는 생각조차 없다. 시간을 끊임없는 연속체, 계속해서 그어지고 있는 선으로 볼 때, 이들에게 시간이란 하나의 점, 즉 현재 이상의 것이 아니다. 조너스를 비롯한 아이들이 연령대에 따라 받는 교육은 이들의 파편적인 시간관을 명확하게 보여준다. 교육의 단계는 매우 세밀하게 정해져 있는데, 그들이 갖고 노는 장난감의 개수와 종류, 놀이의 방법과 기구 등을 개인이 마음대로 정할 수 없다. 예를 들어 아홉 살이 되어야만 자전거를 탈 수 있고 열두 살이 되면 아이들은 임무(assignment)를 할당받는다. 이곳에서 열두 살 이후의 어린이들은 모두 어른과 동일하게 취급받는데, 이때부터 "나이는 중요하지 않다"(17). 아이들은 잘 교육받으며 물질적으로 부족함이 없는 생활이 유지되는데다가 어른들은 항상 입버릇처럼 "어린 시절에 감사한다"(64)고 말한다.

"어린 시절에 감사한다"는 말은 낭만주의에서 말하는 어린 시절에 대한 찬미나 아이를 향한 무한한 애정과는 관련이 없다. 오히려 아이들을 잠재적 노동력의 대상으로 본다는 점에서 근대 이전의 어린이에 대한 인식과 맞닿아있다. 아리에스(Philippe Ariès)에 따르면 중세 시대 이전에 어린이는 개별적인 인격체로 대우받지 못했으며 어린 아이는 덜 자란 어른으로 여겨졌고, 따라서 아이는 기저귀를 떼자마자 바로 자신에게 부과된 몫의 노동을 해야만 했다(34). 조너스의 공동체에서 아이들은 유아시절부터 철저한 계획 아래 교육받고 보살펴지지만, 모든 면에서 면밀한 관찰과 기록의 대상이 된다. 이를 토대로 열두 살이 되면 각자에게 맞는 임무를 할당받는데, "어린 시절에 감사"한다고 이들이 말하는 이유가 여기에 있다. 성장의 시간은 일 년 단위로 기계적으로 분할되고, 이렇게 조각난 일정한 시간 내에서 개개인의 적성과는 상관없는 동일한 교육과정이 반복된다. 물론 그들은 이러한 일련의 과정들이 매우 합리적이라고 믿는다. 동일한 조건과 상황 내에서 아이들의 성향과 행동, 사고방식 등을 꼼꼼히 관찰하고 분석함으로써 열두 살이 되는 순간 각자에게 가장 적합한 직업을 선정해 줄 수 있으며, 그럼으로써 이들이 안정적인 사회를 떠받치는 훌륭한 구성원이 될 수 있다고 생각하기 때문이다.

개인의 삶이 면밀히 관찰되고 기록될 뿐 아니라 날씨와 지형 같은 외부환경 역시 동일함의 기준을 벗어날 수 없는데, 특히 이것들은 "실용적인 것이 아니었다"(84)라는 이유가 덧붙여진다. 기억을 전해주는 "수여자"(the Giver)로부터 '썰매'에 대한 기억을 전달받기 전까지 조너스는 썰매가 무엇인지 알지 못한다. 그래서 썰매가 놓인 언덕이라는 낯선 장소, 썰매 아래에 놓여있는 차갑고도 부드러운 '눈'이라는 물체, 썰매가 미끄러져 내려갈 때의 짜릿한 흥분과 즐거운 기분 등은 믿을 수 없을 만큼 놀라운 경험이 된다. 즐거움과 기쁨, 다양한 색깔을 경험한 조너스는 이런 행복한 기억들이 공동체의 다른 사람들과 공유되지 않는 이유를 궁금해 한다. 수여자에 따르면 썰매를 타기 위해 필요한 최적의 조건들은 실용성과 효율성을 따지는 사회에는 오히려 불필요한 것이었다. 울퉁불퉁한 언덕과 궂은 날씨는 곡물 생산의 극대화와 원활한 수송에 장애가 되었던 것이다.

> 수여자는 어깨를 으쓱했다. "우리가 그런 선택을 했단다. '동일함'으로 가는 선택이었지. 나의 시절 전에, 이 시대보다 전에, 옛날 아주 옛날에 말이야. 우리가 햇빛을 포기하고 차이를 지워버렸을 때 색깔을 포기한 것이었어." 그는 잠깐 동안 생각했다. "우리는 많은 것을 통제할 수 있었지. 그러나 다른 것들을 포기해야만 했다."
>
> "그러지 말았어야 했어요!" 조너스가 격렬한 목소리로 말했다. (95)

수여자의 설명에도 불구하고 썰매가 주는 즐거움을 경험하게 된 조너스는 이런 다양함이 지워진 상태가 불합리하다는 것을 알게 된다. 실용성과 효율성의 관점에서 모든 대상물을 동일한 상태로 놓아두려는 이 사회에서 철저한 통제는 불필요한 차이를 줄이기 위한 노력의 일환이며 보다 실용적인 사회를 위한 최선의 조치라고 믿어진다. 즉 사람들의 편리와 더 나은 안정성을 위해 불필요한 대상물들을 없애고 날씨를 조작하는 것은 이 공동체를 보다 경제적으로 운용하려는 조치인 것이다. 하지만 그 결과는 처참하다. 인위적인 동일함은 이와 관련된 사회의 다른 것들 역시 포기하고 조작하도록 만들기 때문이다.

썰매가 즐거움을 의미한다고 볼 때, 썰매가 사라졌다는 것은 모든 쾌락이 금지되어 있다는 뜻이 된다. 놀이의 형태와 놀이감이 일정한 규칙에 따라서 정해져 있는 것도 같은 맥락이다. 쾌락이 감정의 과잉과 지나친 분출을 의미한다면, 이런 쾌락의 상태에 빠지면 일의 효율성과 생산성이 떨어질 가능성이 생긴다. 특히 과잉된 감정의 분출은 누구도 예측

할 수 없는데, 예측할 수 없는 감정의 분출은 매끄럽게 균질화된 사회에 매우 위험한 일이 된다. 그래서 쾌락의 금지는 곧 감정의 금지 혹은 상실과 관련되어 있다. 특히 "사랑"(love)이라는 단어는 이 공동체에서 아무런 의미가 없는 낯선 것에 불과하다. 감정을 표현하는 방법을 배우지도, 표현할 단어를 익히지도 못한 그들에게 '사랑'이 이해할 수 없는 불편한 단어인 것은 미묘하고도 복잡한 사랑의 기억, 즉 경험이 없기 때문이다.

> "저를 사랑하세요?"
> 잠시 어색한 침묵이 흘렀다. 아버지가 낄낄 웃었다. "**조너스**, 넌 우리 모두의 아이란다. 말을 정확하게 해라, **제발**!"
> "무슨 말씀이세요?" 조너스가 물었다. 조너스가 기대했던 것은 우스움을 주려는 것이 결코 아니었다.
> "아버지는 네가 너무 일반화된 단어를 사용했다고 말씀하신 거란다. 너무나 무의미해서 거의 쓰이지 않는 단어이지." 어머니가 조심스럽게 설명했다. (127)

조너스의 어머니는 "무의미한"(meaningless [127]) 사랑이라는 단어 대신 "즐겁다"(enjoy [127])란 말을 사용하라고 요구한다. 하지만 '즐겁다'란 말에는 '사랑한다'는 말에 포함되는 온갖 복합적 감정, 즉 기쁨과 슬픔, 애증과 분노, 흥분과 절제, 절정과 죽음, 극한에의 충동 등이 포함되지 않는다. 다시 말해서 이들은 육체적 사랑의 충동과 갈망, 고통을 알지 못한 채 감정이 거세되어 있기 때문에 사랑이라는 단어를 이해할 수 없다.

남녀 간의 사랑과 임신, 출산과 육아 역시 모두 일정한 규칙에 따라 통제되며, 사랑의 감정이나 성적 욕망은 지속적인 교육과 과학의 도움으로 소멸되어 있다. 성적 흥분상태(stirring)를 경험하는 남자아이들은 성욕을 억제하고 여성에 대한 호기심을 없애버리는 알약을 복용하며, 어른들 역시 다르지 않는데 "노인의 집"(the House of the Old [38])에 들어갈 때까지 매일 알약을 복용하여 성욕을 통제한다. 이것은 통제 권력에 의해 강제되는 신체적, 정신적 거세이다. '성'이 거세되면서 사춘기와 성장기에 필수적으로 겪는 혼란이 사라지고 더불어 이 혼란을 통해 얻는 깨달음도 사라지게 된다. 사랑의 감정과 부모의 역할에 대한 기억과 경험이 없는 부모들은 결핍을 인지하지도 못한 채 공동체에 의해서 만들어진 가정에서 할당받은 아이들을 키우지만, 그들에게 양육이란 감정이 거세된 의무적 활동, 즉 하나의 '임무'를 수행하는 것에 불과하다.

'썰매'가 쾌락에 대한 기억이었다면, 극심한 고통에 대한 기억은 '전쟁'이다. 전쟁터에 쓰러져 있는 사람들과 피를 흘리며 죽어가는 소년의 "물 좀..."(119)이라는 외침은 전쟁의 참혹함을 고스란히 조너스에게 전달한다. 전쟁의 참혹함은 인간의 잔인함, 나아가 수많은 불의와 불합리의 역사와 연결되어 있다. 전쟁이 없는 평화로운 삶은 매우 이상적이지만, 만일 이러한 갈등이 의도적으로 지워지고 잊혀진다면, 그것은 갈등의 해소나 해결이 아니라 뒤틀린 왜곡에 불과하다. 특히 조너스는 전쟁에 대한 기억을 전달받으면서 '슬픔'과 '분노'가 어떤 감정인지 알게 된다. 아무런 생각 없이 단지 하나의 놀이로 전쟁게임을 하는 애셔(Asher)와 친구들을 보며 조너스는 자신이 느끼는 고통스러울 만큼 극심한 슬픔을 전달하려고 하지만 끝내 실패한다. 주어진 한계 내의 언어만을 사용하고 잘 빚어진 기억과 경험 이외의 어떤 것도 알지 못하는 그들에게 조너스가 '다른' 언어로 '날것의 감정'을 전달할 수 없었던 것이다.

동일한 상태의 유지가 최선인 사회에서는 이미 사라져버린 것들에 대한 기억, 차이가 만들어낸 불합리한 과거에 대한 기록들은 더 이상 필요하지 않게 된다. 규칙을 적어놓은 책을 제외하고 "책은 사람들에게 금지되어 있다"(102). 사람들에게는 과거가 아닌 지금 이 순간, 즉 현재만이 중요하게 여겨질 뿐이기 때문이다. 책은 기록의 산물이며, 한 시대의 문화와 삶의 양식은 기록을 통해서 저장되고 전달된다. 그것이 '모든' 것을 기록하거나 '모든' 것을 전달하지는 못한다고 하더라도 그것이 함의하고 있는 당대 사회의 삶의 질은 읽는 자의 삶에 영향을 미친다. 책을 금지하고 검열하는 것은 문화의 연결고리를 끊는 것이며 더 나아가 원하는 정보만을 주입하는 것인데, 이는 사람들을 절대적으로 통제하려는 의도이다. 개인의 시간, 혹은 개인사가 열두 살 이전과 열두 살 이후로 잘라지고 단절되어 있는 것처럼, 공동체의 기억 역시 현재와 현재 아닌 시간으로 나누어진다. 반복적인 일상의 평화를 깨뜨릴 만한 과거의 모든 것이 지워진 현재 속에서 현재 이전의 것, 혹은 현재 이후의 것은 별다른 의미를 지니지 못한다.

책을 금지하며 개인의 기억과 역사를 통제하고 표백하는 반면, 지극히 고통스러운 역사의 기록에 관련된 내용들은 단 한 사람, "수용자"(the Receiver)에게만 부과된다. 즉 기억은 완전히 없어지지도, 사람들과 공유되지도 않은 채로 수용자가 오롯이 담고 있어야만 하는데, 이렇게 수용자가 필요하다는 사실은 이 완벽해 보이는 사회의 모순을 적나라하게 드러낸다. 현재의 이상적 상태를 중요하게 생각하고 이를 유지시키려 하는 공동체의 사람들도 지나온 과거를 알지 못하면 현재를 유지할 수도, 다가올 미래의 예측 불가능한 사건들에 대처할 수도 없다는 사실을 알기 때문이다.

> "그렇게 되면 모든 사람들이 무게에 짓눌려 고통을 받겠지. 그들은 그렇게 되는 것을 원하지 않아. 수용자가 그들에게 절대적으로 필요하고 그토록 존경받는 진짜 이유가 그것이란다." (112-13)

기억을 공유하려 하지 않는 이유는 과거의 기억들이 사람들에게 견딜 수 없는 고통을 주기 때문이다. 따라서 수용자가 된다는 것은 "모든 고통을 짊어진다"(104)는 의미이다. '모든' 기억을 지닌 사람만이 예측할 수 없는 문제들을 해결할 수 있다는 사람들의 생각에는 기억과 경험이 지혜와 맞닿아 있다는 믿음이 내재해 있다.

그럼에도 불구하고 인류의 역사를 자신 안에 담아두기 위해서 감내해야 할 수용자의 "누구도 이해할 수 없는 엄청난 고통"(63)을 공유하려는 생각은 없다. 사람들은 고통스러운 과거를 기억하고 반추하고 그로부터 교훈을 얻는 대신, 한 사람의 수용자에게 이 모든 짐을 떠넘긴다. 사람들은 수여자/수용자가 모든 기억을 안고 있는 한 사회는 안전하며 그렇다면 현재의 변함없는 생활이 그대로 유지되며 균등한 기회와 평등한 삶, 안정적이고 윤택한 생활을 누릴 수 있을 것이라고 믿는다. 그들은 차이를 지나치게 통제하여 모든 차이를 지워 버렸기 때문에 오히려 심각한 부작용이 생긴다는 것을 알지 못한다. 동일함을 취하고 차이를 인정하지 않는다는 것은 "다양한 기후와 강렬한 감정을 느낄 수 있는 능력, 인간의 경험의 역사를 통해서 얻는 지혜를 포기하는 것을 포함한다"(Gross 112). 철저하고 완벽한 통제 상태를 선택함으로써 역으로 모든 개인들의 선택권과 다양성이 박탈당하며, 개인의 특별함이나 잠재력은 이곳에서 공인받지 못한다.

3. 언어의 통제와 "동일함"

쾌락과 감정의 엄격한 통제와 금지는 "언어의 정확성"(precision of language [55])에 대한 교육에 이르러 더욱 명백하게 드러난다. 규정에 입각하여 아이들을 매우 엄하게 교육시키는 이곳에서는 단어를 잘못 사용할 때 가혹한 벌을 받는다. 늘 단어를 뒤섞어 실수를 연발하는 애셔는 세 살 때 맘마(snack)라는 말을 맴매(smack)라고 말해서 매일 회초리를 맞은 후에야 자신의 말을 교정할 수 있었다. 이들은 "정확한 언어를 사용하는 것은 어린 아이들을 위한 교육 중에서 가장 중요한 것 중의 하나"(55)라고 여긴다. 실용적이지 않은 언어, 과장된 언어 등의 사용을 엄격히 통제하는 것은 효율적인 조직 관리를 위한 것이다.

사회 구성원들이 지배 권력과 사회구조에 대해 자신들의 생각을 표출하기 시작할 때 이러한 담론을 적절한 방향으로 유도하는 것은 권력을 유지하기 위해서 절대적으로 필요한 일인데, "담론을 통제하기 위해 사회는 언어 그 자체를 규제해야만 한다"(Latham, "Discipline" 140). 강렬한 쾌락의 감정을 드러내는 것이 금지되어 있는 것과 마찬가지로 희로애락 등을 표현하는 감정의 언어는 금지어이다. 조너스가 "두려운"(frightened)이라는 어조가 강한 단어 대신 "염려되는"(apprehensive)이라는 표현으로 바꿔 말하는 것은 일종의 자기 검열이다(4). 사람들은 분노, 기아, 슬픔 같은 단어들을 알지 못하며 이런 감정을 느끼더라도 순화된 단어를 사용하기 위해 고심한다. 정확하지 않은 언어, 통념상 받아들일 수 없는 언어는 발화자 스스로에게 먼저 검열되고 순화된다.

그러나 공동체가 요구하는 언어의 정확성이란 모순적일 수밖에 없다. '정확한' 언어를 사용한다는 것이 한 사람의 생각과 감정을 진실하게 전달할 수 있다는 의미는 아니다. 언어가 정확하다고 해도 경험이 전제되어 있지 않으면 결코 그 의미를 정확하게 전달할 수 없다. 하물며 이 사회에서 언어의 정확성에 대한 믿음은 기만적이라는 것이 드러났다. 은유적 성질이 배제된 언어가 전달할 수 있는 폭이란 매우 협소한 것이다. 다양한 감정을 전달하고 다양한 관점을 생성할 수 있는 언어 자체의 복합적인 의미가 인정되지 않기 때문이다. "은유의 본질은 한 종류의 사물을 다른 종류의 사물의 관점에서 이해하고 경험하는 것"(5)이라는 레이코프(George Lakoff)와 존슨(Mark Johnson)의 설명처럼, 은유를 배제한 채로 인간의 삶과 사고방식을 제대로 표현할 수 없는데, 은유 없는 말하기는 대개 어린이의 단계에서나 가능한 일이다. 즉 은유를 모르는 이 공동체 사람들은 언어적으로 미성숙한 어린이의 단계에 놓여있다.

조너스는 수여자로부터 햇볕에 대한 기억을 전달받고 나서 "언어의 정확한 사용법을 훈련받았지만 ... 햇볕의 따스함을 전달하기 위해 어떤 단어를 사용할 수 있겠는가"(89)라고 의문을 제기하며 진정한 느낌과 사고를 표현할 수 없다는 생각에 절망한다. 제한된 수의 언어로만 말을 해야 하는 사회에서는 "언어가 더 정확했으면 좋겠다"(95)는 바람 자체가 공허한 것인데, 언어 사용은 단순화되고 기계적이 된다. 이렇듯 점차적으로 억압당한 언어는 "정치적인 통제와 조종의 도구"(Lehnam 74)가 되어 사회의 보수성을 더욱 강화시키는 데 기여한다. 능동적인 주체로서가 아니라 수동적이고 피동적인 객체로서 살아가는 사람들은 제한된 언어를 말하고 감정이 사라진 관계에 익숙해진다. 조너스의 공동체는 동일한 상황에 대한 반응과 동일한 사물에 대한 느낌이 개인에 따라 다르고 관점에 따라 달라진다는 사실과 그것이 만들어내는 차이를 거부한다. 감정과 사고, 표현은 일정한 범주 안에 있는, 균질화된 언어를 통해서만 표현되어야 하기 때문이다. 언어의 고의적 획일성은 다양한 사고와 감정을 표현할 방법을 차단하며 언어를 오히려 쇠퇴시키고 고갈시킨다.

언어의 정확한 사용법과 마찬가지로 이 사회에서는 진실을 강조한다. 진실의 강조는 안정된 사회의 구축을 위한 것으로, 사람들은 일상의 모든 것, 심지어는 사사로운 생각과 밤에 꾸는 꿈까지도 고백해야만 한다. 하지만 진실을 밝히는 절차로 여겨지는 고백도 언어의 정확성처럼 모순적이며, 금지의 담론이 된다. 푸코는 개인의 사적 영역에 속하는 것으로 보이는 고백이라는 행위 역시 권력 관계를 기반으로 형성되어 왔다고 설명한다.

> 지배의 작인은 말하는 자 쪽이 아니라(왜냐하면 그는 속박되어 있기 때문이다), 듣고 침묵하는 자 쪽에 있다. 다시 말해서 알고 대답하는 자 쪽이 아니라, 모르고 있다고 여겨지는 질문하는 자 쪽에 있다. 그리고 이 진실의 담론은 결국 그것을 받아들이는 자가 아니라, 그것을 강탈당하는 자에게 효력을 발휘한다. (푸코, 『성의 역사』 80)

고백 과정에서 고백하는 자는 적절한 단어 사용에 신경을 쓰게 되며 무의식적으로 자신의 발언을 검열한다. 그는 의식적으로는 자신의 생각을 고백하지만 무의식적으로는 듣는 자의 담론을 내면화한다. "숨기고 싶었지만 물론 그것은 규칙에 위반되는 일"(9)이기 때문에 정확한 언어로 진실을 숨김없이 설명해야 하는, 자기검열을 전제하는 고백의 과정은 재교육의 과정이다. 강제된 고백은 자연스럽게 사회적 통제와 보수적인 규율의 확산에 기여한다. 고백에 대한 강조는 언어의 정확성의 다른 얼굴이며 진실인 체 하는 기만의 과정인 것이다.

모든 개인들의 일상이 관찰 대상인 것은 치명적인 질병과 고통, 혼란이 없는 이 사회가 마치 멸균실과 같아서 야생의 자연 환경에서는 자생력을 갖지 못한다는 것을 의미한다. 보다 철저한 통제와 완벽한 규율이 발생 가능한 불안과 혼란을 예방할 수 있다는 명제 아래 보이지 않는 권력의 감시의 눈은 모든 이들의 생각과 꿈을 발가벗기는데, 이러한 상황은 '파놉티콘'(Panopticon)을 연상시킨다. 파놉티콘에 수용되어 있는 죄수들은 간수의 절대적인 권력의 시선에서 단 한 명도 자유로울 수 없는데, "수감된 자가 스스로 권력의 전달자가 되는 어떤 권력적 상황 속으로 편입되는 것이다"(푸코, 『감시와 처벌』 312). 파놉티콘에서 죄수들이 보이지 않는 간수의 시선에서 벗어나지 못하고 스스로를 검열하기 시작하는 것처럼, 이 공동체의 사람들 역시 보이지 않는 통제 권력에 모든 것이 노출되어 있으며, 자유롭게 말하고 사고하지 못한 채 자신의 말과 행동이 적절한가에 대해 자기 자신과 가족들, 타인으로부터 끊임없이 검열 당한다. 통제의 권역을 벗어나는 모든 것은 금지되며, "말하는 주체에 있어서의 특권적인 또는 배타적인 권리"가 형성된다(푸코, 『담론의 질서』 10). 원로 위원회에 속하는 특권층만이 공동체의 모든 것을 아는 듯 보이지만, 이들조차도 모르는 비밀이 있으며 이 비밀들은 오로지 수여자와 새로이 수용자가 된 조너스만이 공유할 수 있다. 공동체의 사람들은 철저하게 통제된 범주 안에서 위험하지 않은 제한된 정보만 전달받을 뿐이다.

통제가 일상화된 사회, 선택권이 박탈된 사회에서는 수동성이 발달하게 된다. 조너스의 사회에 거울이 없으며, 심지어 금지되어 있다는 것은 수동성의 문제뿐만 아니라 주체성의 문제를 제기한다. 사회의 구성원들은 자신과 타인을 인식하고 주체를 인식하게 되는 "거울단계"(the Mirror Stage)를 통과할 수 없다(Lacan 2).

> 공동체에는 거울이 드물었다. 거울이 금지되어 있는 것은 아니었지만, 그들에게는 별로 필요가 없었다. 어쩌다 거울이 있는 곳에 갔을 때도 조너스는 거울에 자신을 애써 비춰 보려고 하지 않았다. (21)

사람들은 자신을 비추어 볼 수 있는 거울의 유용성을 알지 못하며 필요성도 느끼지 못한다. 거울을 통해서 사람이 자기 자신을 인식한다고 볼 때 이러한 자기 인식의 과정은 동시에 타인에 대한 인식을 동반한다. 거울이 없다는 것은 "은유적으로 이 공동체는 분리된 개인의 가치는 없으며 대신 단일하고 형태 없는 전체로서의 기능을 선호한다는 결론에 이른다"(Lantham, "Childhood" 10). 거울이 쓸모없는 물건이 됨으로써 스스로를 성찰하면서 반성하는 행위 자체가 사라진다. 개인의 고유성과 그 자아, 동시에 타자의 고유성과 존재는 동일함의 가치 속으로 묻혀 버린다.

이 사회에서는 거울을 통해서 개개인의 자아를 고찰하고 자신의 개성을 구별지어보는 행위는 의미가 없다. 이들은 공동체의 일원일 뿐이며, 동일함 속의 동일한 인물 이상이 아니기 때문이다. 사회의 미성숙함을 반증하는 거울의 부재는 개인의 고유성이 인정되지 않는 이 사회의 한 측면을 드러내며 동시에 개인들 간의 차이나 구분 역시 모호하다는 것을 증명한다. 심지어 아이와 어른의 경계도 모호하다. 이 모호함은 곧 감정의 결여와 맞닿아있다. 어른들은 신체적으로나 정신적으로 미숙한 상태인데, 그들이 아이들에게 행하는 교육은 모두 "잘 훈련받은 것"에 불과하다(105). 사람들이 해야 할 모든 일들이 모두 "규칙에 매우 분명하게 씌어져 있"(8)는 이곳에서 개인의 판단이나 선택의 문제는 제기되지 않는다.

언어는 단지 의사소통의 수단이 아니며, 그 사회의 문화와 역사를 담고 있다. 따라서 동일함을 지향하는 이 사회가 언어를 통제와 검열의 대상에 놓는 것은 당연한 일이다. 언어의 통제는 담론의 통제, 나아가 철저한 개인의 통제를 가능하게 만든다. 사람들은 정제된 언어 이외의 것을 사용할 수 없으며 오로지 검열을 통해 공인된 언어만 말해야 한다. 이들은 언제나 숨기지 말고 진실을 말하라고 하지만, 실제로는 진실이 무엇을 의미하는지 알지 못한다. 기억을 통해서 역사를 보고 역사를 통해서 인류 전체를 조망할 수 있는 수여자와 조너스의 눈에는 그러한 진실은 진실이 아니라 거짓이다. 태어날 때부터 감정을 억압당하고 그것이 억압인지도 모른 채 당면한 현실 이외의 것을 넘어다보지 못하는 그들의 근시안적 삶은 조작되어 있으며, 통제되고 억압된 언어로는 결코 진심을 담을 수 없다. 진실을 강조하는 이곳의 언어는 역설적으로 모두 거짓이 된다. 이 사회에서 잘 정제된 언어들이 통용되고 구성원들에 의해 그 언어가 받아들여지고 있다고 하더라도 진정한 의미는 지워지고 기만당하고 있기 때문이다.

4. 희생양과 "동일함"

'언어의 정확성'이 공동체의 질서 유지를 위한 통제 도구라는 것이 명백해진다. 제한된 단어의 사용과 고백의 강조, 단어의 의도적인 모호성은 자기 검열의 과정일 뿐 아니라 통제의 기제로 작동한다. 이러한 공동체의 규칙은 모두 차이를 없애려는 목적을 갖고 있지만, 차이를 없애는 일에는 필연적으로 폭력이 수반된다. 이 공동체는 차이를 차별과 동의어로 보며 이것이 불편함과 부조리함을 낳는다고 여기기 때문에, 안정적인 사회를 건설하고 유지하기 위해 색깔이나 기후, 지형 등 모든 것의 차이를 지우려 한다. 『폭력과 성스러움』에서 권력의 폭력적 특성과 이 과정에서 만들어지는 희생양에 대해 연구한 지라르는 차이를 지우는 것이 폭력을 불러온다고 말한다(425). 즉 다양성의 차이가 만들어내는 '다름'을 차별이라고 믿고 모든 차이를 지워버리는 것은 개개인의 개성을 인정하지 않는 폭력적인 사회를 만든다.

조너스의 사회가 지닌 폭력성을 뒷받침하는 것은 개개인의 선택권을 억압하고 제한하는 것 외에도 차이를 지닌 사람들을 격리하거나 사회 바깥으로 추방해버리는 "해제"(release)라는 강력한 제도이다. '해제'라는 말은 모든 사람들이 열두 살 이후에 자신의 평생 직업을 할당받는 이 사회의 특성상 그 지위를 박탈당하고 사회에서 추방된다는 의미로 사용된다.

사람들은 이 말에 숨겨진 폭력성을 제대로 알지 못한 채 긍정적으로 받아들이기도 하는데, 이 경우 '해제'는 나이가 들어서 더 이상 직업구성원으로서의 역할을 하지 못하는 노인들을 다른 곳(Elsewhere)으로 보내거나 불의의 사고로 죽은 사람에 대한 기억을 순화시키는 '휴식'이나 '안식'의 뜻을 지닌다. 그들은 물론 "실제 해제를 할 때 무슨 일이 일어나는가"(32)라는 질문에 명쾌한 대답을 하지 못하며 다른 곳이 정확히 어떤 곳인지, 다른 곳에서 다시 돌아온 사람은 없는지 알지 못하며, '언어의 정확성'을 배반하는 이런 모호한 단어 사용 앞에서도 어떤 의심도 품지 않는다.

반면 또 다른 부정적인 의미는 "최종적인 결정, 최악의 처벌, 실패의 확증"(2-3)이다. 비행경로를 잘못 설정한 비행사가 해제될 것이라는 경고의 메시지에서 알 수 있듯이, 이 때 '해제'라는 단어는 두려움의 대상인데, 같은 잘못을 세 번 이상 저지른 범죄자처럼 공동체의 구성원으로 적절하지 못한 사람들을 공동체의 바깥으로 추방하는 일이기 때문이다.

그러나 해제된 사람들의 면면을 살펴보면 잘못을 지속적으로 저지르는 비적응자 이외에도 지나치게 똑같아서 구분하기 어려운 일란성 쌍둥이, 빨리 태어났거나 성장이 느린 미숙아, 노동력을 상실한 노인 등 사회적 약자라는 점이 드러난다. 공동체를 통제하는 권력집단은 사회적 위기를 벗어나고 사회의 안정성을 구축하기 위해 "유죄로 덮어씌우기가 손쉬워 보이는 타인들을 비난하는 경향"을 조장한다(지라르, 『희생양』 29). 사회적 약자를 내몰려는 목적을 지닌 해제는 폭력의 양상을 띤 희생 의식이며, 해제된 사람들은 통제된 사회의 안정을 유지시키기 위한 의식의 희생양이다. 지라르는 희생 제의와 희생양에게 투여된 폭력의 특성을 다음과 같이 고찰한다.

희생물은 파괴되어서 언제나 공동체 밖으로 추방된다. 이때 폭력도 진정되어서 그 희생물과 함께 추방된 것으로 간주된다. 말하자면 폭력은 외부로 던져졌다고 간주된다. 그리고 공동체 내부에서 문화질서가 지켜지고 있을 동안에는 이 폭력이 그 공동체에서 제외된 모든 존재들 속에 영원히 스며들어 있는 것으로 간주된다. (지라르, 『폭력과 성스러움』 402)

이 공동체에서 '다른 곳'이라고 지칭되는 사회 바깥의 장소는 해제 행위를 합리화하기 위한 기만적 장치이다. 자신들의 일상이 파괴될지도 모른다는 막연한 두려움을 안고 있는 사람들은 해제되는 사람들의 삶에 아무런 관심이 없으며 불안정한 잉여의 인구가 사라짐으로써 사회가 안정적이 된다는 사실에만 관심을 기울인다.

이러한 기만적인 제도의 목적은 "비순응이나 차이, 규칙 위반의 결과"(Lea 54)로 질서 유지와 사회의 안정에 해가 되는 것들을 없애버리는 데 있다. 가정에 분배되기 전의 갓난아기들을 돌보는 일을 하는 양육가(Nurturer)인 조너스의 아버지는 체중이 미달된 신생아를 해제시켜 다른 곳으로 보내는 일도 담당한다. 아기가 해제되는 장면을 모니터를 통해 보게 된 조너스는 아버지가 아기의 이마에 주사를 놓아 죽인 다음 아무런 감정 없이 시체를 쓰레기 배출구에 버리는 것을 보고 해제의 실체와 이를 다루는 아버지의 태도에 경악하게 된다. 수여자는 "기억이 없다면 모든 것은 의미가 없다"(105)고 말하며 경험과 기억을 지우려는 이 공동체의 의도적인 교육이 감정의 부재를 낳았다고 설명한다. 태어날 때부터 병약한 사람들이나 기력이 쇠한 노인들은 노동력을 발휘할 가능성이 없거나 노동력을 상실한 사람들로써 사회가 부양해야만 하는 부담스런 사람들이 된다. 긍정적인 의미의 해제 역시 실제로는 현재의 이상적인 상태를 유지하고 미래의 잠재적 불안정을 없애기 위한 폭력적인 살인 행위라는 것이 드러난다. 이 사회의 폭력성은 이렇게 균등한 것을 지향하고 차이를 없애며 비실용적인 모든 것들을 제거하는 데 있으며, 사람들은 그것이 폭력인지도 모른 채 무감각하게 이것을 받아들일 뿐이다.

'해제'란 단어의 이중적 사용에서 알 수 있듯이, 죽음을 무감각하고 냉혹하게 바라보는 시선은 실은 생명 자체에 대한 경시에서 비롯된 것이다. 이곳의 사람들이 할당받는 직업 중에서 세 명의 아이를 낳아야 하는 "생모"(Birthmother)라는 임무는 무가치하고 소모적이라는 이유로 존중받지 못한다(21). 육체적 결합에 이르는 열렬한 사랑의 감정, 잉태의 순간에 느끼는 생명의 신비나 탄생의 소중함, 모성애와 부성애의 애틋함과 경건함이 지워진 이 공동체에서는 '아이를 낳는다'는 것이 마치 공장에서 물건을 만드는 것과 같은 무미건조한 노동, 가능하면 피하고 싶은 일에 불과하다. 생명 탄생의 신비로움과 성스러움이 인간의 존엄성과 밀접히 관련되어 있다는 점에서, 이를 인지하지 못하는 이 사회에 인간의 존엄성이란 없다는 것을 알 수 있다. 생명의 태어남을 가볍게 여기는 사람들은 그 소멸에 대한 경건함 역시 갖기 어려운데, 죽음이란 그저 유용성이 사라진 비실용적인 소모품의 소멸과 다르지 않게 된다.

보다 효율적인 사회운영을 위해서 날씨와 지형이 균일하게 조정되고 색깔이 사라지면서 사람들은 외부 환경이 거의 변하지 않는 무채색의 세계에서 살아간다. 표면적으로는 색깔이 없으므로 피부색에 따라 인종을 차별하는 일은 불가능하며, 공동체의 가치가 지속적으로 개개인에게 주입되므로 종교나 정치에 따른 갈등도 존재하지 않는다. 일상용품과 음식 등 필요한 모든 것이 제공되므로 가난과 같은 경제적 고통 역시 없다. 또한 잔혹한 전쟁에 의해서 무고한 사람들이 죽었던 불합리한 역사를 반복하지 않게 된다. 하지만 공동체의 가치와 어울리지 않는 불필요한 사항들을 동일하게 재단하여 통제하고 쓸모없는 사람들을 제거하는 것이 이 공동체의 진짜 모습이다. 다름에 대해서 말해서는 안 된다는 규칙은 동일함만을 가장 중요한 가치로 보고 차이를 지닌 모든 것들을 배제하는 폭력적인 타자화를 보여준다. 색깔을 완벽하게 지우려고 했지만 어떤 식으로든 다른 색깔의 흔적이 나타나는 것처럼, 차이는 없어지거나 완벽하게 동일하게 변한 것이 아니란 단지 억압당한 상태일 뿐이다. 조너스와 어린 가브리엘(Gabriel), 그리고 수여자가 지닌 엷은 색 눈동자에 대한 언급은 이 사회가 "인종적 차이를 끌어안는 대신 그것을 지우고 그들의 보편적 표준으로 백색, 적어도 밝은 색을 선택한다"는 것을 드러낸다 (Stewart 24). 표면적으로 차이와 차별이 없어진 사회에도 여전히 특별한 능력을 지닌 사람들만의 표식은 존재한다는 사실은, 색깔을 지웠지만 모든 차이를 다 지울 수는 없고 오히려 차이가 만들어내는 부당함과 불합리한 차별은 억압된 채로 포용되지 못한다는 것을 부각시킨다.

수용자는 "다르고 고독하며 외따로 떨어진"(65) 상태에서 평생을 살아가는데, 이러한 묘사는 수여자와 수용자의 활동영역과 사고범주가 제한되어 있다는 것을 밝혀준다. 수용자로 선택되는 그 순간부터 조너스는 소외된 자, 특별한 자가 되는 것이다. 조너스는 가장 존경받는 자이자 지능, 정직함, 용기, 지혜의 덕목을 지닌 지혜로운 자로 추앙받는 수여자가 이곳의 어느 누구보다도 더 많은 힘, 권력을 지닐 것이라고 생각한다 (62-63). 그러나 명예로운 자로서 추앙받는 것과 막강한 권력을 갖는다는 것은 전혀 다른 문제라고 수여자는 말한다.

> "하지만 선생님," 조너스는 말했다. "선생님께서는 대단한 권력을 가지고 계시니까..."
>
> 수여자는 조너스의 말을 정정했다. "명예란다." 그는 엄격하게 말했다. "내게는 대단한 명예가 있는 것이지. 너도 그렇게 될 거다. 하지만 그것이 권력과는 다르다는 것을 곧 알게 될 거야." (84)

권력이 없는 명예는 기만이다. "대단한 명예"만으로는 아무런 변화도 가져올 수 없다. 권력이 없다는 것은 그들에게 어떤 결정권도 없다는 뜻이며, 그들이 언제든지 사회의 가장 높은 자리에서 가장 낮은 자리로 추락하는 희생양이 될 수 있음을 의미한다. 결국 "이 공동체에서 기억 수용자의 역할은 고통스런 기억을 품어 공동체의 다른 구성원들은 그럴 필요가 없게 만드는 본질적으로 희생양의 역할"(Lantham, "Discipline" 146)이며, 조너스와 수여자는 신성한 자로서 추앙받고 최고의 명예를 얻지만 사회 구성원들과 격리된 채로 살아야 한다. 만약 가정을 이룬다고 해도 그가 하는 일과 과거의 기록물인 책을 가족구성원들과 공유할 수 없다. 즉 공동체의 구성원들과 어떤 교류도 해서는 안 되는, 금기의 영역에 갇힌 자이다.

금기의 영역에서 격리된 삶을 살아야 하는 수여자와 그 자리를 이어받은 수용자 조너스는 결국 제의의 희생양에 불과하다. 희생양이 필요하다는 것은 사회가 불안정하다는 것을 반증한다. 그들이 고통을 짊어지지 않는 한 공동체의 평화와 안정은 지켜지지 않기 때문이다. 사람들은 고통을 견뎌낼 힘이 없기 때문에 대신 짊어질 누군가를 희생물로 삼고 자신들의 공동체에 안녕을 기원하는 고대로부터의 희생제의를 지속시킨다. 그렇지만 기억의 부재가 만들어낸 무경험의 상태가 더욱 예민한 공포심을 낳는다는 것을 알지 못한다. 효율적이고 평온한 사회의 한결같은 동일함의 상태는 수없이 많은 자아와 개성, 차이의 다양성의 희생 위에 세워진 것일 뿐이다. 반면 조너스는 기억의 전달을 통해 "인간이 고유한 자아(authentic selves)를 갖기 위해서는 고통이 공유되어야 한다는 지혜를 얻는다"(Kidd 144). 역사와 기억은 일종의 트라우마처럼 지극한 고통을 동반한다. 진화와 퇴보, 문명과 반문명의 갈등을 겪어 온 사회 구성원들의 눈물과 고통, 죽음의 기억들은 역사에 녹아들어 결코 간단히 정의되거나 무시할 수 없는 진정한 삶의 흔적을 만들어낸다. 수여자와 조너스는 금지된 언어로 금지된 것에 대해 말할 수 있는 배타적 권리를 갖지만 금기의 영역에 갇혀있다. 그들은 다른 사람들로부터 격리되어 자유로운 발화를 금지당하는 일종의 희생제물로서 공동체의 보수적 질서 유지에 봉사하도록 강요받는다.

5. "차이", 혹은 희망

동일함이라는 절대적 가치에 저항하려면 색깔이나 날씨, 개개인의 차이, 나아가 진실과 거짓의 차이를 되살려야 한다. 모든 일상을 철저히 통제하며 공동체에 이득이 되지 않는다는 이유로 무감각하게 사람을 죽이는 이 사회의 어두운 그림자를 발견한 조너스는 파놉티콘의 감옥과 같은 공동체를 탈출하려고 결심한다. 그는 진실할 것을 강요하는 사람들에게 거짓말을 하고, 누구나 먹어야 하는 알약을 먹지 않고 던져버린다. 이런 행위를 통해 조너스는 '언어의 정확성'을 배반하고 다양한 해석이 가능한 은유의 세계로 나아가며, 성이 거세된 이 무성적 공동체의 유아 상태를 깨뜨리려 하는 것이다. 그는 '성'을 되찾고 '어른'으로서의 역할을 받아들이고자 한다. 완벽한 통제사회에서 벗어난다는 것은 곧 현실적인 위험에 직면한다는 것을 의미하지만, 조너스는 불안한 두려움을 기꺼이 감수하며 "어려운 선택을 해야만 하는 혹독한 환경이나 상황에서 자기 자신을 발견한다"(Hintz 256). 보통의 갓난아기들과 다르다는 이유 때문에 해제 위기에 처한 가브리엘을 데리고 도망치는 조너스의 앞에는 두려움과 배고픔, 추위 등 그가 결코 겪어본 적이 없는 가혹한 장애물들이 기다리고 있다. 그러나 조너스는 자신의 선택을 믿고 스스로를 독려하며 가브리엘과 함께 새로운 대안으로 여겨지는 '다른 곳'을 향해 험난한 여정을 계속한다.

조너스가 공동체를 떠나오면서 그의 기억은 점차적으로 공동체로 되돌아간다. 공동체로 되돌아간 기억의 조각들은 진실한 고통의 경험이 되어 사회의 견고한 획일성과 생명 없는 동일함을 흔들게 될 것이며, 사람들은 고통스런 기억을 공유함으로써 익숙하고 편안한 통제의 삶에서 벗어나 불안정하고 위험한 선택과 개척의 불편한 삶을 살게 될 것이다. 조너스는 열두 살이라는 어린 나이에도 불구하고 기꺼이 고통을 감내하며 자신의 비극적 공동체를 "의사결정 혹은 인간감정이 결여된 삶으로부터 구해낼 것을 결심"(Lehnam 71)함으로써 변화를 가져오는 역할을 담당한다. 주체적으로 사고하거나 선택하지 않는 삶에 익숙한 어른들은 주어진 대로 살아가는 유아기의 상태에 놓여있는 것과 같다. 사람들이 지니게 될 자유의지와 선택은 곧 보이지 않는 통제와 보호의 막을 벗어나는 것으로, 이들은 조너스의 선택을 계기로 유아적 상태를 벗어나는 진정한 성장의 단계로 진입해야만 한다.

시간이 흐를수록 점점 희미해져가는 기억들을 간신히 붙잡아 추위와 배고픔에 떠는 어린 가브리엘에게 따스한 기억들을 전달하던 조너스는 어느 순간 수여자로부터 전달받은 기억 이외에 자신이 "간직할 수 있는 기억, 바로 자신의 기억"(177)을 갖게 되었다는 놀라운 사실을 발견한다. 그는 수동적으로 기억을 전달받는 자에서 스스로 기억을 생산하고 능동적으로 전달할 수 있는, 진정한 의미의 '수용자'이자 '수여자'로 거듭난다. 동일함에 저항하고 이를 깨뜨리기 위한 조너스의 선택은 비록 고통스러울지라도 그 고통의 과정과 결실은 조너스 자신과 가브리엘, 그리고 그의 공동체에 새로운 희망의 씨앗이 된다. 그것은 차이가 살아있는 사회, 타자가 배제되지 않는 사회를 발견하리라는 열망과 자신이 속했던 공동체를 변화시킬 수 있다는 희망이다.

조너스와 가브리엘이 썰매를 타고 가로질러 내려간 언덕 아래에 무엇이 있는지 결말에서는 아무것도 드러나지 않는다. 조너스가 떠나온 사회가 동일함에 균열을 일으키며 혼란스러워질 것이라는 점은 확실하지만, 산 아래에 다른 곳이라 일컬어지던 세상이 있는지, 과연 조너스가 다양성이 살아있는 다른 세상을 발견했는지, 혹은 추위와 굶주림에 얼어 죽지는 않았는지를 말하지 않은 채로 결말은 모호하고 다양한 해석의 가능성을 열어놓는다. 레비(Michael M. Levy)에 따르면 "로리는 의도적으로 조너스의 공동체 너머에 무엇이 존재하는지에 대해 모호한 태도를 취한다"(51). 그러나 다른 곳의 실체도 그 사회와의 연대도 드러나지 않는 상태에서 감행된 조너스의 선택은 "색깔 없고 사랑 없으며 선택 없는 세상에서 사는 것보다 끔찍한 싸움과 선택을 하는 것이 더 낫다는 경고"(Apseloff 484)의 메시지를 던지며, 그 선택의 소중함을 강조한다.

조너스가 수여자로부터 전해 받은 첫 번째 기억인 '썰매'는 공동체가 잃어버린 모든 것을 은유한다. 썰매를 타기 위해서 필요한 조건은 '동일함'이 아니라 '차이'이다. 다시 말해서 날씨의 다양성, 지형의 다양성, 관계의 다양성이다. 눈이 쌓이는 겨울이어야 하며, 썰매가 달려 내려올 언덕이 있어야 하고, 이 즐거운 경험을 나누고 썰매를 밀어주거나 언덕 아래에서 기다려줄 사람들이 필요하다. 따라서 썰매를 되살린다는 것은 일정한 온도로 통제되는 날씨와 평평하게 갈려버린 땅과 유대관계가 사라진 사람들을 동일함 이전의 상태로 되돌린다는 것을 의미한다. 균질화된 교육과 일상의 철저한 통제, 박제된 생활의 반복이 아니라, 신나는 놀이와 지극한 쾌락, 다양한 감정을 되살린다는 것이다.

안정된 사회를 위해 감정과 지식, 언어를 통제하려는 욕망은 이 사회를 지탱하면서 동시에 균열시키는 역설이 된다. 통제와 질서가 완벽하게 일상화된 사회는 일정한 규격의 바깥에 있는 어떤 것도 허용하지 않는다. 구성원들 간의 상호교류는 줄어들고 정서적 연대가 소멸된다. 빈틈없이 짜여 계획대로 움직이는 일상, 아무런 차이 없는 동일한 생활조건과 일정한 교육, 모호함이 배제된 정확한 언어의 사용이 삶을 윤택하게 하는 것은 아니다. 분출되는 자유로운 감정, 개성과 다양성, 몸짓이나 눈빛, 소리와 색깔 같은 비언어적 표현이 질적으로 보다 풍요로운 삶을 만들어낸다. '사랑'이라는 말을 알지 못하는 사회, 두려운 것을 두렵다고 말할 수 없는 사회, 그리고 '배가 고파 죽겠다'는 비유를 이해하지 못하는 사회의 피상적 행복을 깨뜨릴 수 있는 것은 더 강력한 권력이나 통제가 아니라 눈물과 고통, 두려움과 분노이다. 조너스는 피상적인 행복이 아니라 마음을 에이는 고통을, 안락한 즐거움이 아니라 슬픔과 눈물이 녹아있는 사랑을, 계획표에 따라 움직이는 기계적인 삶이 아니라 불규칙하고 예측불가능하며 때로는 치명적인 위험을 동반하는 역동적인 삶을 자신의 공동체에 선사하려 한다. 그의 고통스러운 감성의 발산과 확장은 불안정한 '차이'가 되어 과학과 이성, 질서가 만들어낸 인위적인 안정과 거짓 평화, 표백된 '동일함'을 깨뜨리는 가장 강력한 희망으로 작용한다.

인용문헌

르네 지라르. 『폭력과 성스러움』. 김진식, 박무호 옮김. 서울: 민음사, 1997.

__________. 『희생양』. 김진식 옮김. 서울: 민음사, 2007.

미셸 푸코. 『감시와 처벌: 감옥의 역사』. 오생근 옮김. 서울: 나남, 1994.

_________. 『담론의 질서』. 이정우 옮김. 서울: 서강대학교, 1998.

_________. 『성의 역사: 앎의 의지』. 이규현 역. 서울: 나남, 1997.

Apseloff, Marilyn Fain. "Lois Lowry: Facing the Censors." *Paradoxa* 2. 3-4 (1996): 480-85.

Ariès, Philippe. *Centuries of Childhood: A Social History of Family Life*. Trans. Robert Baldick. New York: Vintage, 1962.

Dick, Philip K. *Do Androids Dream of Electric Sheep?* New York: Ballantine, 1968.

Gross, Melissa. "*The Giver* and *Shade's Children*: Future Views of Child Abandonment and Murder." *Children's Literature in Education* 30.2 (1999): 103-17.

Hintz, Carrie. "Monica Hughes, Lois Lowry, and Young Adult Dystopias." *The Lion and the Unicorn* 26 (2002): 254-64.

Huxley, Aldous. *Brave New World*. London: Vintage, 2004.

Kidd, Kenneth. "'A' is for Auschwitz: Psychoanalysis, Trauma Theory, and the Children's Literature of Atrocity." *Children's Literature* 33 (2005): 120-49.

Lacan, Jacques. *Écrits: A Selection*. Trans. Alan Sheridan. New York: Norton, 1977.

Lakoff, George, and Mark Johnson. *Metaphors We Live By*. Chicago: U of Chicago P, 2003.

Latham, Don. "Childhood Under Siege: Lois Lowry's *Number the Stars and The Giver*." *The Lion and the Unicorn* 26 (2002): 1-15.

___________. "Discipline and Its Discontents: A Foucauldian Reading of *The Giver*." *Children's Literature* 32 (2004): 134-51.

Lea, Susan G. "Seeing Beyond Sameness: Using *The Giver* to Challenge Colorblind Ideology." *Children's Literature in Education* 37.1 (2006): 51-67.

Lehnam, Barbara A, and Particia R. Crook. "Doubletalk: A Literary Pairing of *The Giver* and *We Are All in the Dumps with Jack and Guy*." *Children's Literature in Education* 29.1 (1998): 69-78.

Levy, Michael M. "Lois Lowry's *The Giver*: Interrupted Bildungsroman or

Ambiguous Dystopia?" *Foundation* 70 (1997): 50-57.
Lowry, Lois. *The Giver*. New York: Laurel-Leaf, 1993.
Stewart, Susan Louise. "A Return to Normal: Lois Lowry's *The Giver*." *The Lion and the Unicorn* 31 (2007): 21-35.

* 이 글은 『영어영문학21』 24권 3호(2011)에 실린 논문이며, 오류 및 문장을 다소 수정하였다.

■ 저자소개

이수진

전남대학교 영미문화연구소 학술연구교수

전남대학교 영어영문학과에서 루이스 캐럴의 『앨리스』 시리즈에 대한 연구를 시작하여, 영국 판타지 동화에 대한 연구(『영국 판타지 동화: 반(半)성인과 반(反)성인으로서의 어린이』)로 박사학위를 받았다.

논문으로는 이 책에 실린 논문들 외에 「스토리텔러로서의 웬디: 『피터 팬』의 서사적 특성을 강화시키는 웬디/모성에 대한 연구」(2012), 「전래동화 다시쓰기/다시읽기에 나타난 젠더 재현: 『백설 공주』를 중심으로」(2012) 등이 있다.

저서로는 『영어독서지도 이론과 실제』(에피스테메, 2012, 공저)가 있다.

판타지, 매혹적 상상의 세계

— 영미아동문학 들여다보기 —

인쇄 | 2013년 4월 10일
발행 | 2013년 4월 20일

저자 | 이수진
발행인 | 지병문
발행처 | 전남대학교출판부

등록 | 1981. 5. 21. 제53호
주소 | 500-757 광주광역시 북구 용봉로 77
전화 | (062) 530-0571～2, **마케팅부** 530-0573
팩스 | (062) 530-0579
홈페이지 | http://www.cnup.co.kr

값 12,000원

ISBN 978-89-6849-018-7 (93840)

이 도서의 국립중앙도서관 출판시도서목록(CIP)은 e-CIP홈페이지(http://www.nl.go.kr/ecip)와 국가자료공동목록시스템(http://www.nl.go.kr/kolisnet)에서 이용하실 수 있습니다.
(CIP제어번호 : CIP2013003668)

이 책은 영미문화연구소 총서의 일환으로 발간되었음